日本全国 池さんぽ

市原千尋

三才ブックス

はじめに

池の魅力は人が目もくれない「低きをめざす」ところにあるのかもしれません。山は遠くからでも強い存在感で迫ってきて、多くの人を惹き付けます。しかし、池の場合は周囲より低い場所にあるので、近付いてもなかなか姿を現してくれません。存在にさえ気付かないことがあります。

日本には21万もの池があるといわれています。その99%以上は人の手で造られたものです。天然の池でも、その多くには何らかの形で人の手が入っています。人の生活を潤すために、池は多大な努力で維持管理され、感謝や信仰の対象にもなってきました。ときに災害をもたらすこともありますが、それを乗り越え、より良い池にしようと修築を繰り返してきた歴史があります。それは今でも日々、どこかの池でつづけられています。

現在、全国の池はかなりのペースで減少しています。管理が行き届かなくなると、池ができる前の自然の姿へと戻ろうとし、数十年で機能を失い消失してしまいます。時代の流れの中で不要になった池が人の手で埋められてしまうことも少なくありません。

一方で、貯水や洪水調節といった従来の機能だけでなく、広い水面を活かした太陽光発電や小水力発電、都市化における防災用水機能など新しい活用法も生みだされています。また、憩いやレジャーの場として愛される池が注目される反面、管理責任の問題から厳重に立ち入りが規制される傾向も見られます。池を取り巻くさまざまな動きは、けっきょくのところ日本の国土や人々の暮らしをどのようにデザインしていくのかということと根底でつながっているようにも思います。

私は、中学生以来、全国の7千以上の池や湖沼をめぐってきました。なかには、家のすぐ近くにあるにもかかわらず存在に気付かなくて、5千番目ぐらいにようやく出会った池もあります。

最初は心に響かなかった池でも、何度か訪れているうちに季節や天候でまったく違う表情に驚かされたり、天の采配としか思えないような奇跡的な瞬間に出会ったりしたこともありました。

いまだに行ったことのない池を地図で見つけると、いても立ってもいられずに北へ南へと飛んで行くので、妻も娘も呆れっぱなしです。

本書では、私のこれまでの経験にもとづき、8つのタイプに分けて池を紹介しています。「おもしろそうだな」と思ったページから見ていただければと思います。あくまでも感覚的なジャンル分けですが、それぞれの池の違いなどを意識するようになると、これまで漠然としか知らなかった池の深みやおもしろさが見えてくるのではないでしょうか。

個性的な池たちの横顔に触れることによって、皆さんがお住まいの場所などで見慣れた池に、これまでとは違う輝きを発見していただけたら幸いです。

2019(令和元)年7月　市原千尋

池、湖、沼はなにが違う？

「○○池」「○○湖」「○○沼」
――ふだん何気なく見聞きしている湖沼の名前。
ほかにも「○○堤」や「○○堰」もあるような……。
いったいこれらはどのように区分されているのだろう。

いろいろな要素が絡むので湖沼の見分け方は難しい

結論から述べると、池、湖、沼の区分に明確な定義はない。強引に区分するなら、人工的に造られた水たまりが池、自然の力でできた大きくて深い水たまりが湖、湖に比べて小さくて浅い水たまりが沼といったところか。

池は人工的と述べたが、天然の水たまりでも「池」と名の付くものがある。また、湖と沼では大きさより深いか浅いかが重要で、最大水深5mあたりがその境になる。水深5mの違いは水の底に生える植物があるかどうか。とはいえ、水の濁り具合や水質、底質により底生植物の状態は変わるので、水深5mはあくまで目安にすぎない。

法的にも区分は明文化されていない。環境省が所管する「湖沼法（湖沼水質保全特別措置法）」という法律があるが、特定の湖沼のみを対象にした環境保全が目的だ。そのほか、河川法、土地改良法、都市計画法などの適用は受けるが、池、湖、沼の分類は、法律の与るところではないようだ。

POND

池

…人造池

…天然池

基本は人の手で造られたもの。
しかし山岳にある池には例外も多い。

ため池も地域によって呼び名が違う。

堤　堰　沼

平筒沼　宮城県 ▶73ページ
属性は完全にため池。

宮沢湖　埼玉県 ▶125ページ
観光用の愛称としてため池に「湖」を付けるケースも。

女神湖　長野県 ▶73・137ページ
天然の沼を改造して造ったため池。でも名前は湖。

住吉池　鹿児島県 ▶73ページ

須津湖　静岡県 ▶169ページ

ダム湖全般

奥多摩湖　東京都
正式名は小川内貯水池。

属性は完全に湖

湖山池　鳥取県 ▶73ページ

東郷池　鳥取県 ▶122ページ

大沼　北海道 ▶73ページ

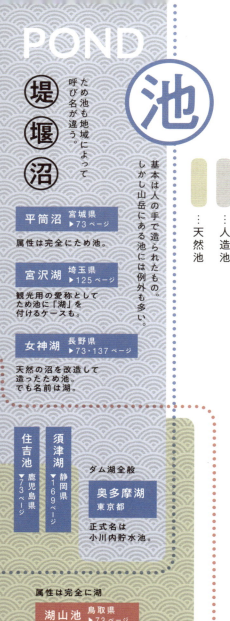

池、湖、沼の命名にも規則性は見られない

池、湖、沼の名付け方は、地域の歴史的慣例に従いがちで、形態より文化的な背景によるところが大きい。「○○沼」でも天然とは限らず、「○○湖」でも人工のため池だったりする。

さらに厄介なのが別名の存在だ。人との関わりの深い池や湖沼は、愛称を含め複数の別名をもつ。たとえば「湖」という語感で観光的な付加価値を与えるため、正式名が「○○池」、愛称が「○○湖」という例がやまほどある。形態的分類と固有の湖沼名とは区別して考えるのがいいだろう。

江戸時代までは広く水がたまっているところを、海水・淡水の区別を付けず「うみ」といった。この語には海洋も含まれるが、淡水湖の区別を付けるときは「淡（うみ）」という呼び方を使った。

英語では、池はPOND、湖はLAKEとされ、PONDは人造、LAKEは天然という見方もある。ただ実際の英語圏の人の感覚とはズレがあるともいう。あちらでもPONDとLAKEの違いは難しい問題のようだ。

「ため池」の名称はバリエーションが豊富で、地域ごとに一定の傾向が見られる。東日本では「○○池」「○○溜池」「○○沼」「○○堤」「○○堰」など多様性に富み、西日本ではおおむね「○○池」「○○溜池」に集約される。東北各地や埼玉県では「○○沼」がよく見られ、山形県と秋田県では「○○堤」と呼ぶ地域もあり、房総半島中南部では「○○堰」となる。長野県では観光資源として「○○湖」の名をあてることがままある。

ただ、池、湖、沼の名が混在している地域も多いので、一筋縄ではいかない。

・「湖沼型（Lake type）」という分類法もあるが、おもに湖沼の環境調査の指標として用いられる。分類基準が水質と生物相に置かれており、成因など湖沼の定義的な分類ではない。
・湖山池は湖周長18kmで芦ノ湖（神奈川県）や河口湖（山梨県）と比べても遜色のない大きさ。
・湖周長12kmの東郷池には、東郷湖という別名もある。
・明見湖は「富士八海」にも挙げられる天然湖だが、湖周長は500m程度。
・須津湖に至っては湖周長はわずか100mしかない。
・英語でも例外はあり、フーバーダムによる人造湖は「Lake Mead（ミード湖）」という名称。

沼

天然湖沼で水深の浅いものを「沼」と呼ぶという目安はあるが、ため池を沼と呼ぶ地域も。

白竜湖	山形県	▶81ページ
明見湖	山梨県	▶127ページ
八丁池	静岡県	▶59ページ

砂沼　茨城県 ▶156ページ

もとは天然湖沼だが、江戸時代以降、徹底的に人の手が加えられている。

湖

LAKE

もとは「淡《うみ》（水の海）」といった。水深5m以上という目安もあるが法的なものではない。

もくじ

七章 町池さんぽ
町中で驚きの歴史や伝説に出会える

八章 寺社池さんぽ
寺社の池はミステリーと伝説の宝庫

全国掲載㊉池一覧

北海道

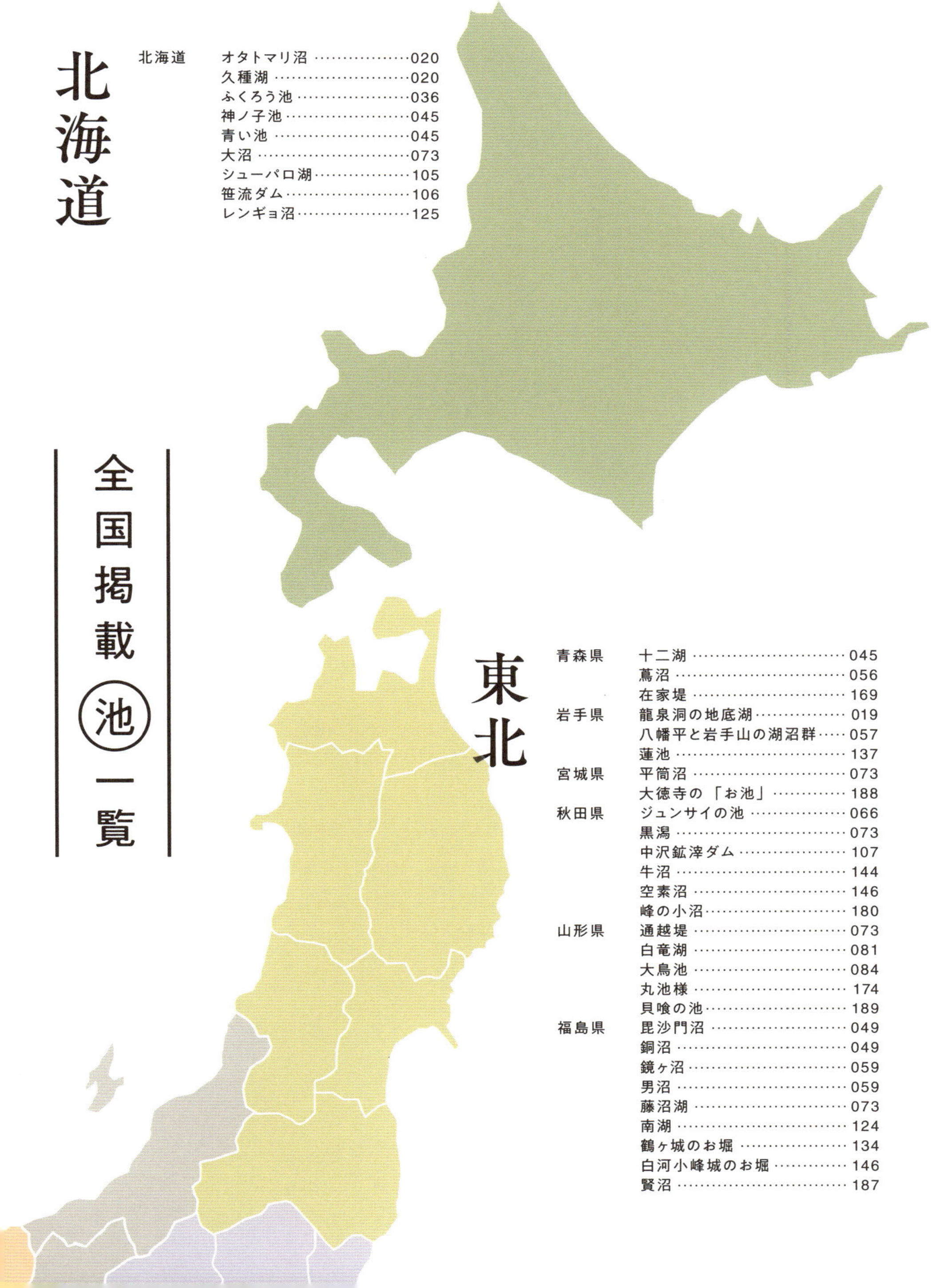

東北

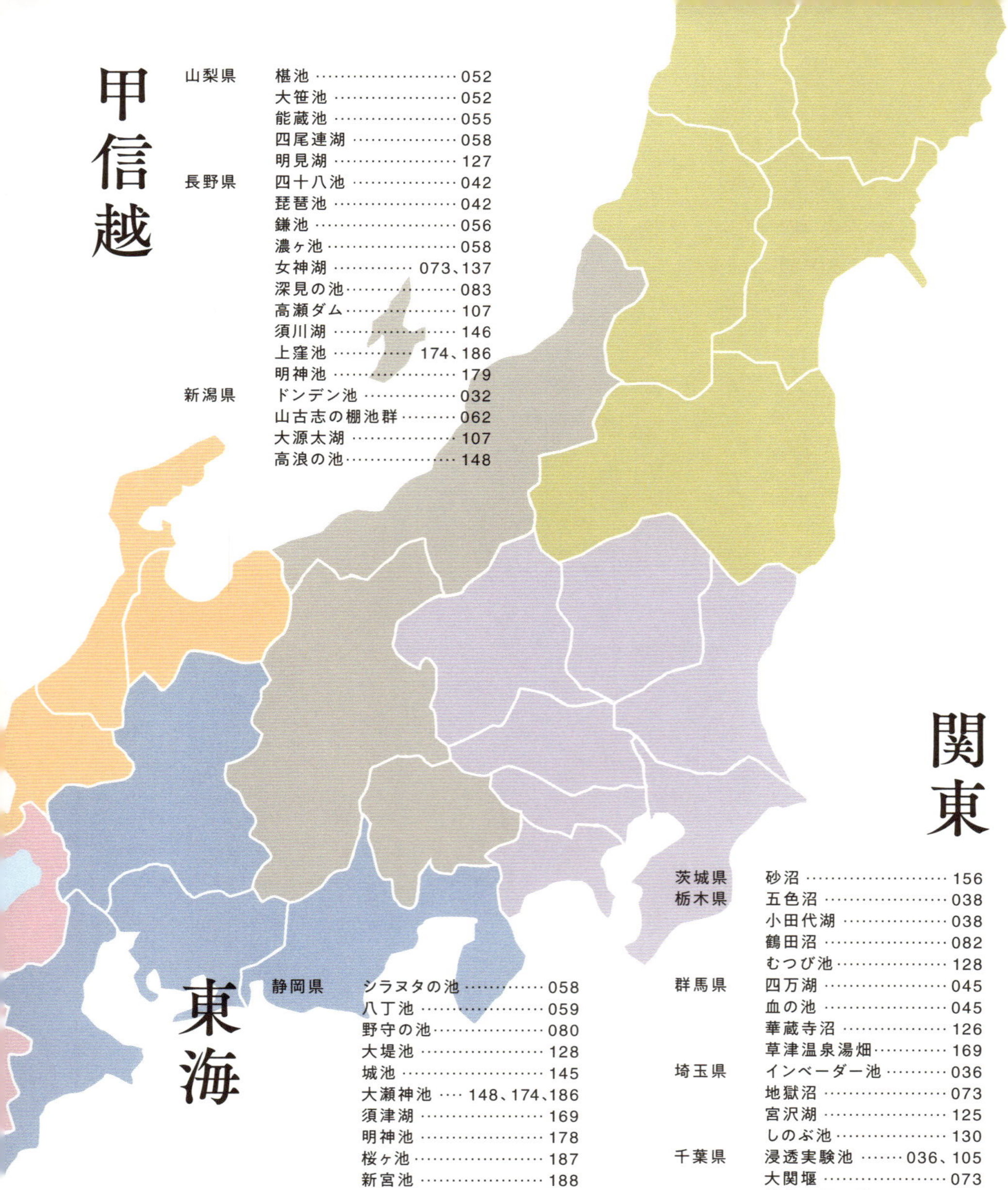

甲信越

関東

東海

中国

四国

北陸

近畿

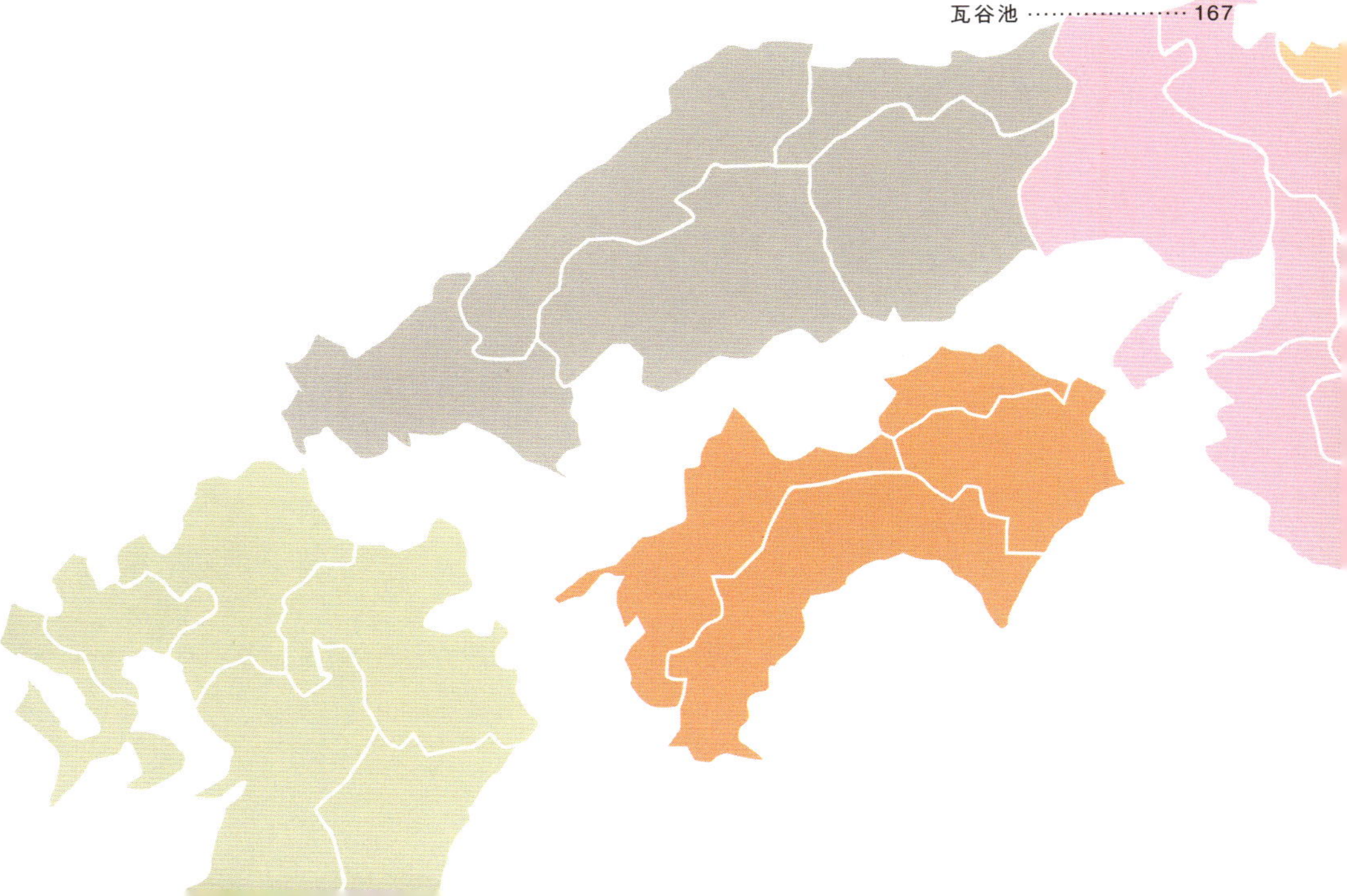

九州

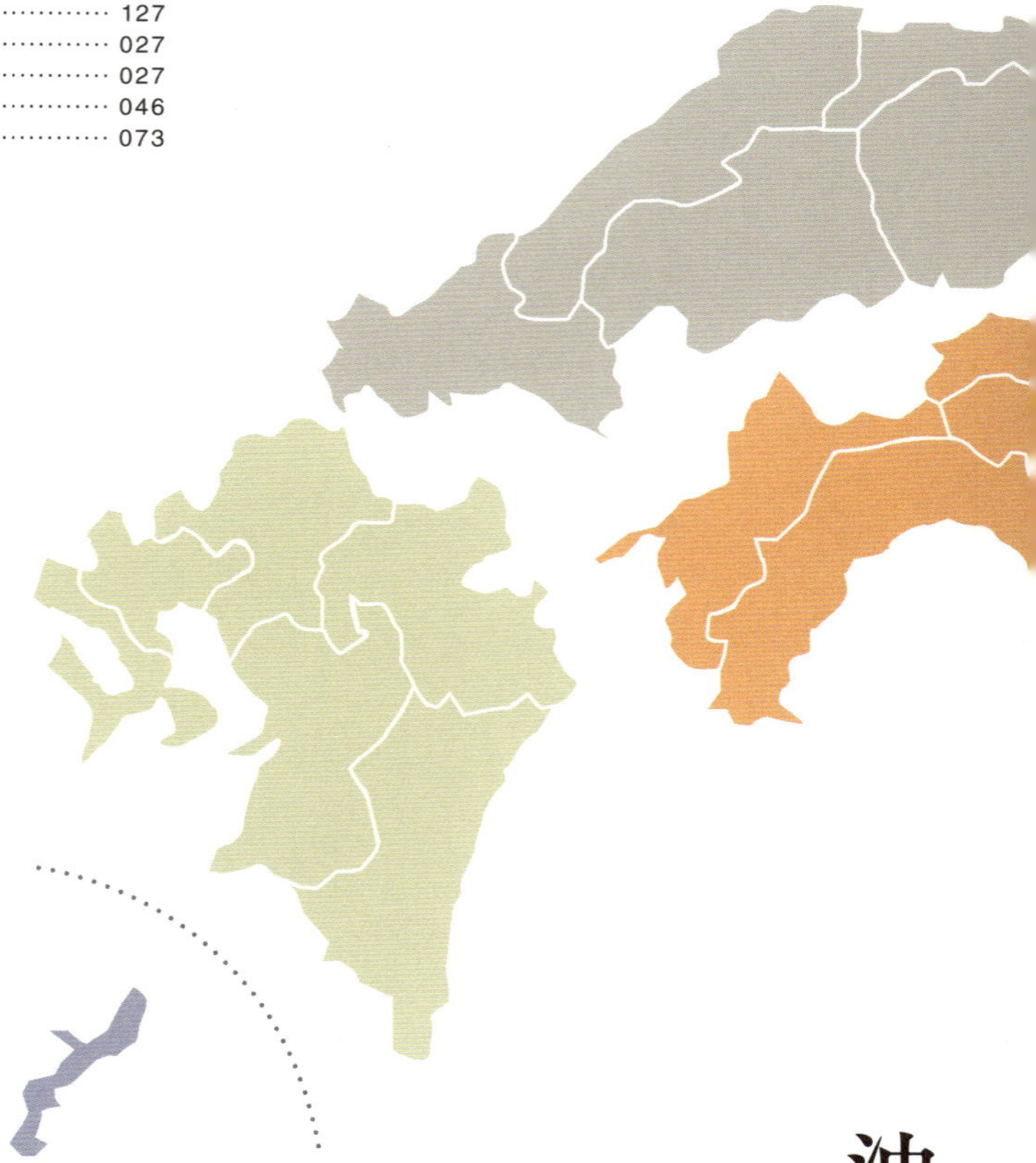

沖縄

一章 島池さんぽ

離島ならではの旅情と独自性

島国日本が有する島は
6800程度ともいわれている。
そのうち有人の島は約400。
小さな島であればあるほど
水利の工夫が求められた。
独自に発展し形づくられた
島池には情緒的な魅力がある。

島池

一

南大東島のカルスト池群《みなみだいとうじまのかるすといけぐん》

絶海の孤島を支える空洞だらけの地盤に奇跡の池群が

太平洋のど真ん中に北大東島と並んで浮かぶ、お椀のように内側がくぼんだ形状の南大東島。石灰岩を地盤とするこの島には無数に池が存在し、地下水脈を通じて海ともつながっている。

沖縄県島尻郡南大東村

島は切り立った断崖に囲まれてビーチがない。そのため、子どもが海水浴できるよう、ダイナマイトで掘り込んだ遊泳池。
海軍棒プール
P
日の丸山展望台
ファームポンド
島内のサトウキビ畑には、人工のファームポンドも点在。
月見公園
瓢箪池
朝日池
P
フロート型の取水ホースと、給水場。
月見池
水汲池
橋水池
海水を淡水化して島の生活用水にしている。
海水淡水化施設
小中学校
P
島唯一の信号機は、高校になって島を出て行く小中学生のため。
亀池港
塩屋プール
海軍棒プールと同じくダイナマイトで掘り込んだ遊泳池。

南大東空港
サトウキビ畑の中に
地底湖への入口が！
私有地につき、
有料ガイドが必要。
秋葉地底湖
秋葉山
ファームポンド
人工のファームポンドは、
コンクリートの完全護岸。
ポンプ設備も併設されている。
島まるごと館
本場海岸
南大東島のみならず、
沖縄県最大の天然湖。
大池
展望台
淡水池
アミダ池
栄太郎池
なんと池に
マングローブ？
天然記念物。
鴨池
霞池
水門
帯池
権蔵池
南大東漁港
豊作池
見晴池
星野洞
大東神社
大東神社の池
ここにも地底湖が
あるというが、
見た人は探検家だけ！
境内にハスの
咲く池がある。
建設中の
ファームポンドを見かけた。
石灰岩土壌なので、
池造りもたいへん。
西港
なんと乗客は、カゴに入って
クレーンに吊り上げられて上陸。

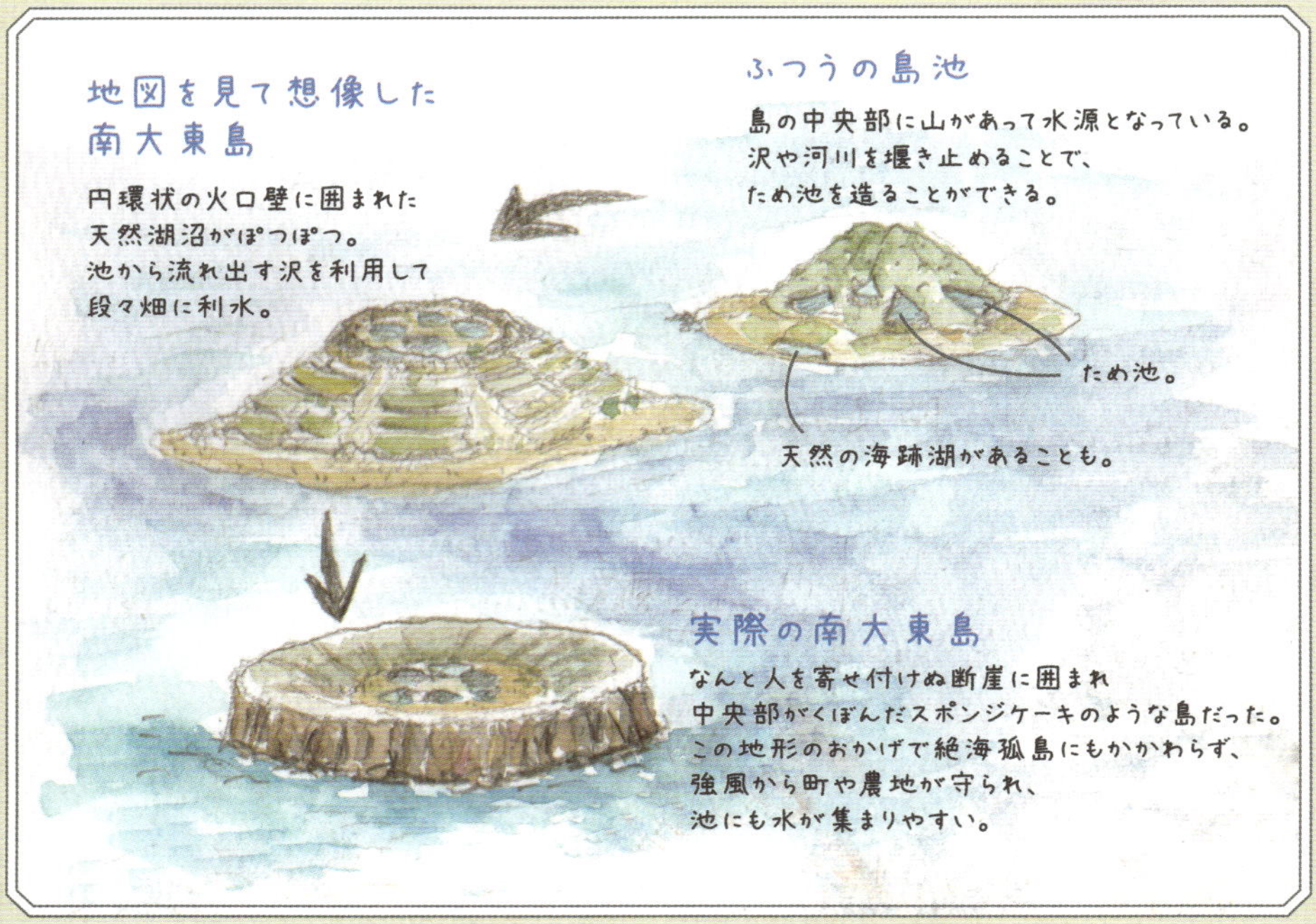
ふつうの島池
島の中央部に山があって水源となっている。
沢や河川を堰き止めることで、
ため池を造ることができる。
ため池。
天然の海跡湖があることも。
地図を見て想像した
南大東島
円環状の火口壁に囲まれた
天然湖沼がぽつぽつ。
池から流れ出す沢を利用して
段々畑に利水。
実際の南大東島
なんと人を寄せ付けぬ断崖に囲まれ
中央部がくぼんだスポンジケーキのような島だった。
この地形のおかげで絶海孤島にもかかわらず、
強風から町や農地が守られ、
池にも水が集まりやすい。

石灰岩の土壌が生んだ地下洞窟と地底湖

南大東島はじつに風変わりな島だ。

島の中でいちばん標高が高いのは海岸で、島の真ん中に向かうほど低くなる。例えるなら、お椀状に内側がくぼんだ周囲20kmのスポンジケーキ。それが沖縄本島の東方約370kmの大海原に北大東島とともにぽつんと浮かんでいる。深さ数千mからそびえる海底火山の頂上、その2つの双耳峰の先端だけが海上に頭を出しているのだ。

外周は切り立った断崖のため、掘り抜きの港が造られているが、風と波が強くて大きな船の接岸が難しい。

このためコンテナ荷のみならず、乗客までもが島かごのようなゴンドラに乗り込み、クレーン吊り上げられての上陸となる。

特殊な環境の島だが、中央部では無数の池が手と手を結び合うように魅惑的な池群を形成している。

ただ、まわりはサトウキビ畑が広がるだけで、池の水源となるはずの川や山が見あたらない。

この謎を解く鍵は土壌にある。薄い表土の下は石灰岩、つまりサンゴなどの生物の死骸が積もったもの。長い時間をかけて雨水に浸食されたカルスト地形には、200を越える地下洞窟が複雑に入り組んでおり、これらの地下洞窟はいくつも

の地底湖を隠しもっている。

標高がもっとも低い島の中央あたりでは、雨水が集まることで浸食がさらに進み、地底湖のなかには天上が崩落するものも現れた。こうして円形のカルスト池がいくつも生まれ、なかには連結してひょうたん形になるものも現れた。これらは地下水脈を通じて海とつながっていて、外海の干満の影響を受けているという。

一方、流入河川も流出河川もないため、水の大きな動きはなく、塩水層の上にのった表層のみ真水が保たれている。この真水をフロート型の取水口を設けてポンプで汲み上げることでサトウキビ畑を潤している。

驚いたことに、畑の中にぽっかり口を開けた地底湖にまでホースが引き込まれ、ポンプで取水されていた。離島の厳しい水事情をうかがうことができる。

八丈島の移民が伝える水利技術と文化

南大東島で名が付いている池は二十余。そのなかには、権蔵池、栄太郎池など、発見者の名が冠せられた池もある。彼らは100年以上前の八丈島からの移民だ。

八丈島は離島としてはめずらしく、地理的にも地形的にも水に恵まれた島で、水利技術も発達していた。池や水路造りの技術があったからこそ、困難を乗り越えて南大東島の開拓に成功したともいえそうだ。

ファームポンドってなに？

タンク型
丘の上など、高台に、たまに見かける。
擁壁型
あまり見ない。
掘り込み型
フェンスで囲まれているケースが多い。都市部の調節池も似ている。
ポンプなどが併設。

定義的には用水や導水路の中継地にあって水運用のやりくりを効率化させるための一時貯留施設。通常ため池とは区別されているが、北大東島では掘り込み型が「ため池百選」に選定されている。

天然のカルスト池群と人工のファームポンド

「外幕」と呼ばれる島の外輪丘の上にある南大東空港を出ると、下り坂となり内側の平野部「内幕」に至る。

ここでいくつかの「ファームポンド」が出迎えてくれる。この島に限らず、池を造るのに不利な地質の土地でよく見られる池だ。北大東島では類似の池群が農林水産省選定の「ため池百選」に指定されている。

平野の中央まで来ると天然のカルスト池群が道沿いに現れる。この一帯は円形の「ドリーネ池」群と、ドリーネが陥没でつながった「ウバーレ池」群の巣窟。ウバーレの特徴を名で示す「瓢箪池」は池畔が公園で駐車場・トイレも完備している。月見橋を隔てて月見池、その先はクリーク状の水路越しに、やはりみごとなウバーレの顔をもった栄太郎池も見える。

町の横手の「水汲み池」は生活用水として使われた名残りか。現在、島の上水道は海水淡水化施設によって供給されており、池はもっぱら農業用となっている。

網の目のようにカルスト池をつなぐ水路は、収穫したサトウキビの運搬のため、トラックが普及する以前に開削されたものだという。

世界的にもめずらしいマングローブがある池

南大東島で最大の「大池」は、沖縄県最大の天然

日本を代表する魅惑の地底湖・東西横綱

龍泉洞の地底湖（岩手県）

水深が98ｍもあり、透明度の高さも世界屈指。ライトアップされた水の深遠さは「ドラゴンブルー」と呼ばれる。国指定天然記念物。環境省の「名水百選」に選定されている。

龍河洞の地底湖（高知県）

龍河洞は高知の代表的観光地で、国の天然記念物。大きな地下滝の滝壺にライトアップされた鍾乳石が反射して、黄金色に光り輝いている。洞内にはシコクヌマエビが生息。

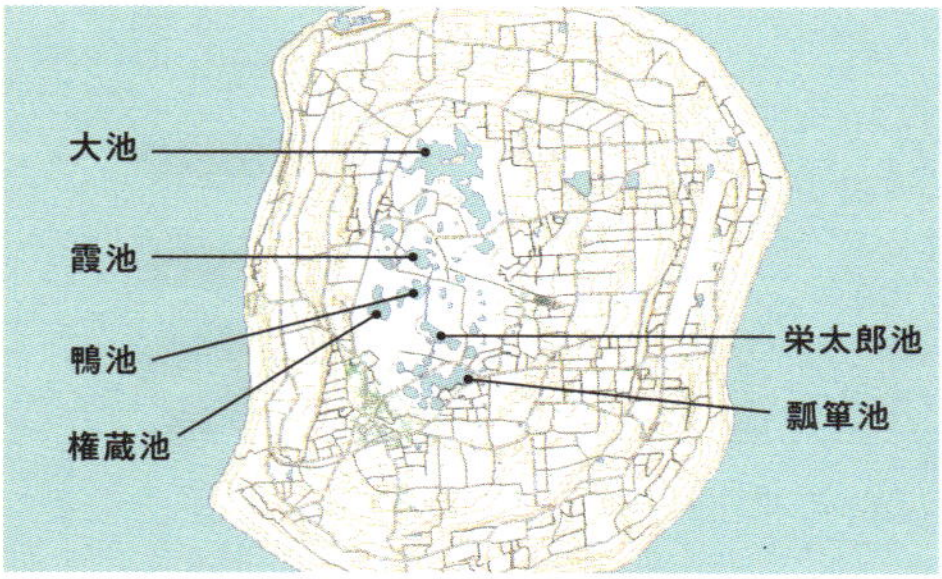

南大東島のカルスト池群

◆ **所在地**／沖縄県島尻郡南大東村
◆ **船**／沖縄本島から西港までフェリーで約15時間。西港から大池まで約5km
◆ **飛行機**／那覇空港から南大東空港まで約1時間半。南大東空港から大池まで約7km

国土地理院の標準地図をもとに作成

湖でもある。展望台と木製遊歩道があるエリア以外の岸は木々に覆われているので、水路を経て池をめぐるカヌーツアーを利用しない限り、じっくり見ることは難しい。

池岸の一部には国の天然記念物にもなっているマングローブ林があり、世界的にもめずらしい池風景が広がる。これは太古の時代、大池がサンゴ環礁に囲まれた礁湖であった名残りと考えられている。島全体の隆起によって外海と切り離されて樹林が陸封された。地下のどこかで海とつながっていることが、「池マングローブ」という例を見ない世界を形づくっているのかも。そう思うと大池の表情がまた違ったものに見えてきた。

島池
二

利尻島と礼文島という最北の島に詩的な天然池が

オタトマリ沼《おたとまりぬま》と久種湖《くしゅこ》

北海道利尻郡利尻富士町・礼文郡礼文町

「白い恋人」のパッケージに描かれた百名山の秀峰を逆さ富士に映すオタトマリ沼は、海岸にある噴火口の跡にできた火口湖だった。礼文島の久種湖は日本最北端の天然湖だ。

利尻島とは対照的に、なだらかな地形。
礼文岳
北の見晴台
最果て感のある波打つような独特の山なみ。風が強すぎて木が生えない。
最北の売店
大備川
久種湖への流入河川。
船泊
湖と海にはさまれた町。
久種湖
日本最北の天然湖。アイヌ語で「山越えする湖」成因は砂による堰き止め湖。
礼文空港
休港中
天然湖に見えるが、なんと大正時代に造られた人工池！ オタトマリ沼に比べると風の影響を受けにくいので、逆さ利尻富士に会えるチャンスも高い？
ペシ岬
姫沼
鴛泊港
稚内まで航路で2時間弱。
山腹をサイクリング専用道が走る。

memo

オタトマリ沼自体が単体の火口跡というわけではなく、近くにある三日月沼を含んだ沼浦湿原全体でひとつの火口跡になっている。『日本百名山』（深田久弥著）の「利尻岳」の項には、三日月沼だけ名が出ている。同じ火口湖内の沼なのにオタトマリ沼は出てこない。

memo

久種湖は丘陵が波打つように居並ぶ特殊な地形の中にある。海抜ゼロメートルから高山植物が咲く特殊な「周氷河地形」に形成された湖沼の景観は、礼文島でしか見られない。遊歩道や展望台、キャンプ場も整備されている。

日本最北の有人島である礼文島の港。
利尻島まで航路で45分。
香深港
海上から天に向かってまっすぐ
引き絞ったような美峰。百名山。
利尻岳
1719m
利尻町森林公園の池
沓形港
三日月沼への
アプローチ路はなく、
雪が積もる冬期にだけ
行くことができる。
スキーヤーの特権。
メヌウショロ沼
アイヌ語で
「湧水池のある湾」
遊歩道あり。
2つの沼を
合わせた湿原全体が
ひとつの火口跡。
三日月沼
沼浦湿原
赤エゾ松の群生林。
オタトマリ沼
アイヌ語で
「砂のある入江」。
1周できる
遊歩道あり。
沼浦神社
鬼脇漁港
2018(平成30)年
には上皇陛下も
訪れた。
P
利尻島では唯一のビーチ。
サーモンフィッシング大会
やカヤックも。
P
鬼脇
沼浦展望台
ここから望む利尻岳の姿が
銘菓「白い恋人」の
パッケージデザインに。

詩的な名と個性をもつ 最果ての地の天然池

北海道最北の港町、稚内。そこかしこにロシア語の看板が掲げられ、異国情緒が漂う。この港から一日数便の航路で結ばれている離島が礼文島と利尻島である。

砂のある入江、湧水池のある湾、山越えする湖――詩のような言葉はいずれも島にある池の名だ。

海上から天に引き絞ったような秀峰が際立つ利尻島は、島そのものが利尻岳の山体といえる。海岸のほとんどは急角度で海に落ち込み、ビーチといえそうな浜もないだけに、「砂のある入江」こと「オタトマリ」は島の宝といえる。

オタトマリ沼は湖周長1kmに対して最大水深が3・5mとかなり浅い。周辺地形を見るとほかにも円形の入江や半円形の丘があるが、これらは大昔の爆発的な噴火によって生まれた火口跡。オタトマリ沼は噴火と海面低下が生み出した自然の造形なのである。

沼近くの高台から望む利尻岳の姿は、石屋製菓の「白い恋人」のパッケージを長年飾ってきた。池畔の売店ではウニの軍艦巻が名物で観光客が舌鼓を打つ。

そんなオタトマリ沼だが、じつは近くの三日月沼とともに、大きな火口湖の辺縁部にすぎない。湖底に植物が枯れずに堆積し、もとの火口湖のほとんどは沼浦湿原へと転じた。人の手が加わらなければ、オタトマリ沼もいつかは湿原に呑み込まれてしまう運命にある。

天然湖の寿命を人の力で延命させることはめずらしいことではないが、利尻島の北側には、天然の沼を造り変えた姫沼という人工池がある。もともと原生林に囲まれたくぼ地に複数の沼があったのを、大正時代に人工堤を築いて大きなひとつの池に仕立てた。

その目的はヒメマスという淡水魚の養殖。ヒメマスは北海道の阿寒湖原産で、大正時代に養殖技術が確立され、美味なことから本州の中禅寺湖や十和田湖にも移流された。姫沼の名の由来はこのヒメマスだという。

苛酷な環境のなかで 柔和にたたずむ天然湖

利尻島から船で40～50分の海上にある礼文島は対照的な地形だ。利尻岳のような雄々しく絶対的なシンボルがなく、木々も生えぬ坊主のような山が、なだらかな波のように連なっている。この奇妙な丘陵は木々も生えぬ強風と、土壌をも破砕する苛酷な寒さが長い時間をかけて作り上げたもの。スプーンを裏返したような丘と海にはさまれた低地に、周囲4kmの「山越えする湖」こと、久種湖がたたずむ。

島唯一の天然湖は、海を目の前に町をはべらせ、島人の生活を見守るような穏やかな表情を浮かべていた。

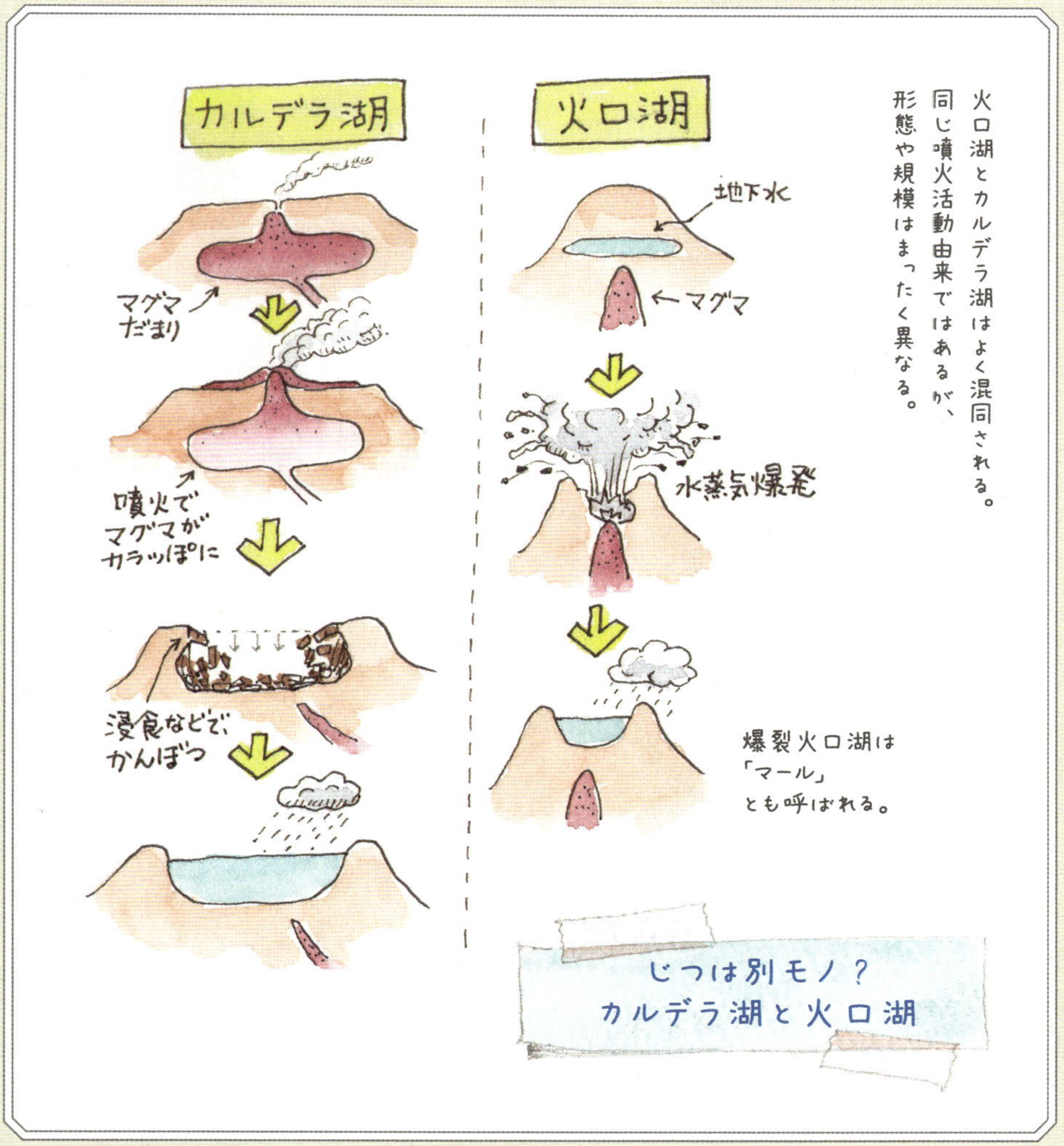
カルデラ湖
マグマだまり
噴火でマグマがカラッぽに
浸食などでかんぼつ
火口湖
地下水
マグマ
水蒸気爆発
爆裂火口湖は「マール」とも呼ばれる。
火口湖とカルデラ湖はよく混同されるが、同じ噴火活動由来ではあるが、形態や規模はまったく異なる。
じつは別モノ？
カルデラ湖と火口湖

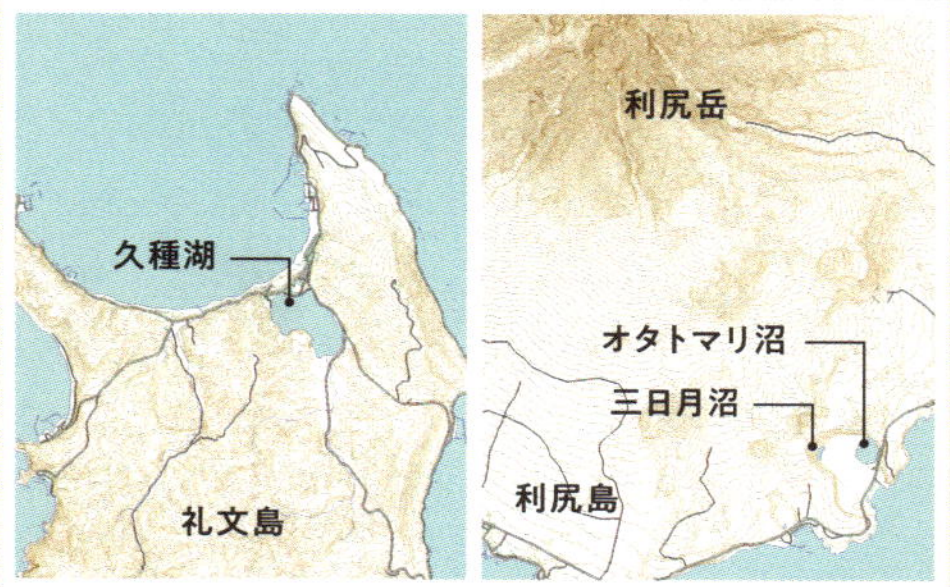
久種湖
礼文島
利尻岳
オタトマリ沼
三日月沼
利尻島

オタトマリ沼と久種湖

- **所在地**／北海道利尻郡利尻富士町鬼脇沼浦・礼文郡礼文町船泊村
- **船**／利尻島は、稚内から鴛泊港までフェリーで約2時間。鴛泊港からオタトマリ沼は約21km。礼文島は、稚内から香深港まで約3時間。香深港から久種湖まで約18.5km

国土地理院の標準地図をもとに作成

島池 三

ラピュタの島・友ヶ島にたたずむ大蛇伝説の池

蛇ヶ池《じゃがいけ》と深蛇池《しんじゃいけ》

戦前は軍事施設が立ち並んでいた友ヶ島。廃墟となったそれらの施設は、映画「天空の城ラピュタ」の中に入ったよう。島の南北には、大蛇伝説をまとう池がある。

和歌山県和歌山市

全国の池に残っている大蛇を退治する伝説

和歌山県の友ヶ島《ともがしま》は、紀淡海峡に浮かぶ地ノ島、虎島、神島、沖ノ島という4つの島の総称名。瀬戸内海国立公園の一部でもある。

和歌山市のはずれにある加太港から高速渡船で30分ほど紀淡海峡を横切っていくと、コンクリートの桟橋が1本だけ突き出した無人島に到着する。

明治以降、この沖ノ島には砲台などの軍事施設が設置され、戦前は軍事機密として地図にも掲載されない海上要塞だった。

現在もレンガ造りの砲台跡が戦争遺構としていくつか残っており、このうちの第3砲台跡は社団法人土木学会が選奨する土木遺産にも選定されている。

この戦争遺構は、映画「天空の城ラピュタ」の世界に似ているとしてSNSで話題になっており、近年これをめあてに友ヶ島を訪れる若い観光客が急増している。

私がこの島に惹かれたのは、ほぼ山で占められる島の南北にそれぞれ「蛇」の字が入った名をもつ池があると知ったからだ。「蛇」の名をもつ2つの池――それだけで、池ならではの濃密な匂いが漂う言い伝えを想起してしまう（→84ページ）。実際、友ヶ島には蛇にまつわる物語が伝わっている。

島に上陸する前はラピュタめあての人たちによる混雑を覚悟していたが、大半は山頂にある砲台跡に列をなし、島の先端にある池に向かう物好きはいなかった。

役行者が剣を手に入れ暴れる大蛇を池に封印

海沿いの遊歩道の先に待っていた蛇ヶ池は、大型船の行き交う紀淡海峡を背にして、拍子抜けするほど、あっけらかんとした空気を

加太港
和歌山市街
地ノ島
虎島
memo
三方を山に囲まれ、水質の異なる2つの池からなる。池の成因は海跡湖であろう。山斜面の樹林帯とフラットな湿地帯とに明瞭な境界があり、湿原には淡水性と海水性の植物が同居している。深蛇池を含めた湿地帯は「深蛇池湿地帯植物群落」として和歌山県県の天然記念物に指定されている。
深蛇ヶ池
亀ヶ崎
神島
剣池
大蛇退治に来た役行者《えんのぎょうじゃ》が神から剣を授かったという池。
野奈浦
タカノス山展望所
第三砲台
「ラピュタの島」を感じさせる戦争遺跡。土木遺産に選定。
和歌山市の加太港から高速渡船で30分ほど。疾走感がたまらないその船の名はラピュタ号。
蛇ヶ池
前後を海、左右を山にはさまれたミステリアスな立地の池。湿原の池塘のような面立ちで全体的に浅い。
池尻浜
第二砲台
友ヶ島灯台
第一砲台

まとっていた。

友ヶ島に残る言い伝えはこうだ。池の隅にある蛇穴から大蛇が出没し、海を越え加太や淡路島にまで悪さをしてまわっていた。請われて調伏に向かった役行者《えんのぎょうじゃ》（役小角《えんのおづぬ》とも。修験道の開祖とされる飛鳥時代の人）は、準備に立ち寄った神島の池で天から剣を授かる。降参した大蛇は島の反対側の池に逃れ、深蛇大王という守護神になったという。

その深蛇池は山と海に囲まれた静かな湿原をまとっていた。池の形態から成因は「海跡湖《かいせきこ》」だろう。大蛇が棲むには少々浅すぎる気もする。なお、笛を吹くと封じ込められた大蛇が暴れだすという話も伝わっている。

海跡湖《かいせきこ》と潟湖《せきこ》とは？

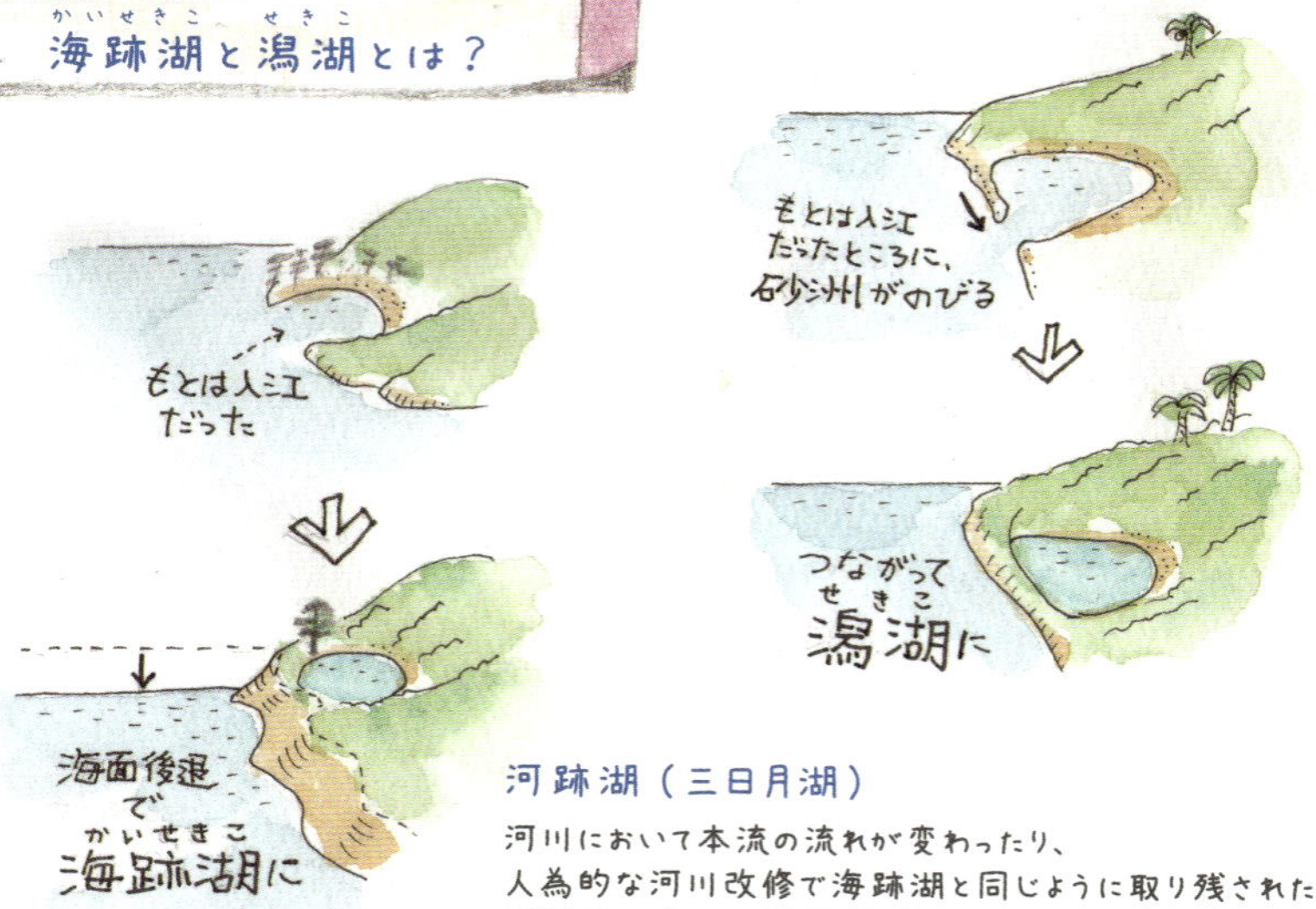

河跡湖（三日月湖）

河川において本流の流れが変わったり、人為的な河川改修で海跡湖と同じように取り残されたりした旧河道の池は、河跡湖（三日月湖）と呼ばれる。

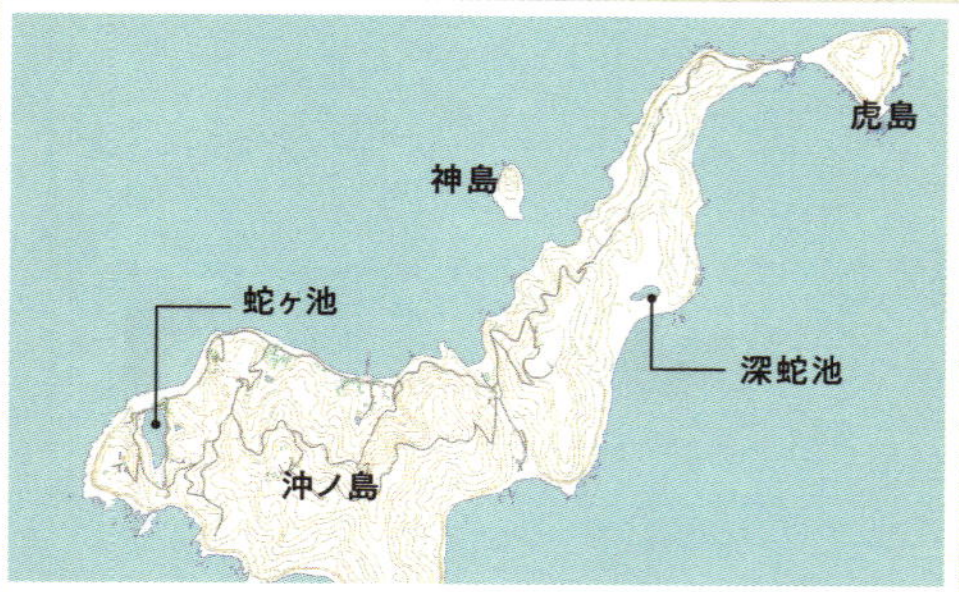

蛇ヶ池と深蛇池

- **所在地**／和歌山県和歌山市加太
- **船**／友ヶ島は、加太港から野奈浦桟橋まで高速船で約30分。野奈浦桟橋から蛇ヶ池まで約1km。野奈浦桟橋から深蛇池まで約1.5km。蛇ヶ池から深蛇池まで約2.5km

国土地理院の標準地図をもとに作成

上甑島の島民が怖れた赤い「二重底」の正体とは？

海鼠池《なまこいけ》と貝池《かいいけ》

鹿児島県薩摩川内市

鹿児島県の上甑島の海岸沿いに4つ並ぶ池は、きわだった外観と個性をもっている。また、4つの池は近接していながらもそれぞれに池としての特性が異なっている。

天橋立より長い砂州で海と隔てられた池

離島でしばしば見受けられるのが、前ページで述べた「海跡湖」と呼ばれるタイプの池。甑島列島のひとつである上甑島《かみこしきしま》の4つの池（甑四湖《こしきよんこ》）は、この海跡湖に「潟湖」の要素が加わった複合タイプだ。

数千年前、島の山体崩壊によって海に投じられた大量の土砂が、潮流の影響で長い砂州を形づくった。その後、海面の後退とともに海と1本の線で隔てられ、急峻な山を背にした4つの池（海鼠池、貝池、鍬崎池《くわさきいけ》、須口池《すぐちいけ》）が生まれたと考えられている。

海水と淡水が混じった海鼠池は干満の影響も

甑四湖のなかでも北端にある海鼠池は、細長い形状でありながら池の最深部は24mとかなり深い。また、

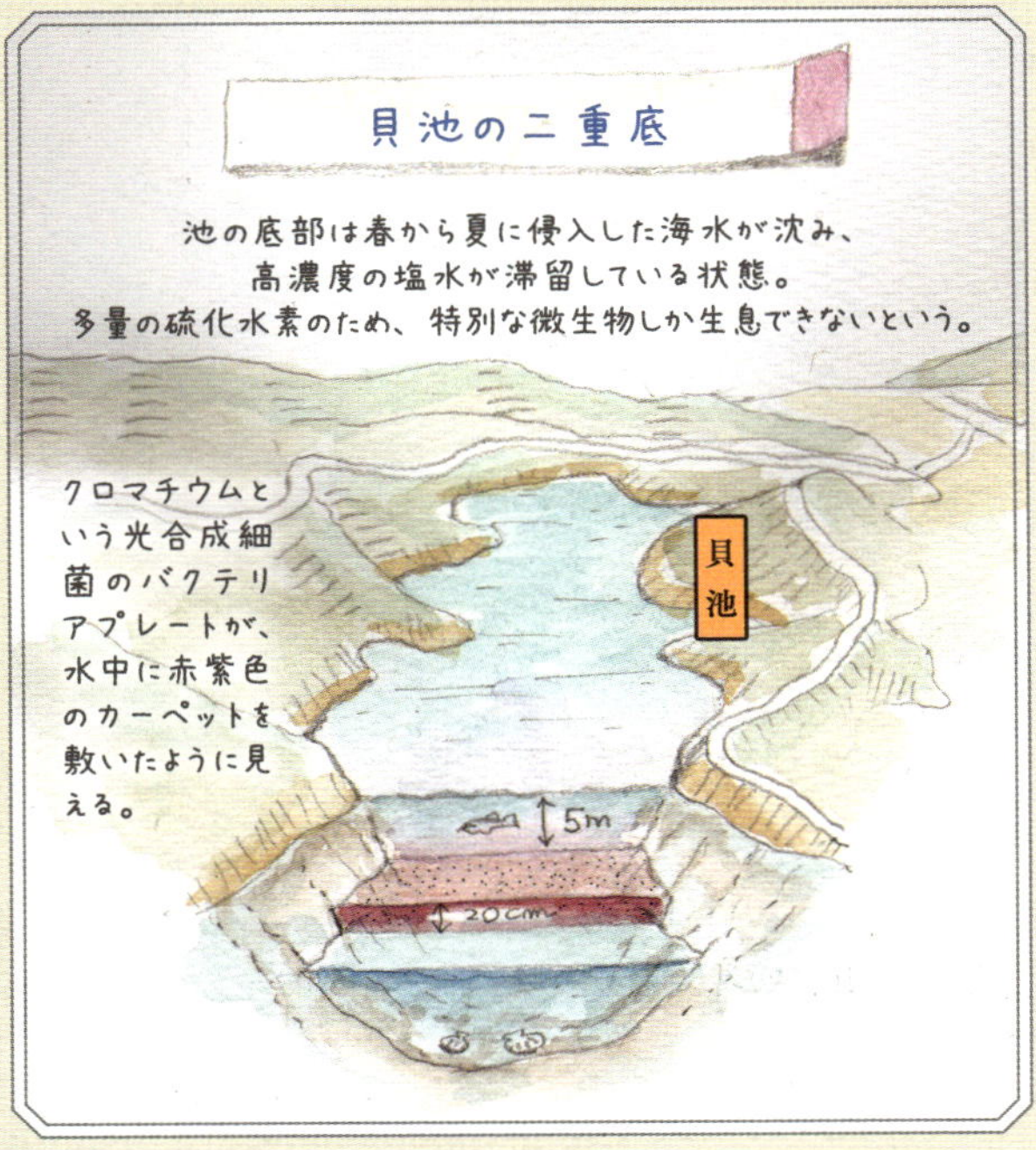
貝池の二重底
池の底部は春から夏に侵入した海水が沈み、
高濃度の塩水が滞留している状態。
多量の硫化水素のため、特別な微生物しか生息できないという。
クロマチウムという光合成細菌のバクテリアプレートが、水中に赤紫色のカーペットを敷いたように見える。
貝池
5m
20cm

海と池を隔てる「長目の浜」という砂州が2kmにも及ぶ。展望台からの眺望は圧巻というほかない。

なお、4つの池の砂州の長さを合わせると4kmにもなり、京都府にある有名な天橋立《あまのはしだて》の砂州よりも長い。

海鼠池と海とは砂州の玉砂利のすきまを通してゆるやかに水の行き来があり、3～4時間遅れで干満の影響を受けている。海水が混じる汽水域なので、マイサキ、ボラ、キスなどの海水魚のほか、シジミ、アコヤガイも生息している。海とは直接つながっていないのに、急に海水魚が大発生することもあるという。

池の名前にもなっているナマコは江戸時代にもち込まれたものが今も繁殖しているそうだが、採取は禁じられている。

貝池だけに見られる神秘的な赤い絨毯

貝池は海鼠池にほぼ隣接しており、小さな水路で通水している。この水路をまたぐ橋を渡ると海に出ることができる。

隣接し、通水しているにもかかわらず、海鼠池と貝池とでは塩分濃度が異なる。三方を山に囲まれた鍬崎池に至っては淡水で、鯉も生息している。

貝池の水深は12mほどだが、6mより深いところには古い海水が半永久的に居座っており、5mより浅いところには山から供給される淡水が混じって動いている。この上層と下層の境目では、世界でも7カ所でしか見つかっていないクロマチウムという原始的な光合成細菌が厚さ20cmの層となって密に繁殖している。これが池の中に赤いカーペットを敷き詰めたような不思議な水中風景を生みだしている。

原因が解明されるまで、島民は貝池だけに見られるこの無気味な現象を「貝池の二重底」と呼んで怖れていた。神秘的な光景だけに怖れるのも無理はない。

田之尻展望所
海鼠池と長目の浜を眺望できる展望台。
海鼠池
長目の浜
江戸時代に、移されたナマコがいまも…。
禁漁です。

貝池と海鼠池は細い水路でつながっていて、小さな橋で海側に行くことができる。橋の上からは、シマイサキとハゼの仲間を見つけられた。

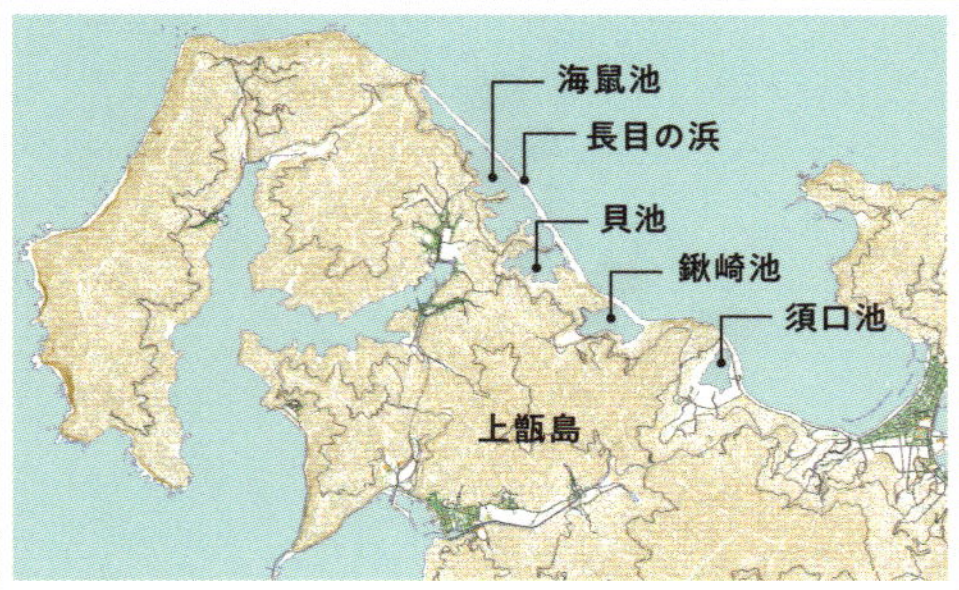

海鼠池と貝池

- ◆ **所在地**／鹿児島県薩摩川内市上甑町
- ◆ **船**／上甑島は、川内港から里港まで高速船で約50分。串木野港から里港まで高速船で約50分、フェリーで約1時間15分。里港から田之尻展望所まで約10km、長目の浜展望所まで約4.5km

国土地理院の標準地図をもとに作成

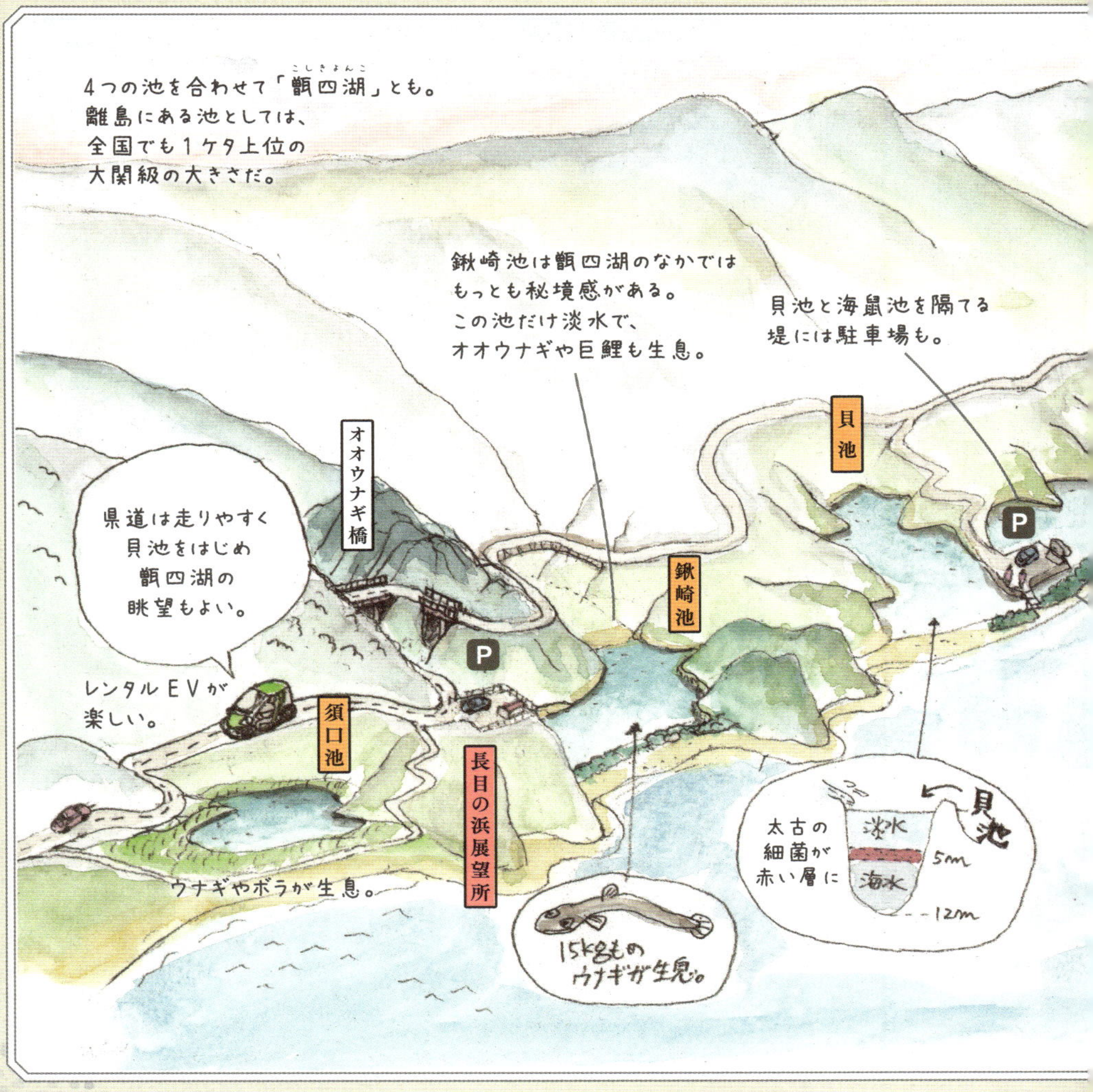

島池 五

路谷池《ろだにいけ》

淡路島の池を守りつづける「田主」と呼ばれる人々

池の多さでは日本1位と2位の自治体をもつ淡路島。ため池には必ず池を守り、管理する人がいる。池を守る人の数だけ苦労もあるといえるだろう。

兵庫県淡路市

下の池に水を供給する元締めのようなため池

兵庫県淡路市は自治体として日本一のため池数を誇る。路谷池は、そんな淡路島北部の主要なため池だ。江戸時代に土地の名主が私財を投じて築造した。

路谷池は平地のため池に水を供給する元締めのような池で、中山間部の谷を堰いている点では山池の性格ももつ（→40ページ）。

一帯には河内ダムをはじめ、ダムスペックの大型のため池もある。堤の高さが15mを越えると「ダム」と呼ばれるが、堤高15mを超える路谷池はダムかと思いきや、ため池台帳に記載されている数字は14m余。計測方法が厳格になり、見た目の大きさとは異なる算出結果が出ているようだ。

とはいっても、路谷池の奥には豪快に高速道の高架橋が渡され、左岸側には二連の池、右岸側にも池があり、スケールが大きいことに変わりはない。

ため池には必ず管理者がいる。古くは池守りといったが、今は土地改良区という農家の地域団体が担っていることが多い。

淡路島では池を管理する組織のことを「田主《たず》」と呼んでいる。小さな池にも大きな池にも田主があり、そのリーダーである総代は世襲の場合もあれば、推挙で選ばれる場合もある。

路谷池の田主総代を半世紀務めた井戸均さんは、最初は麓の自宅から歩いて池まで通っていたそうだ。水が平地の水田まで下りてくるのに数時間かかるため、夜が明ける前に家を出て、泳いで池の栓を抜きに行っていたという。

池の中に入らず、ハンドル操作だけで取水できる「斜樋」ができたときの喜びはいかほどだったろう。

淡路島では池の水を抜く「掻い掘り」のことを「ごみ流し」ともいう（→159ページ）。淡路島のため池を舞台に掻い掘りを題材にした映画が「種まく旅人　くにうみの郷」（2015年公開）。

近くの河内ダムでは、管理者は田主ではなく水利組合。改修の際に小さな池にかかる予算をダムに統合し、管理するのも時代の流れのようだ。

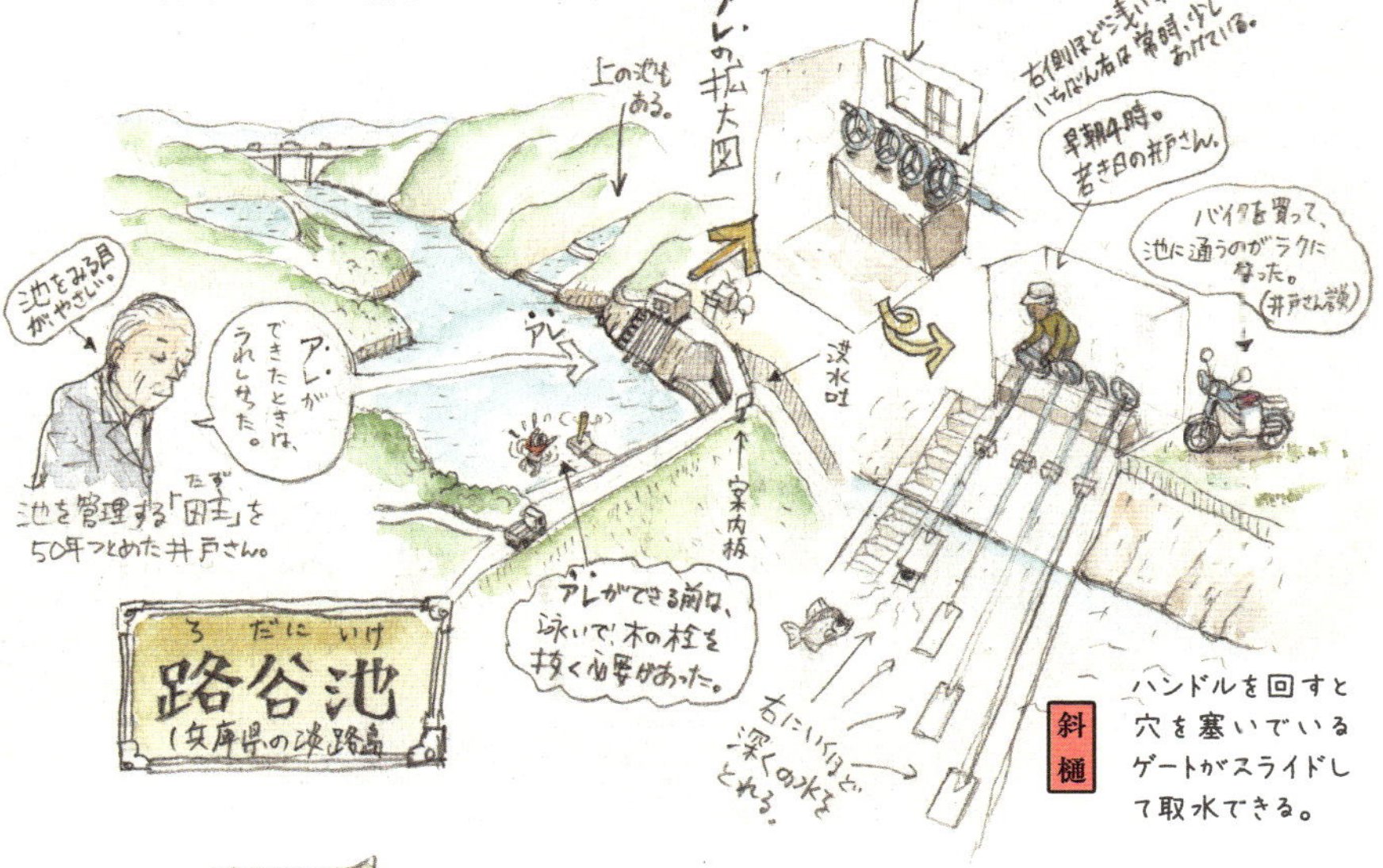

memo

淡路島では新しい取り組みとして、ため池を使う農家だけでなく、漁業に携わる人も掻い掘りに参加。窒素やリンを豊富に含む泥水を海に流すことで、海苔や魚貝類の育成をめざしている。ため池を介在させた農業と水産業の連携が評価された事例としては、世界農業遺産に認定された大分県の国東半島がある。

路谷池

◆ **所在地**／兵庫県淡路市小田
◆ **クルマ**／神戸淡路鳴門自動車道 淡路ICから約10.5km、北淡ICから約11.5km

国土地理院の標準地図をもとに作成

ぶらぶら

島池

島池の表情は島ごとに変化する。
島は降雨量が少ない場合が多く、
生活を支えるためには
水の確保が早急に求められた。
機能的な池をつくりあげた
先人の苦労がしのばれるものを中心に
島ならではの池を紹介。

天然池（沼沢）

ドンデン池《いけ》

新潟県佐渡市高千

日本海に浮かぶ佐渡島。北部を占める山塊の尾根にぽつんとたたずむ池。池のまわりは放牧地で長く牛たちの貴重な飲み水となってきた。現在は野営場にもなっているのどかな池だが、出征した婚約者の無事を祈って水垢離《みずごり》をしていた女性が深みに足をとられて亡くなる悲話も。ぴたりと合わせられた掌が水面から突き出ていたという。出征した男も戦死したというから、伝説や昔話と違って救いも教訓もなく、リアリティだけがきわだつ。

マップは国土地理院の標準地図をもとに作成

人工池（塩田跡）

伯《はか》方《た》島《じま》の塩《えん》田《でん》跡《あと》池《いけ》

愛媛県今治市伯方町木浦

１９７１年の法律によって全国の塩田がいったん廃止されたが、塩の代名詞ともいえる「伯方の塩」ブランドで知られる伯方島には、塩田として使われた大きな池が今なおいくつも残っている。塩田跡池は島外でも海岸沿いに見かけるが、なかにはエビや牡蠣の養殖池として第二の人生を順調に歩んでいる池もあった。「伯方の塩」の原料は海外からの輸入塩だが、塩田にかける思いや加工技術のこだわりを込めてネーミングしたという。

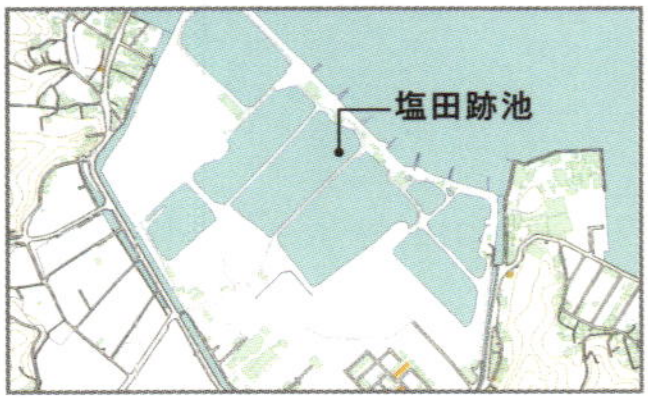

マップは国土地理院の標準地図をもとに作成

人工池（採掘跡）

馬《うま》越《こし》丁《ちょう》場《ば》池《いけ》

岡山県笠岡市北木島町

瀬戸内海に浮かぶ離島、北木島。岡山県の笠岡港からフェリーか旅客船で小一時間の船旅だ。島は昔から良質の石材を産出する石切りの島で、深く掘られた採石場跡にいつしか水がたまり、「丁場湖」と呼ばれる池ができあがった。「丁場」とは採石場の意。人工池とはいえ、必要があって造られたものではない。採石場ではこういった池がしばしば見られる。静謐な池の上に放棄されたクレーンが突き出ていて。廃墟感に包まれた空間だった。

マップは国土地理院の標準地図をもとに作成

天然池（潟湖）

青《おお》海《み》湖《こ》

山口県長門市仙崎青海

山口県で最大の淡水湖は日本海に浮かぶ沿岸捕鯨で栄えた青海島にある。島だが、青海大橋を利用すれば陸路から渡れる。海と「波の橋立」という細い砂州で仕切られ、農地と山を背負う立地にある青海湖は典型的な潟湖《せきこ》（→26ページ）だ。夏場は岸を蓮の花が飾り、砂州にはクロマツが沿う遊歩道が設けられている。湖の内陸側の平野部は農地で、湖畔には取水設備らしきものも見られた。農業用にも利水されているようである。

マップは国土地理院の標準地図をもとに作成

人工池（ため池）

蛙《かえる》子《ご》池《いけ》

香川県小豆郡土庄町肥土山

全国的にも少雨地帯である瀬戸内海に浮かぶ小豆島は水の苦労が耐えなかった。蛙子池は江戸初期に土地の庄屋が私財を投じて台地状の高台に築造。南側を縁どる急斜面には、今なお中山千枚田が青々と水を湛え、先人の労苦にこたえている。小豆島の農業を支える代表的なため池として、「ため池百選」にも選ばれた。なだらかな台地にあるため、直線的な長い堰体が特徴的。堤上に立ち並ぶ石碑や池に浮かぶ仏塔がオーラを放つ。

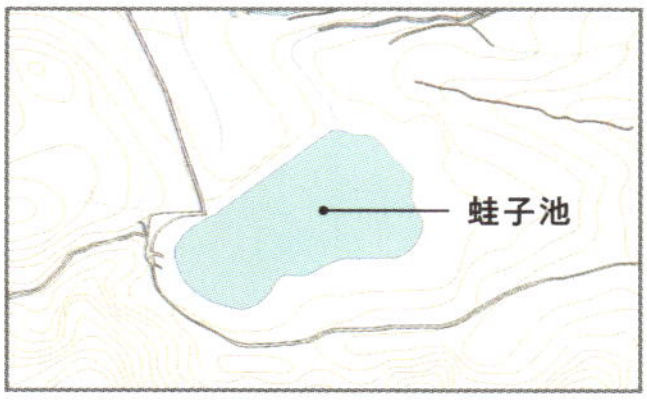

マップは国土地理院の標準地図をもとに作成

天然池（海跡湖）

大蛇池《だいじゃいけ》

熊本県天草市魚貫町

池田池とも呼ばれている。古くから大蛇が棲むという伝説がある（→84ページ）。この蛇が海をはさんで8・5㎞ほど北にあるお万ヶ池の恋人のところに通う際に陸路が荒れるため、ルート上に日輪碑を建てて行く手を阻んだが、今度は海路を進むようになりシケが増えた。そこで海から突き出した岩に日輪を刻み解決したという。この池の水は舟に積んでも腐らないことから舟乗りたちに重宝されたという話も残っている。

マップは国土地理院の標準地図をもとに作成

人工池（ため池）

明神池《みょうじんいけ》

香川県小豆郡土庄町豊島唐櫃

豊島は同じ瀬戸内海の直島と並ぶアートの島として、近年外国人観光客が多数訪れている。その豊島にある明神池は海岸から斜面をかけのぼる棚田の上に造られたため池。といっても棚田は一度耕作放棄されたため、再生への取り組みが進められている。その一環なのか、池の護岸はコンクリートで改修されている。一度、放棄された農地や水路網の再生は容易ではなく、数十年単位の時間が必要なことを示している。

マップは国土地理院の標準地図をもとに作成

人工池（ため池）

寄合池《よりあいいけ》

兵庫県淡路市山田乙

自治体として全国1位のため池保有数を誇る兵庫県淡路市。寄合池のある山田地区は、その淡路市のなかでも有数のため池密集地だ。親水公園化されたため池が少ない淡路島にあって、寄合池は駐車場、トイレを完備し、親水護岸により野鳥観察や釣りもしやすい工夫がなされている。しかも、貯水機能、親水機能に加え、小規模な洪水調節機能も担っている。国営や県営の多目的ダム以外で、このような多機能な池はめずらしい。

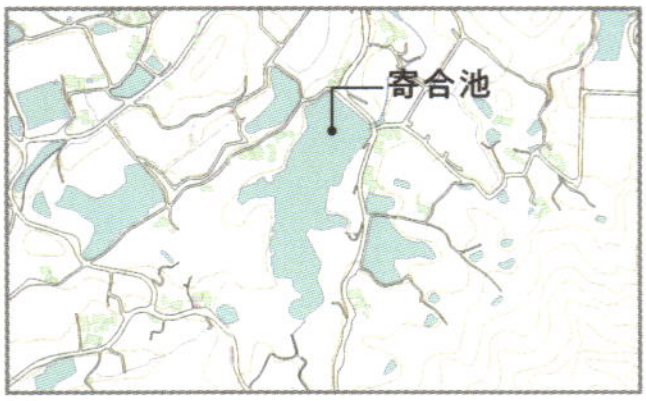

マップは国土地理院の標準地図をもとに作成

天然池（沼沢）

牛島《うしじま》の池《いけ》神社《じんじゃ》

香川県丸亀市牛島

牛鬼の伝説が残るその名も牛島。周囲わずか4kmの島の中央部に山と海に囲まれた神々の庭のような外周1kmほどのみごとな湿原が海に向かって開けている。この湿原には大小の池がちりばめられ、上手の山裾には「池神社」というお社が立っている。全国的に見ても少雨地帯の瀬戸内海に位置している小さな島であるにもかかわらず、これだけの湿原と池が広がっているのは神秘としかいいようがない。

マップは国土地理院の標準地図をもとに作成

人工池（貯水池）

屋代湖《やしろこ》

山口県大島郡周防大島町東屋代樫原

大島大橋によって国道で本州と結ばれた周防大島。島名はそのまま現在の町名になっているが、万葉の時代から伝わっている正式名は屋代島。島内唯一のハイダムによって堰かれた屋代湖は、このゆかしい名が公募で選ばれた。渇水問題が切実な島だが、ひとたび降れば洪水という難しい土壌に対応するべく、本格的なロックフィルダムとして築造された。屋代ダム公園として駐車場や遊具などが整備されている。

マップは国土地理院の標準地図をもとに作成

人工池（ため池）

カンジン貯水池《ちょすいち》

沖縄県島尻郡久米島町上江洲

久米島にあるカンジン貯水池は、地下で伏流水を堰き止める地下ダムの一種。地下水を堰き止めつつ、河川からの表層水も集めるハイブリッドな貯水池として、世界初の地表湛水型地化ダムとなった。池畔には18世紀初頭に農業の神を祀った際に植えられた五枝の松（国指定天然記念物）や、沖縄地方の井戸であるウフガー（産川）もあり、久米島の農地を潤す横綱にふさわしい立地。「ため池百選」にも選ばれている。

マップは国土地理院の標準地図をもとに作成

上から見ないと分からない？ なんだか変わった形の池

全国には、池の形状自体が何かに似ているものもある。航空写真や地図で見ると、宇宙へのメッセージかと思いたくなる不思議な形の池たち。

ハートの形の池はカップルに人気だが、フクロウ、古代魚、インベーダー、飛行機、日本列島となると、もはや何のメッセージか分からない。池を築造する際に意図的に何かに似せるものもあれば、まったくの偶然でそう見えたりするものまでさまざま。共通していえるのは、せっかく見に行っても、池のほとりに立つだけでは大きすぎてその形状を実感できないということ。なんとも皮肉である。

かさらぎ池（三重県度会郡南伊勢町）

伊勢志摩国立公園にはリアス式海岸のあちこちに有名無名の海跡湖が点在。かさらぎ池を望む鵜倉園地の展望台からは池がハート型に見える。

ふくろう池（北海道上川郡東川町）

空から見るとふくろうのように見えるのでふくろう池。でも耳があるので、ふくろうではなく、みみずくなのでは？

浸透実験池（千葉県木更津市）

空から見るとまるで古代魚の頭のよう。魚の目のように見える部分が浸透実験池。高度成長期に工業用水確保のための浸透実験を行っていた。

インベーダー池（埼玉県越谷市）

インベーダーゲームを思わせる不可思議な形。宮内庁が所有・管理する鴨場のひとつ。鷹狩りや鴨猟を行う特殊な用途の池だ。

飛行機型池（大阪府泉南郡岬町）

多目的公園・いきいきパークみさき内にある池。この場所はもともと山で、切り出した土を関西空港の滑走路の埋め立てに使ったのだとか。

昆陽池（兵庫県伊丹市）

池の真ん中に日本列島を模した人工島が造られている。当然ながら空からしか確認できず、池のほとりに立ってもその形を認識できない。

「かさらぎ池」「飛行機型池」以外は国土地理院空中写真

大自然が生んだ奇跡の水辺

山池さんぽ

二章

山頂や山麓にある池では、
人の手によるものではない池が
数多く見受けられる。
気軽に足を運べないだけに
どこか神々しさを感じてしまう。
自然による奇跡の力で生まれた
山池には神秘的な力強さがある。

山池 六

奥日光の百名山・二峰の踊り場にきらめく

五色沼《ごしきぬま》と小田代湖《おだしろこ》

山岳愛好家のバイブル『日本百名山』。深田久弥氏のこの名著には多くの湖沼も登場する。奥日光の2つの百名山が抱く湖沼をめぐれば、山の別の顔が見えてくるだろう。

栃木県日光市

男体山
日本百名山のひとつ。
中禅寺湖
日本の最高所にある天然湖とも。
アクセスルートはマイカー規制。シャトルバスか徒歩で。自転車はOK。
西ノ湖
P
小田代ヶ原
奥白根山
日本百名山のひとつ。
小田代湖
ふだんは湿原が広がるだけだが、大雨の後だけに現れる幻の池。カメラマンたちのあいだでいつしか、「小田代湖」と呼ばれるようになった。
弥陀ヶ池までは、ロープウェーを利用して歩いて行くルートが一般的。
日光白根山ロープウェー
天然湖の面持ちだが、湖頭には小さなコンクリート堰体がある。
大尻沼
P

memo

五色沼は、『日本百名山』(深田久弥著)によると『日光山志』に「魔の湖」と名付けられている火口湖で、「四周山に囲まれた深い湖だけに、何か悽愴なおもむきがあって、それが魔を感じさせたのであろう」とある。

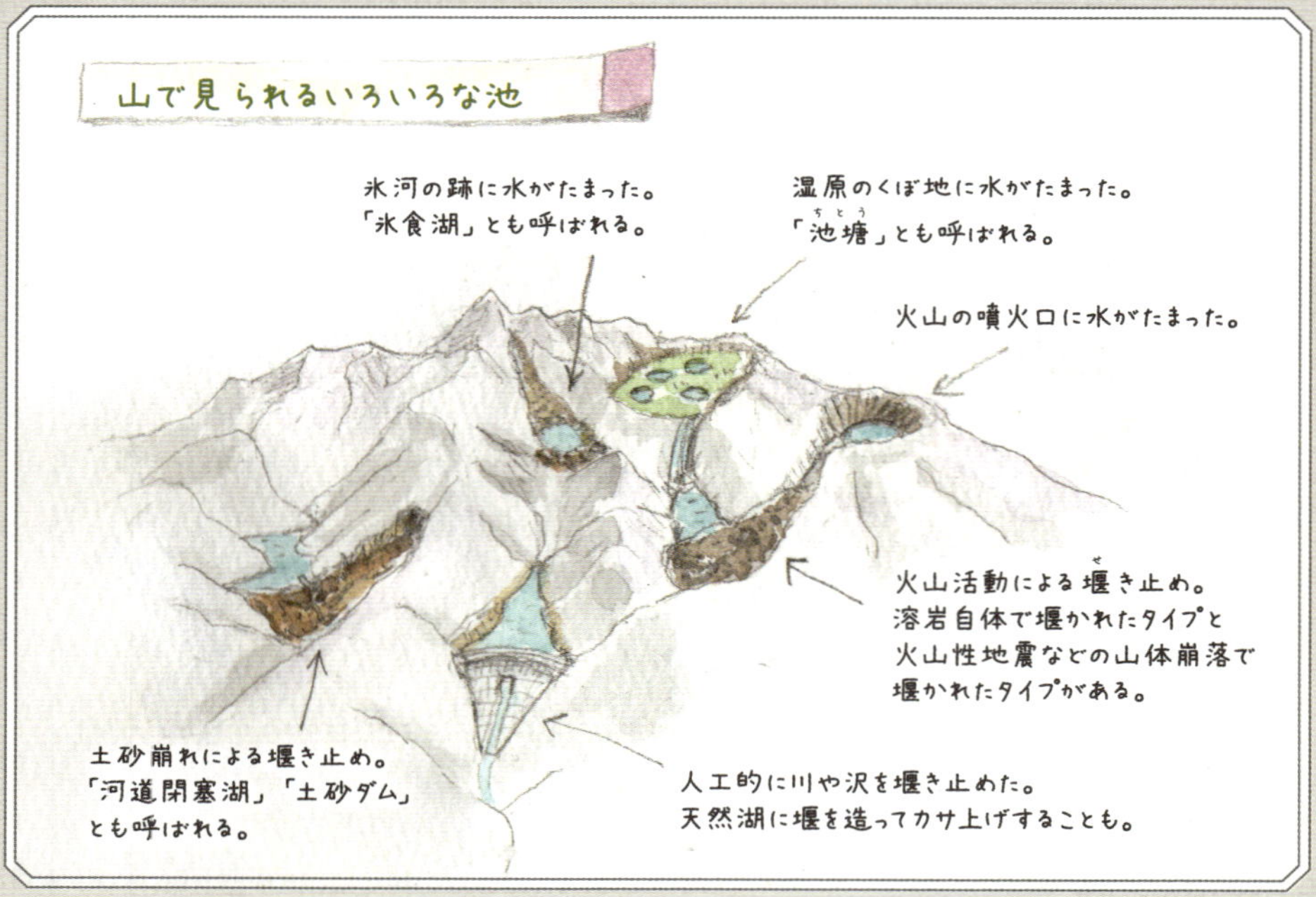
山で見られるいろいろな池
氷河の跡に水がたまった。
「氷食湖」とも呼ばれる。
湿原のくぼ地に水がたまった。
「池塘《ちとう》」とも呼ばれる。
火山の噴火口に水がたまった。
火山活動による堰《せ》き止め。
溶岩自体で堰かれたタイプと
火山性地震などの山体崩落で
堰かれたタイプがある。
土砂崩れによる堰き止め。
「河道閉塞湖」「土砂ダム」
とも呼ばれる。
人工的に川や沢を堰き止めた。
天然湖に堰を造ってカサ上げすることも。

山頂近くに位置する神々しい天空の水辺

日光のいろは坂を上がっていくと最初に出迎えてくれるのが中善寺湖だ。「日本で最高所にある湖」という触れ込みだが、それは必ずしも正確ではない。ただ、男体山との取り合わせは、名著『日本百名山』の著者・深田久弥氏も「天の造形の傑作というほかない」と両手放しの賞賛ぶりだ。中禅寺湖の上には紅葉の素晴らしい西ノ湖や温泉成分が流れ込む湯ノ湖が控える。

冬期は通行止めとなる金精峠から先は菅沼、丸沼、大尻沼へと標高を下げていく。それぞれ天然湖だったが、水力発電の貯水池にするべく堰体が建設された。このように天然と人工のハイブリッドな池が、人の暮らしを支えているのだ。

日光の奥の院とも呼ばれる奥白根山は、関東以北の最高峰。頂上を目前にした踊り場には、登山者らをやさしく出迎えてくれるかのように、小庭園のような弥陀ヶ池が横たわっている。眼前にそびえ立つ節くれだった奥白根山の威容と、オアシスのような汀をもつ池の取り合わせは、この世のものと思えず神々しい。

弥陀ヶ池から少し歩くと、『日本百名山』で「魔の湖」の別名とともに「悽愴な趣き」と表現されている五色沼が見える。魔性を帯びたその美は一種、独特だ。

2018（平成30）年の台風24号の大雨によって
奥日光の小田代ヶ原では2011（平成23）年以来、
7年ぶりとなる小田代湖が出現。
小田代湿原は、
ラムサール条約登録湿地に
登録されている。

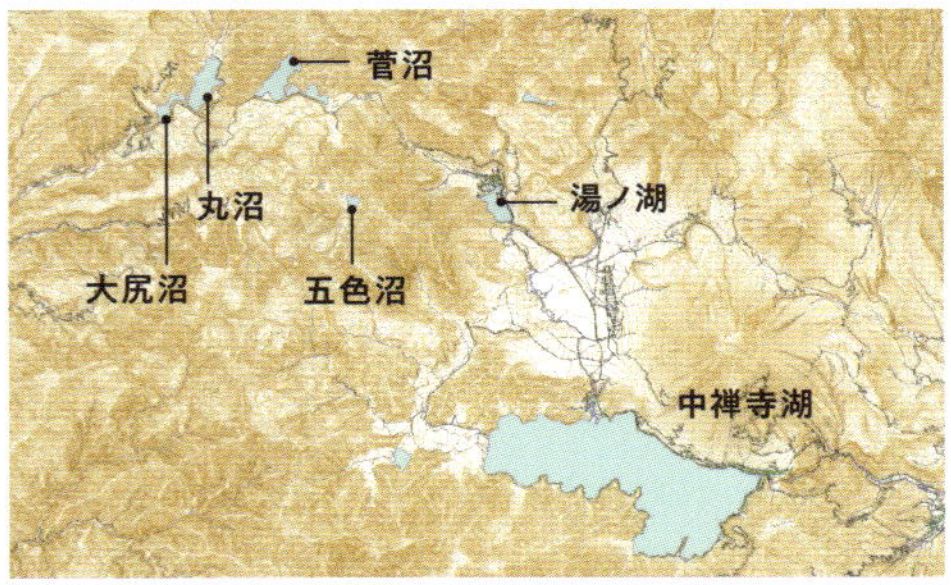
菅沼
丸沼
湯ノ湖
大尻沼
五色沼
中禅寺湖

国土地理院の標準地図をもとに作成

五色沼と小田代湖

- **所在地**／栃木県日光市湯元・日光市中宮祠
- **電車**／五色沼は、JR東日本日光線 日光駅から約37.5km、東武鉄道日光線 東武日光駅から約36km
- **クルマ**／五色沼は、日光宇都宮道路 清滝ICから約30.5km

出現は数年に一度だけ「幻」と呼ばれる池

奥白根山の北側の裾には小田代ヶ原という湿原が広がり、数年に一度、大雨のあとなどに「幻の湖」が出現する。とはいっても実際には湿原が冠水しているだけで、一時的な「現象」にすぎない。風景カメラマンたちは待ち焦がれたこの好題材を、憧れを込めて「小田代湖」と呼んでいる。

同様の「幻の池」として、高知県室戸市の池山池（→189ページ）、静岡県浜松市の池の平などがある。池山池は幻といいつつ国土地理院の地図にも記載されている。全国の山には、未知の「幻の池」がまだあるだろう。

山池 七

幻の〝志賀湖〟が残した星雲のような志賀高原の池群

四十八池《しじゅうはちいけ》と琵琶池《びわいけ》

志賀山の麓に広がる四十八池と湿原の泥炭層にできる60もの池塘。これら志賀高原の池群で最大の大沼池は、見る角度によって水の色が変わる神秘の池だ。

長野県下高井郡山ノ内町

鉢池
みごとな山頂火口湖。
湯釜
渋池
リフトを降りてすぐ。
292
P
木戸池
田ノ原湿原に接する木戸池は湖面に映える白樺やダケカンバの絶景。
田ノ原湿原
田ノ原湿原と木戸池は、今は消失してしまった「志賀湖」の名残り。地形を見ると、ありし日の志賀湖が目に浮かんでくるようだ。
この池は琵琶池と導水トンネルでつながっている揚水式発電の下池。

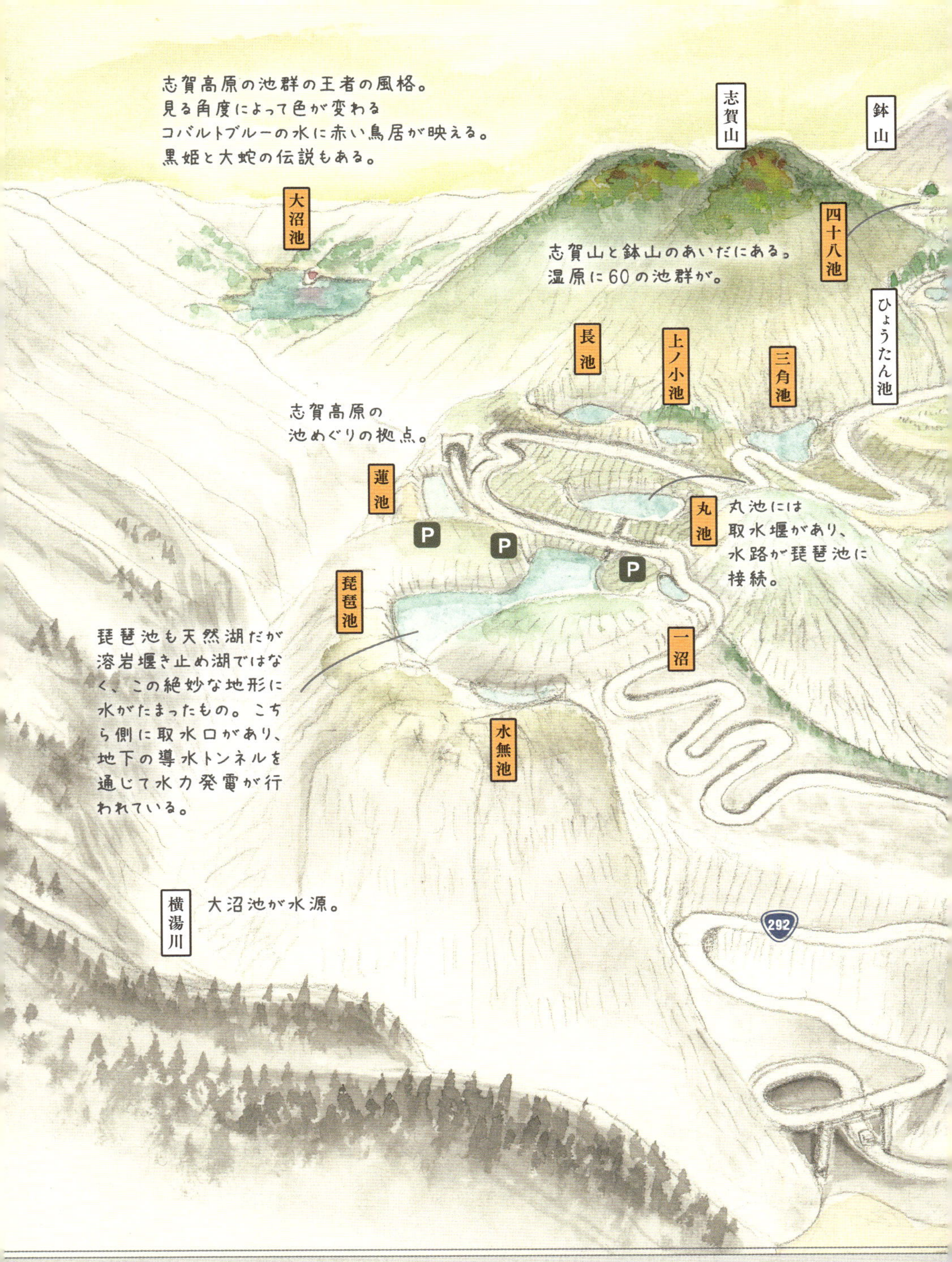
志賀高原の池群の王者の風格。
見る角度によって色が変わる
コバルトブルーの水に赤い鳥居が映える。
黒姫と大蛇の伝説もある。
大沼池
志賀山
鉢山
四十八池
志賀山と鉢山のあいだにある。
湿原に60の池群が。
ひょうたん池
長池
上ノ小池
三角池
志賀高原の
池めぐりの拠点。
蓮池
P
P
P
丸池
丸池には
取水堰があり、
水路が琵琶池に
接続。
琵琶池
琵琶池も天然湖だが
溶岩堰き止め湖ではな
く、この絶妙な地形に
水がたまったもの。こち
ら側に取水口があり、
地下の導水トンネルを
通じて水力発電が行
われている。
一沼
水無池
横湯川
大沼池が水源。
292

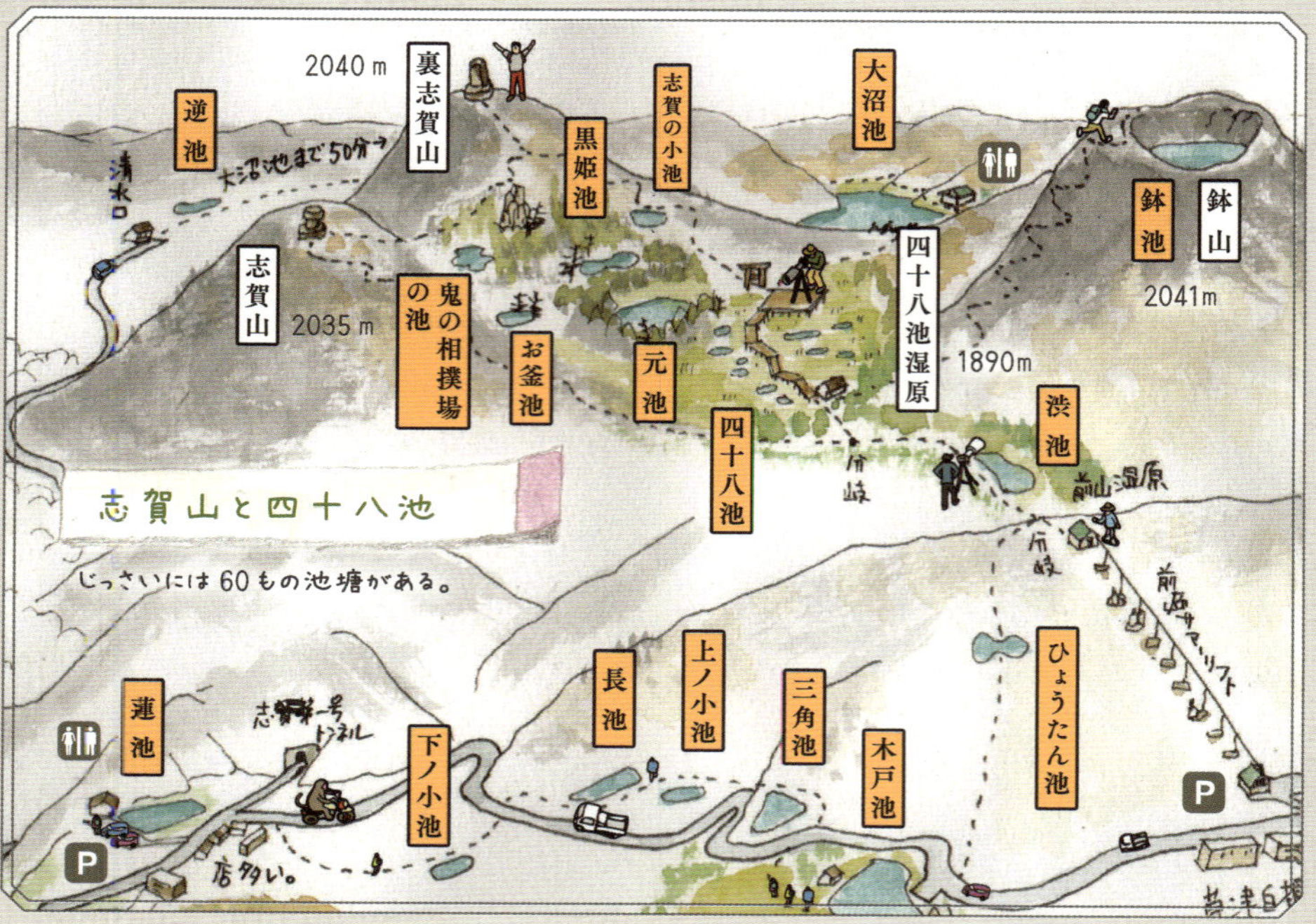

巨大なロストレイクの名残りが無数の池に

名湯で名高い草津温泉から国道292号はさらに標高を上げ、有毒ガスが草木を枯らす峠にさしかかった。百名山の草津白根山の湯釜や弓池を横目に、やがて日本の国道最高地点から下り道になり、ほどなく明るく開けた高原に出た。

この志賀高原には、標高1900m近い湿原に点在する四十八池をはじめ、大小70を越える数多くの池が広がっている。

日本の山池の多くがそうであるようにこれらの池のおこりは火山活動による。20万年前の志賀山の大噴火で流れ出した溶岩が山の北側と南側の川を塞ぎ（→40ページ）、南北にそれぞれ志賀湖と大沼池を生みだした。

志賀湖は皮肉にも後年、自らを誕生させた溶岩流によって埋まってしまう。その巨大湖の名残りが、田ノ原湿原と木戸池だという。

志賀湖の消失により、志賀高原最大の池になった大沼池は、ほかの池とは距離を置くかのように深奥にたたずみ、その姿はどこか孤独な老王を思わせる。

湖畔に浮かぶ赤い鳥居が映えるコバルトブルーの水は見る角度によって色が変わるといわれ、なるほど上から見たときは目の覚めるような紺碧だったのに、汀に降りてみると淡い緑に透けている。

その神秘性は幾多の伝説も生んでいる。さまざまな伝説に共通するのは黒姫と黒竜（大蛇）が登場することと、人間に怒った大蛇が四十八池を決壊させる点。美女と大蛇が出てくるのは池伝説の定番であるが（→84ページ）、現在の四十八池を見る限り下界を水浸しにするほどの水量はなさそうだ。昔は大沼池やほかの池も含めて四十八池と呼んでいたのだろうか。下界が河川の洪水に悩まされていたのは事実である。

水の色がおもしろい池

神ノ子池（北海道）	「神ノ子ブルーとも」。
青い池（北海道）	偶然の産物。1997（平成9）年ごろ発見。コバルトブルー。
十二湖（青森県）	世界遺産にも。「青池」は青インクを流したような色。
四万湖（群馬県）	「四万ブルー」と呼ばれる。
血の池（群馬県）	ミジンコの大発生で赤くなる。
血の池地獄（大分県）	真っ赤。→166ページ

池の色は
空の色
のハズだけど。

改造された池は、農業用や発電用に利水

志賀高原の末端近くにある琵琶池は大沼池に次ぐ大きさだが、成因は異なり、火山活動の地形変化で生まれた。天然湖だが、地下導水路が設けられ水力発電に利用されている。洪水吐も見られた。

また、国道をはさんで上にある丸池にも水門があり、コンクリート製の水路を駆け下って琵琶池に注ぐ改造が施されていた。琵琶池をカサ上げして利水する話もあったようだが、岩石がごろごろしている池だけに漏水もひどい上、環境問題や利水権もからみ、実現は難しかったようだ。

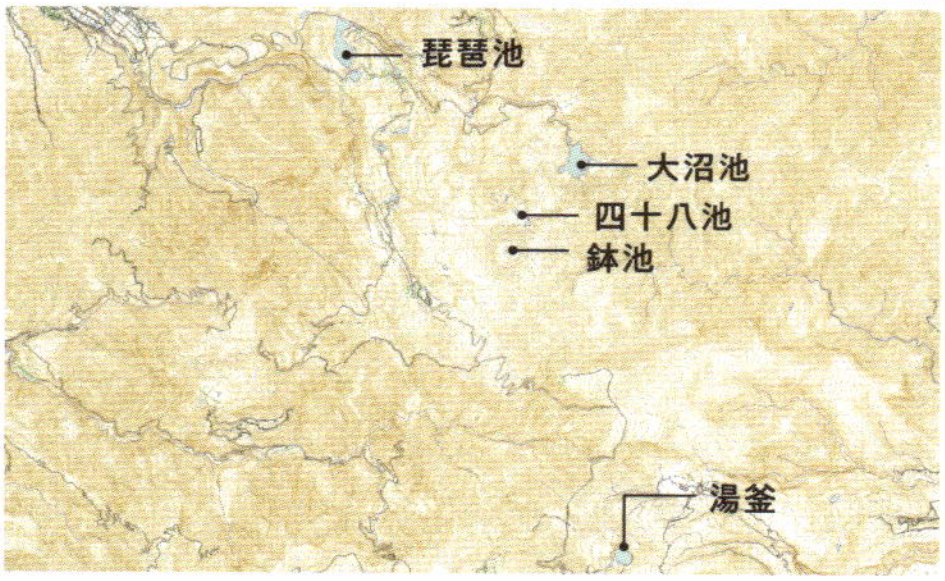
琵琶池
大沼池
四十八池
鉢池
湯釜

国土地理院の標準地図をもとに作成

四十八池と琵琶池

- **所在地**／長野県下高井郡山ノ内町平穏
- **電車**／琵琶池は、長野電鉄長野線 湯田中駅から約14km
- **クルマ**／琵琶池は、上信越自動車道 信州中野ICから約24km

白紫池《びゃくしいけ》と大浪池《おおなみいけ》

百名山・霧島に穿たれた「火口湖」の博物館

通常、池はまわりより低い場所にある。霧島には、そんな常識をあざ笑うかのように、山の頂きに掲げられた異形の池たちが集結している。

宮崎県えびの市・鹿児島県霧島市

高千穂峰
頂上は天孫降臨の地？
1574m
御池
観光地化しており、アクセスしやすい。
小池
新燃岳
御鉢
新燃池
平成噴火で消失？
琵琶池
1344m
大浪池
日本一高い火口湖とも。
1241m
階段が延々とつづく。歩きやすいが、まるで池参り修行。
P
県道沿いに大浪池登山口。駐車スペースと公衆トイレあり。
えびの岳
1292m
memo

火口湖の魅力は、力強いシンプルな形状だけでなく、その水の色にもある。ときに「魔女の瞳」や「竜の目」に例えられる印象深い色は、火山性の鉱物が溶け込みやすい地形によるところも多い。

天孫降臨の地に広がる異形の池の巣

霧島は日本一の火口湖密集地帯。「霧島山」は百名山のひとつに列せられてはいるが、現地に行くと霧島という単独峰がなくて戸惑う。地鶏や芋焼酎のブランド名で日本中におなじみの山名であるが、じつは1700mの韓国岳《からくにだけ》や天孫降臨の地とされる高千穂峰など一群の火山連峰をからげて霧島山

をなしている。

この山塊は空から見るとまるで蜂の巣のよう。鋭利なエッジを見せる円形の穴がそこかしこに穿たれていて、そのいくつかは青い湖水を輝かせている。これだけの火口湖が1カ所に集結している土地をほかに知らない。天孫降臨の地だけに、神々の池が頭を寄せ合っているように見えてしまう。

豊かな池は自然のもつ複雑さと多様性の中で恵みをもたらす。同じ自然でも、圧倒的な破壊から生まれた火口湖は、ぽっかりと大きく開け放たれた形状も含めて、ひたすらシンプルだ。そのシンプルさが自然への畏れと一体となって、人を惹きつけるのかもしれない。

すり鉢が深く、岩石で縁取られた岸がシャープなものは若い火口湖。年月が経つとなだらかな火口壁に木々が茂り、シャープな円形も崩れていく。

さらに長い年月を経て火口壁の一部が崩落すると、水も抜けて湿原の様相を呈するものもある。そんなところには名もない小さな池塘が隠されていたりするので、予想外の出会いをたのしむことができる。

反対に噴煙盛んな新しい火口の底は、むきだしの岩石の色まで毒々しい。同じ火口でも、火山ガスの充満する死の荒野もあれば、多くの動植物が棲む湿原もあり、そんな一形態として火口湖もある。

高さ日本一の大浪池と人工堰体がある白紫池

火口の巣のなかでは古参兵である白紫池は、不動池、六観音御池とともに「池巡り自然探勝路」で手軽に火口湖めぐりができる。

すぐ目の前には噴煙盛んな硫黄山があり、そんな新参者とは無関係とばかりに静謐な湖面をわずかに風に揺らす。水深が100m前後と浅く、冬場には氷結したので、1980年代まではスケートを楽しむ人たちでにぎわったという。

白紫池の火口壁の一角からは、すぐ下にある六観音御池とセットでの眺望が得られる。2つの池のあいだの壁はえぐられたようになっており、ひょうたん形にも見える。このくびれの部分にコンクリート製の人工堰体が設けられていた。増水時の水流が壁を削りつづければ、いつか白紫池は消えてしまう。この堰体は池を延命させているのだ。

大浪池の水面は標高1239mにあり、水を常に湛えている火口湖としては日本一の高さにあるという触れ込みだが、韓国岳の頂き近くにある琵琶池は大浪池より100mほど高い。日本一云々はともかく、大浪池の堂々たる風格は揺るがない。新燃岳の火口にあった新燃池は、2011（平成23）年の平成の噴火により消失した。それも火口湖の運命なのだ。

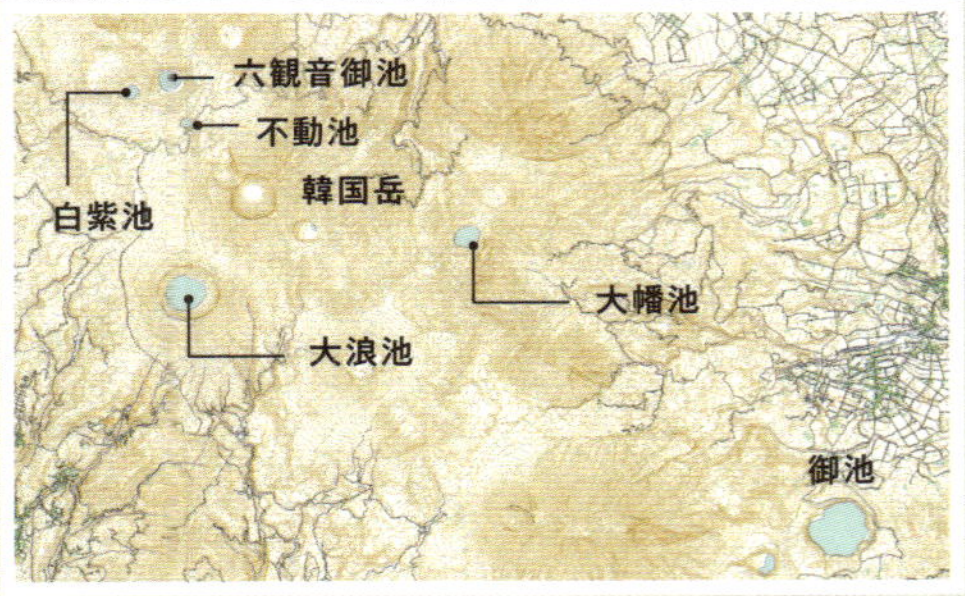

白紫池と大浪池

- **所在地**／宮崎県えびの市末永・鹿児島県霧島市牧園町高千穂
- **電車**／大浪池は、登山口までJR九州日豊本線霧島神宮駅から約12km
- **クルマ**／白紫池は、えびの高原エコミュージアムセンターまで九州自動車道 えびのICから約22km。大浪池は、同センターから約3km

国土地理院の標準地図をもとに作成

山池 九

多くの人命と引き替えに生まれた裏磐梯の涙

毘沙門沼《びしゃもんぬま》と銅沼《あかぬま》

福島県耶麻郡北塩原村

毘沙門沼をはじめとするカラフルな五色沼系池群と銅沼系と呼ばれる赤系統の池群が混在。表裏に2つの顔をもった磐梯山の地形がなせる多様な湖沼の共演は圧巻というしかない。

1日にして誕生した300を超える天然池

湖周長37kmの堂々たる桧原湖を筆頭に、300を越える湖沼が宝石箱のように散りばめられた裏磐梯。しかし、130年前まで、この地には桧原湖も300の湖沼も存在していなかった。そこにはただ、良材を求めて移り住んだ木地師《きじし》の小集落が、広大な原生林の中にたたずんでいるだけだった。

1889（明治21）年7月15日午前7時半、磐梯山は噴火に伴った地震の衝撃でひとつの峰がまるごと崩落した。山ひとつ分にあたる未曾有の土砂が岩なだれとなって下界に襲いかかり、5つの集落と477人もの命を呑み込んだ。かわりに生まれたのが桧原湖と300の湖沼だった。

成り立ちも形も異なる火山によってできた池

ひとくちに火山活動によってできた池といっても、志賀高原の池群（↓42ページ）、霧島の火口池群（↓46ページ）、裏磐梯の池群とでは、それぞれ成因も異なれば、見た目も異なる。

志賀高原で池が生まれたのは溶岩流がおもな要因で、霧島は噴火口自体に水がたまったことによる。裏磐梯はというと、水蒸気爆発と火山性地震によって引き起こされた山体崩壊と岩なだれが、沢や川を堰き止めたため、池が形成された。

猪苗代湖側から仰ぐ磐梯山は落ち着いた重量感のある山容を見せるが、反対側の桧原湖から見ると印象は一変。無残にえぐれた傷跡が今もなまなましい。

三面鏡を開いたような崩壊壁に囲まれて銅沼がたたずむ。その赤みを帯びた水は傷跡を洗うように流れ下り、山裾の五色沼を色付かせている。

水の色もとりどりの天然池「五色沼湖沼群」

台地上に大きなスケールで広がる檜原湖、秋元湖、小野川湖ら「裏磐梯三湖」は、それぞれ人工の堰体も築かれ、水力発電も行われている。

一方、五色沼は崩落面に近い山裾に点在する大小30の天然湖沼の総称で、毘沙門沼、弁天沼、るり沼など多様な色で観光客を魅了する。確かに、青いのもあれば褐色のもの、緑と赤が混ざったようなものなど、とりどりである。学問的には、水質や生物層から生じる色の違いによって、大きく銅沼系と五色沼系の2群、4グループに分類されている。

磐梯山
1816m
猪苗代湖
日本で4番目に大きい巨大湖の猪苗代湖も火山活動によって生まれた。
しかし、はるか太古の火山活動で、裏磐梯湖沼群や雄国沼とも成立時期や過程が異なる。
底に堆積した水酸化鉄の浅い部分が赤色に見えるため「銅沼(あかぬま)」の名が付いた強酸性の沼。五色沼の水源にもなっており、似た性質をもつ「銅沼系湖沼群」を形成する。
銅沼
雄国沼
雄国沼だけは裏磐梯湖沼群とは性格が異なり、50万年前の猫魔ヶ岳の火山活動によって生まれた。ニッコウキスゲを含む植物群落が天然記念物に。
弥六沼
展望台
るり沼
レストハウス
柳沼
青沼
弁天沼
P
桧原湖
memo
裏磐梯の五色沼のほかに、福島県の吾妻山には通称「魔女の瞳」とも呼ばれる五色沼があり、奥日光には1日5回水の色が変わるという五色沼がある。

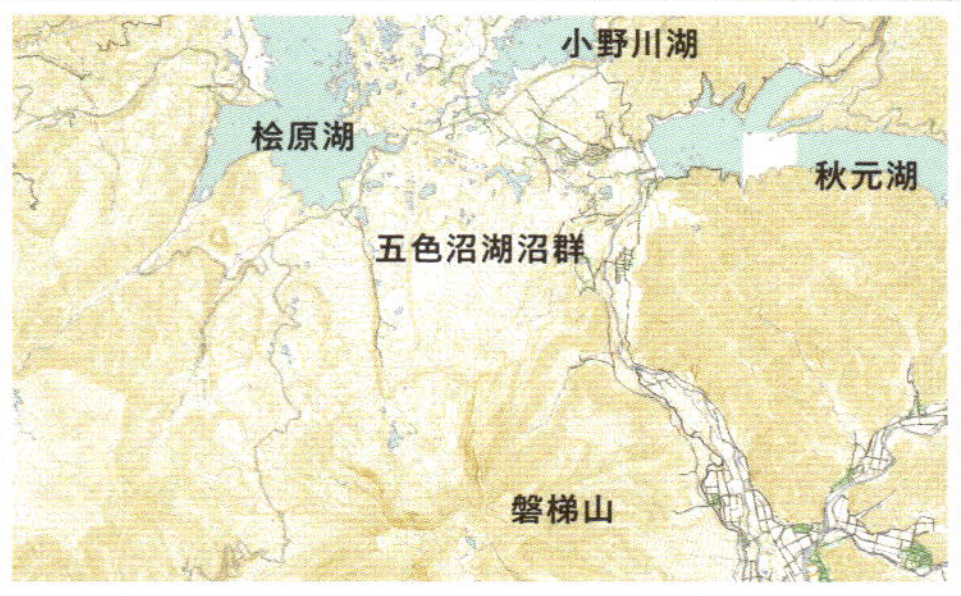

毘沙門沼と銅沼

- ◆ **所在地**／福島県耶麻郡北塩原村桧原
- ◆ **電車**／裏磐梯ビジターセンターまでJR東日本磐越西線 猪苗代駅から約15km、喜多方駅から約32.5km
- ◆ **クルマ**／裏磐梯ビジターセンターまで磐越自動車道猪苗代磐梯高原ICから約16km

国土地理院の標準地図をもとに作成

山池

＋

レッドブルが逃げ込んだ伝説の池のその先に

椹池《さわらいけ》と大笹池《おおささいけ》

椹池の底で見つかった、岩に突き刺さった鉄剣。奈良時代の剣が池底に封じ込めようとしたのは何だったのか。池のヌシをめぐる伝説を追った。

山梨県韮崎市・南アルプス市

池底に残された鉄剣と不思議な大蛇の伝説

南アルプスの前衛に位置する甘利山。その登山口に向かう狭隘な山道の途上、標高１２００ｍの山腹のくぼみに身を隠すようにたたずむのが椹池だ。野営場にもなっている湿原をたくわえたその池は、天狗がしつらえた秘密の小庭のようだ。

１９８０年代、この池が突如干上がる。その際、池底の岩に突き刺さった1本の鉄剣が見つかって大騒ぎになった。鑑定の結果、奈良時代のものと判明。千年以上ものあいだ、誰にも知られず、この剣が池の底に封じようとしたものはいったい何だったのだろう。

池底に残された鉄剣と不思議な大蛇の伝説

大笹池には、とある伝説がある。戦国の世、甲斐の領主となった甘利氏の２人の子息が椹池でフナ釣りをしていたところ、大蛇に引きずり込まれてしまう。

怒った甘利氏は領民に頼んで大量の糞尿を池に投げ入れる。苦しんだ大蛇は赤牛に姿を変えて甘利山の上へと逃走。頂きから少し下った場所で、急斜面に三方を囲まれた大笹池を見つけ、絶好の隠れ家として身を潜めた。しかし甘利氏の追及はやまず……。

池のヌシの大蛇に人が引きずり込まれるという話は多いが、人間が池のヌシを徹底的に追い詰めるというのはめずらしい。逃避行の変装としては目立ちそうな赤牛に化けるという逆転の発想もおもしろい。

椹池をすぎた先、標高１６４０ｍの登山口には甘利駐車場がある。ここから甘利山頂まではハイキング感覚。雲海の上に顔をだした富士山を振り返ったりしながら20分ほどで山頂に着く。

鉄剣や甘利山伝説にまつわる写真や資料は、椹池湖畔にある白鳳荘に展示されている。池の周囲には遊歩道がめぐらされ、山荘主人の手作りの案内板が味わい深い。

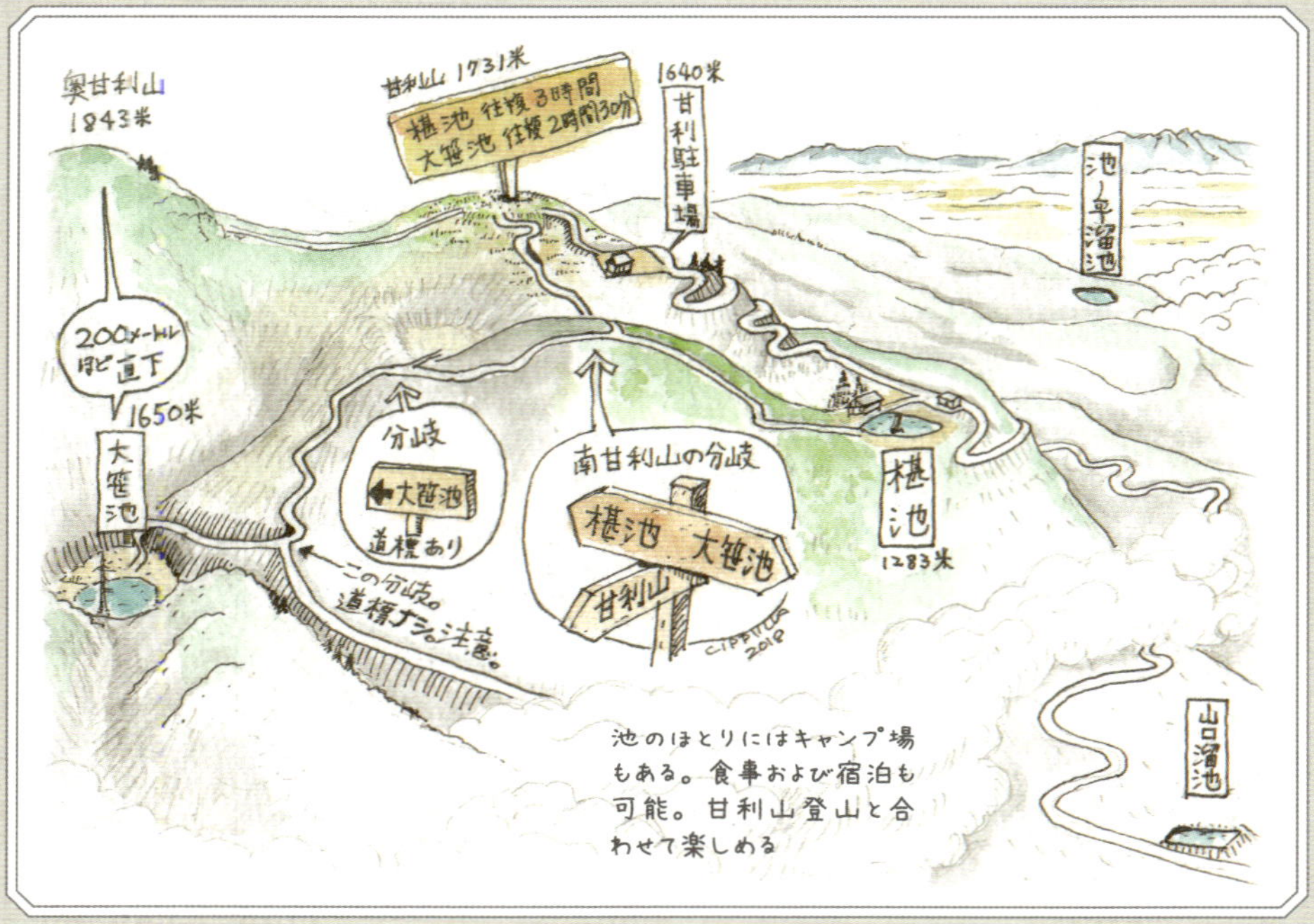

眺望のよい平坦な草地の頂きに、新しい道標が立っていて、大きな字で「大笹池」が案内されていた。

池へのアプローチ路は南甘利山の尾根を経由し大きくまわりこむようなかっこうになっていて、池まで往復4・6㎞、140分というけっこうな行程だった。

時折倒木に遮られながら道は深いクマザサに覆われていき、途絶えがちな一本の線となる。ところどころロープがなければ転げ落ちそう。下った先の分岐で板切れに「大笹池←」と記された小さな道標を目にしてほっとする。その先の新しい林道との分岐で一度、道を間違えたが、急な斜面に囲まれた陰鬱なくぼ地に、大笹池はあった。

すり鉢状のみごとな地形。明瞭な流入河川はないが、この池を水源に沢が流れ下っている。池の吐き出しにあたる部分には、水、もしくは土砂、あるいは魚の流出を止めるためか、木の板で堰き止めのような工作がなされていた。

山梨県公式の観光情報によると池の最大水深は2mとなっているが、底一面に浮遊物のようなコケが生えていて、せいぜい膝ぐらいの深さにしか見えない。極端に減水した状態なのかもしれないが元気な魚の姿もあった。

追い詰められた大蛇は次々と池に逃げ込む

話を赤牛に戻そう。椹池

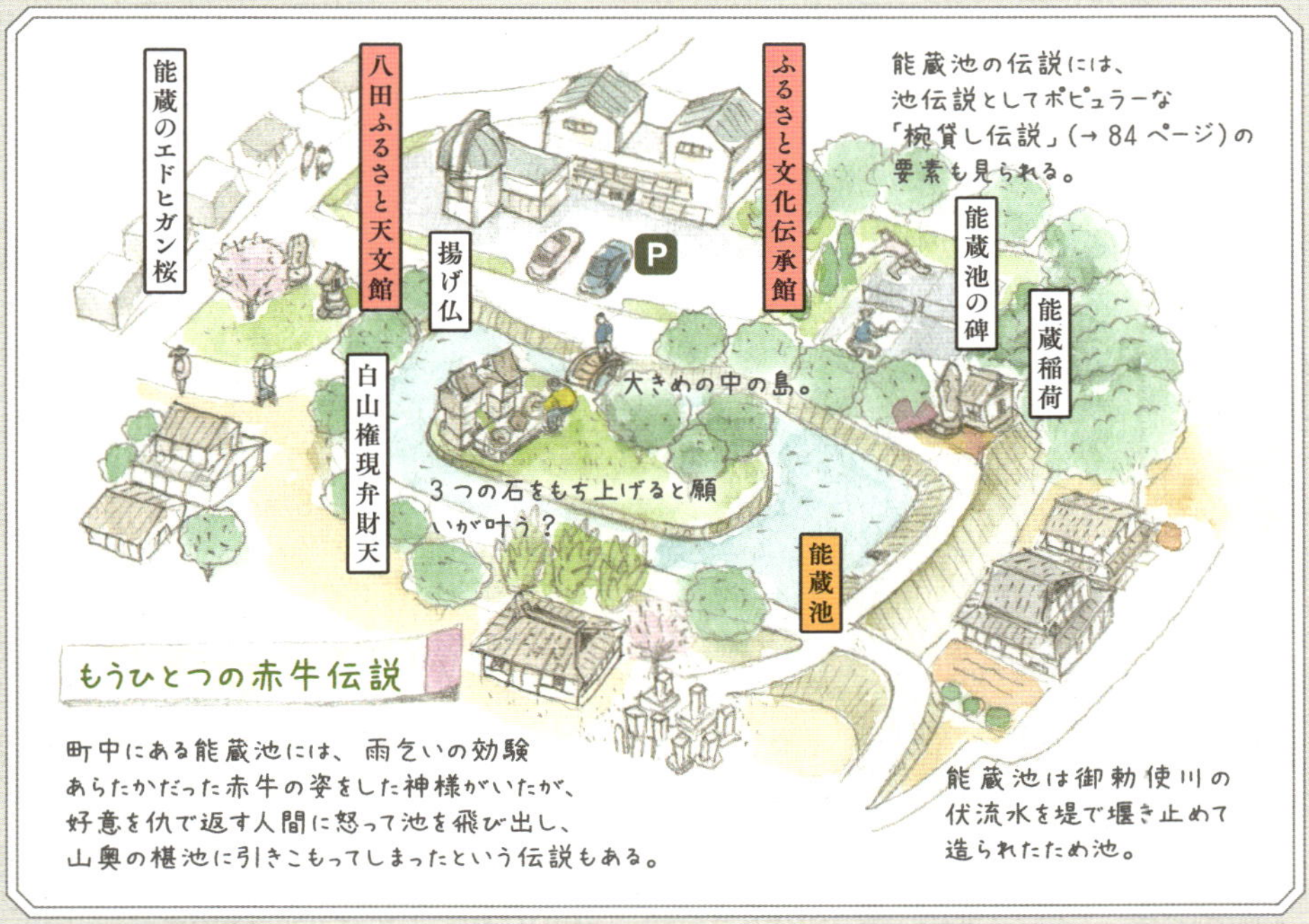
能蔵のエドヒガン桜
八田ふるさと天文館
ふるさと文化伝承館
能蔵池の伝説には、
池伝説としてポピュラーな
「椀貸し伝説」（→84ページ）の
要素も見られる。
揚げ仏
P
能蔵池の碑
能蔵稲荷
白山権現弁財天
大きめの中の島。
3つの石をもち上げると願いが叶う？
能蔵池
もうひとつの赤牛伝説
町中にある能蔵池には、雨乞いの効験あらたかだった赤牛の姿をした神様がいたが、好意を仇で返す人間に怒って池を飛び出し、山奥の椹池に引きこもってしまったという伝説もある。
能蔵池は御勅使川の伏流水を堤で堰き止めて造られたため池。

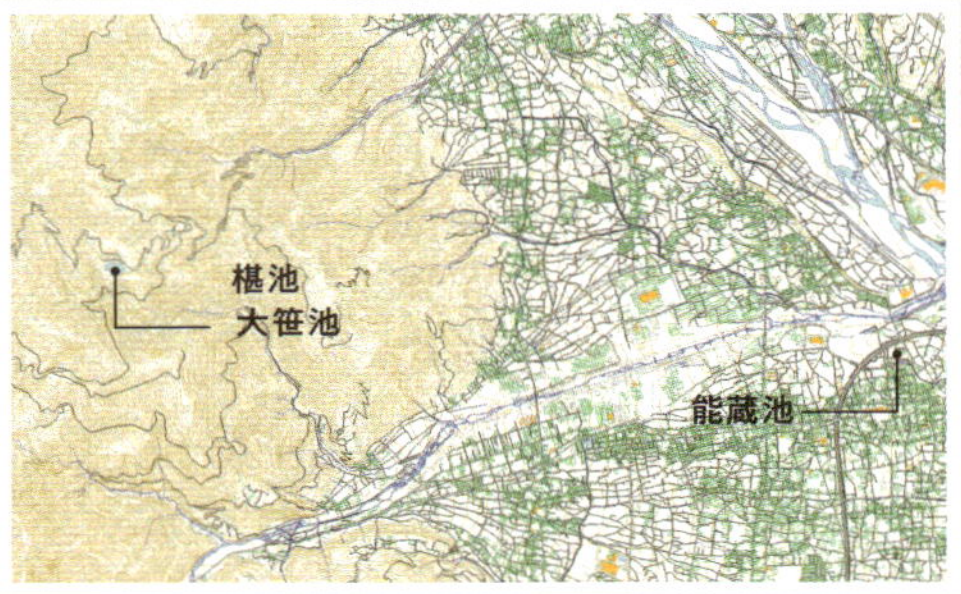
椹池
大笹池
能蔵池

椹池と大笹池

- **所在地**／山梨県韮崎市旭町上條北割・南アルプス市須澤
- **電車**／椹池は、JR東日本中央本線 韮崎駅から約12km
- **クルマ**／椹池は、中央自動車道 韮崎ICから約25km

国土地理院の標準地図をもとに作成

を追われたヌシにとって新天地の大笹池だったが、平穏は長くはつづかなかった。甘利氏の執拗な追跡に、再び池を追われることになる。

　ここでまたしても逆転の発想で大蛇は難局を切り抜ける。山を放棄し、あえて敵の懐中に飛び込むかのごとく、麓の集落にある能蔵池に逃げ込んでいた。場所は現在の南アルプス市街地で、池は現存している。

　牛に化けたり、町中に逃げたり、椹池のヌシはどこか人間くさい。そう思っていると、現地で池を見ていたときに、おもしろいことを教えてもらった。大蛇になる前、椹池のヌシは人間の老婆だったそうな。なるほど人間くさいわけだ。

ぶらぶら 山池

山に抱かれている池は、
天然のものが多い。
火口湖や氷食湖など、
山だからこその成り立ちを
知るのもたのしいだろう。
人が容易に立ち入れない池は、
絶景の構成要素として、
うつくしい横顔を見せてくれる。

鎌池《かまいけ》

長野県北安曇郡小谷村中土

天然池

百名山・雨飾山の山腹、標高１１９０ｍで静謐な水鏡を湛える鎌池は、絶景紅葉スポットとして風景カメラマンに人気の天然湖だ。この池には鉈池と隠居池という２つの小さな池がお伴するように寄り添っている。３つの池には夫婦の大蛇にまつわる伝説がある。村人に糞尿攻めにされた挙げ句、夫の蛇を焼き殺され、棲みかとしていた池を追われた女蛇は野尻湖へと逃れた。その途中、落とした涙が池になったという（→84ページ）。

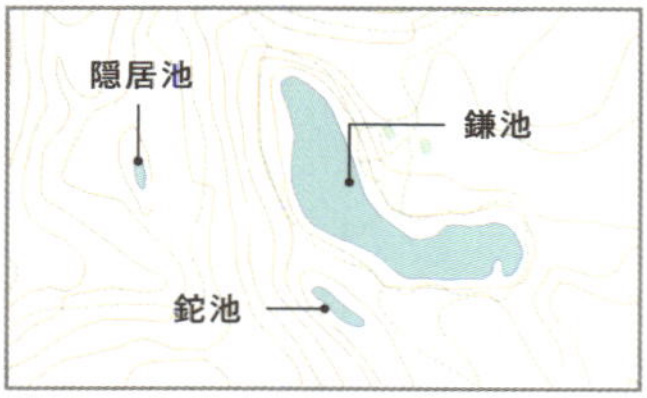

マップは国土地理院の標準地図をもとに作成

蔦沼《つたぬま》

青森県十和田市奥瀬

天然池

青森市街地から見ると八甲田山の巨大なボリュームに圧倒される。巨大な台地が１５００ｍの高さまでもち上がったような量感。そこに穿たれた蔦沼は、ほかの６つの沼と合わせて「蔦の七沼」と呼ばれ、これらを結ぶ「沼めぐりの小径」という遊歩道から沼めぐりができる。小径の起点は千年の歴史をもつ蔦温泉。登山の拠点として駐車場、公衆トイレを完備し、マス釣りもできる。紅葉の早朝は池が真っ赤に燃えあがる。

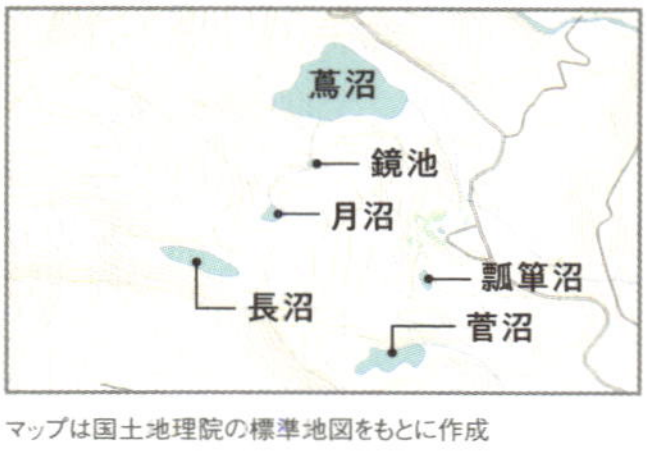

マップは国土地理院の標準地図をもとに作成

夜《や》叉《しゃ》ヶ《が》池《いけ》

天然池

福井県南条郡南越前町広野

福井と岐阜の県境を構成する標高1099mの峰上にある天空の瞳のような池。池に棲むのは固有種のヤシャゲンゴロウと伝説の龍。この龍は雨乞いの神とされる。干ばつに苦しむ村のために龍神に嫁いだ娘の伝説があり、文豪・泉鏡花が短編「夜叉ヶ池」を執筆。素朴な伝承をベースに海外文学の要素も取り入れ、みごとな愛憎劇へと昇華させている。池名がタイトルとなった美文の名作として、湖沼好きならぜひ読んでおきたい。

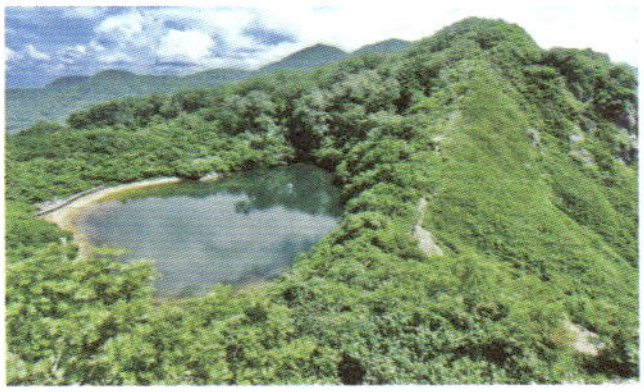

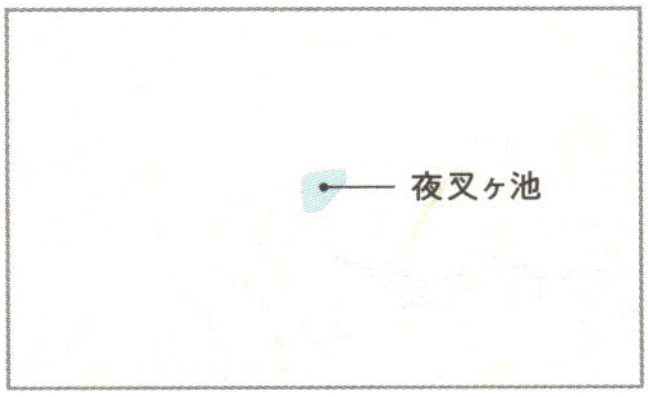

マップは国土地理院の標準地図をもとに作成

不消《きえず》ヶ《が》池《いけ》

天然池（氷食湖）

岐阜県高山市丹生川町岩井谷

乗鞍の池めぐりの起点となる畳平《たたみだいら》バスターミナルは標高2700mにある。舗装道では日本最高所に近い。この畳平を取り囲むように割拠する魔峰の肩や裾に不消ヶ池、鶴ヶ池、亀ヶ池が並ぶ天空感はダテではない。百名山の主峰の裏には火口湖の権現池もある。成因はカルデラ湖の一部だったり、火口湖、堰止め湖に加え、氷河の落とし子である氷食湖もあり、さながら火山性・高山性の池のショーケースのよう。

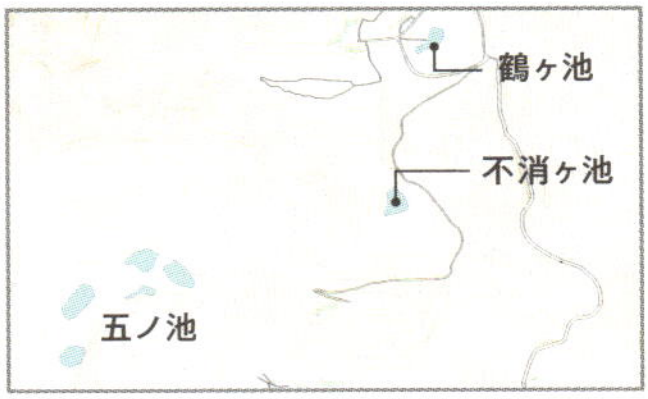

マップは国土地理院の標準地図をもとに作成

八幡平《はちまんたい》と岩手山《いわてさん》の湖沼群《こしょうぐん》

天然池

岩手県八幡平市

日本百名山にも選定されている八幡平と岩手山という2つの名山に穿たれた贅沢な湖沼群。広大な裾野をもつ八幡平には、八幡沼を筆頭に、ガマ沼、鏡沼、めがね沼などの火口湖群と山腹の赤沼がある。いずれも軽装で気軽にめぐることができる魅力的な水辺だ。岩手山には、本格登山が必要な山頂火口湖の御苗代湖、御釜湖がある。両山のあいだの樹海には、ゴマウナギと女護姫との伝説が残っている御護沼もある。

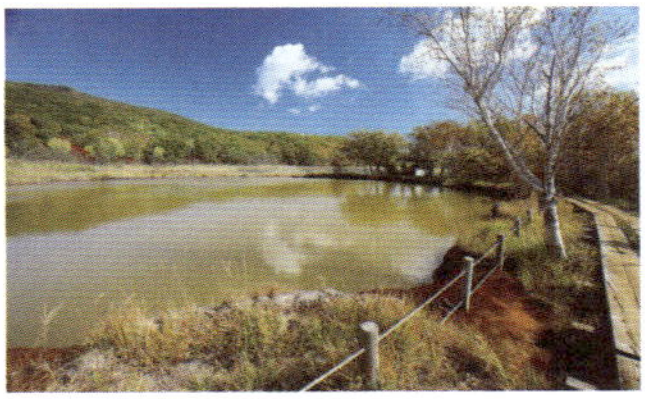

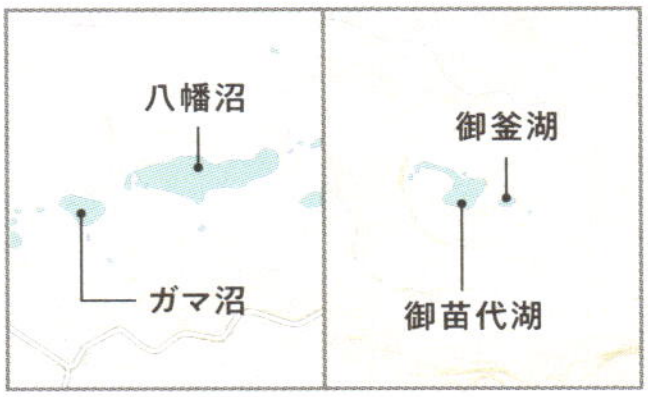

マップは国土地理院の標準地図をもとに作成

天然池

シラヌタの池《いけ》

静岡県賀茂郡東伊豆町片瀬

不知の池や不知沼とつづることもある。天城連山に広がる原生林の深い山中にあり、モリアオガエルの自生地として静岡県の天然記念物に指定されている。池畔には推定樹齢千年以上といわれるシラヌタの大杉も。原生林に守られてきた神秘的な空気を味わえるだろう。池の成因は火口湖説（→23ページ）もあるが、詳細は不明。車両が入れるのは林道までで、そこからは徒歩で原生林に入る。木道や吊り橋があって楽しい。

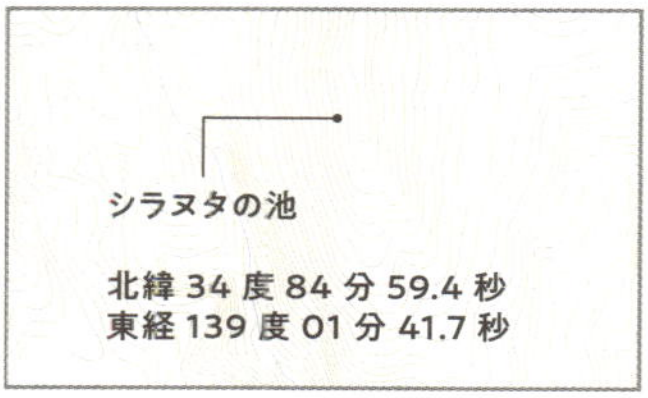
シラヌタの池
北緯 34 度 84 分 59.4 秒
東経 139 度 01 分 41.7 秒

マップは国土地理院の標準地図をもとに作成

天然池（氷食湖）

濃《のう》ヶ《が》池《いけ》

長野県上伊那郡宮田村

濃ヶ池は百名山の木曽駒ヶ岳の圏谷《けんこく》にできた氷食湖。圏谷とは氷河の侵食により生じた谷で、氷食湖はその谷底にできる。950mの高低差および駅の立地標高がともに日本一の駒ヶ岳ロープウェイは標高2612mの千畳敷駅まであっという間に運んでくれる。ここから剣ヶ池、駒飼ノ池を経て圏谷を上り下りすると、峰に抱かれるような踊り場に濃ヶ池が現れる。百名山登頂の主ルートからはずれているため訪れる人は少ない。

濃ヶ池

マップは国土地理院の標準地図をもとに作成

天然池

四《し》尾《び》連《れ》湖《こ》

山梨県西八代郡市川三郷町山保

外輪山にぐるりと囲まれた標高800mの山上湖。首都圏から近いが天上の楽園という言葉がぴったり。ドラマのロケ地になったこともある。10㎞の山道のどん詰まりに位置するため、クルマで行けるわりに穴場感が漂う。流入河川も流出河川ももたない完全独立の湖の水はどこまでも透き通っている。山荘、キャンプ場などもあるが、オートキャンプ場のような利便性とはほど遠い。野営本来の魅力を知る玄人好みの楽園だ。

四尾連湖

マップは国土地理院の標準地図をもとに作成

天然池（火口湖）

鏡《かがみ》ヶ《が》沼《ぬま》

福島県南会津郡下郷町

鏡ヶ沼は火山活動に由来する爆裂火口湖（→23ページ）で、その峰の連なりを少し南下すれば、今なお荒々しい岩肌を露わにしている那須岳がある。沼名の由来は、池の形が手鏡のような形状であったからとか、鏡のような湖面の美しさだったからとかともいわれる。前方後円墳をさかさまにしたような形状は、見ようと思えば「手鏡」に見えなくもない。透明度が高く、サンショウウオ、モリアオガエルが生息している。

マップは国土地理院の標準地図をもとに作成

天然池（堰き止め湖）

男《お》沼《ぬま》

福島県福島市土湯温泉町

吾妻連峰の広大な山裾に抱かれた湖沼群のひとつ。湖沼群には火口湖も多いが、男沼は山津波による堰き止め湖だ。ヘラブナの野釣り場として屈指の秘境感。イワナやギンギョというめずらしい魚も生息している。土湯温泉街から分岐する一車線の山道を上った先に仁田沼駐車場があり、そこから徒歩で男沼、女沼、仁田沼の3つの池めぐりができる。帰りに土湯温泉で汗を流せば心身ともに充実した一日をすごせるだろう。

マップは国土地理院の標準地図をもとに作成

天然池（断層湖）

八《はっ》丁《ちょう》池《いけ》

静岡県伊豆市湯ケ島

天城山中、標高１１７３ｍにある湖周長８７０ｍの池。断層のズレに水がたまったことを成因とする断層湖で天城縦走路のビバークポイントになっている。池名はこの湖周長の和表記である八丁（一丁は約１０９ｍ）にちなむ。川端康成の「伊豆の踊子」で有名な天城トンネルを起点として３～４時間ほど山道を歩いた先にある。枯れ沢をいくつか越えていく尾根伝いの行程の途中にはわさび田も見られる。このルートは昭和天皇もたどった。

マップは国土地理院の標準地図をもとに作成

「日本百名山」に掲載されている池たち

登山好きの人にとって聖典ともいえる深田久弥の随筆『日本百名山』では、著者自身が選んだ名峰を紹介している。この本には山だけでなく、山の名脇役として88もの湖沼が登場する。『日本百名山』は山池の名ガイドでもある。

1 利尻岳／三日月沼／利尻岳の尖鋭さが見える眺望スポットとして。
2 羅臼岳／羅臼湖／羅臼岳にある無名の池として。
／大小七つの沼／羅臼湖の周囲にあると記されている。
3 斜里岳／摩周湖／斜里岳に行く途中のバスから見た。
4 阿寒岳／阿寒湖／阿寒岳の冒頭から行数をさいて言及。
／パンケトー／二湖台からの眺めと成因について言及。
／ペンケトー／二湖台からの眺めと成因について言及。
5 大雪山／姿見の池／旭岳の下にある美しい池として言及。
／沼の平／「いろいろな形をした沼が」と記される。
6 トムラウシ／小さな沼／登頂後の帰路の長い道で会ったとある。
／ヒサゴ池／第二夜のテントを張ったとある。
8 幌尻岳／ダムサイト／ダム工事事務所に一泊。新冠湖か。
／七ッ沼／「幌尻岳の圏谷の底にある」と記述。
9 後方羊蹄山／半月湖／「半月湖から登攀が始まる」と記述。
11 八甲田山／十和田湖／「八甲田とともに国立公園になった」と記述。
／毛無岱の池塘群／「神の工を尽した名園のおもむき」と激賞。
／小川原沼／山頂からの絶景の要素として記述。
／睡蓮沼／八甲田の代表的風景として叙述。
12 八幡平／大沼／沼の畔に住む一狂翁の話題で。
／風致のある池沼／八幡平の醍醐味として。八幡沼などを指す。
13 岩手山／御釜／岩手山山頂の火口湖として記述。
／御苗代／岩手山山頂の火口湖として記述。
／小さな池塘／西岩手カルデラ内の八ツ目湿原。
15 鳥海山／鳥海湖／太鼓の静寂を保った湖水と記述。
17 朝日岳／大鳥池／岩魚釣り師の記述。本書84ページ参照。
18 蔵王山／お釜／「蔵王の宝玉」と激賞。
19 飯豊山／小さな池／幕営地として。文平ノ池のことか。
20 吾妻山／湖沼／五色沼、鎌沼、桶沼を指す。
21 安達太良山／沼ノ平／「昔は沼だったが今は砂地」と記述。
22 磐梯山／桧原湖／三湖として確かに魅力があると言及。
／小野川湖／三湖として確かに魅力があると言及。
／秋元湖／三湖として確かに魅力があると言及。
／小さな池沼／300の池沼を指す。本書49ページ参照。
／猪苗代湖／「湖を控えた山を賞した」と記述。
／鏡沼／「ひっそりした沼」と言及。
／沼ノ平／櫛ヶ沼と櫛ヶ池がある。
23 会津駒ヶ岳／尾瀬沼／経由地として言及するのみ。
25 魚沼駒ヶ岳／八つの池／八海山の名の由来のひとつして挙げるも懐疑的。
26 平ヶ岳／ダム湖／舟で渡ったとある。奥只見湖のこと。
／池ヶ岳／姫ノ池など池塘群がある。
／小池／玉子石の池塘群を指すと思われる。
28 燧岳／尾瀬沼／燧岳の相棒として字数をさいて言及。
29 至仏山／尾瀬ヶ原／池塘群があり至仏山とセットで語られている。
32 苗場山／沮洳地／苗場山頂の池塘群のことを指す。
33 妙高山／野尻湖／「妙高なくして野尻湖何ものぞ」とある。
／池ノ平／イモリ池がある。
34 火打山／池沼／天狗の庭の池塘群のことか。
／高谷池／「高原植物の褥」と池の景色を絶賛。
36 男体山／中禅寺湖／「天の造形の傑作」と激賞。
37 奥白根山／五色沼／「何か悽愴な趣き」と表現。本書38ページ参照。
40 赤城山／大沼（おの）／「赤城山の中心をなす火口湖」と記述。
／小沼（この）／美女大蛇伝説に言及。
41 草津白根山／湯釜／「思いがけない不意打ちの美しさ」と表現。
／弓池／白根山を眼前に高原の弓池について叙述。
44 筑波山／鳥羽の淡海／万葉古歌の引用で。
45 白馬岳／白馬大池／登山行程の経由地として記述。
／栂池／登山行程の経由地として記述。
47 鹿島槍岳／青木湖／鹿島槍の絶景スポットとして記述。
48 剣岳／仙人池／剣岳のいちばんみごとな景観スポットとして。
49 立山／弥陀ヶ原／天上の池塘に賛辞を送っている。
／三繰ヶ池／「紺碧の水の美しい湖」と記述。
50 薬師岳／有峰ダム／若き日の登山の思い出をからめ数回登場。
／五色ヶ原／直接の言及はないが池塘が点在。
／小さな池／薬師沢源流の池塘を指すと思われる。
52 黒岳／小さな池／水晶池を指すと思われる。
53 鷲羽岳／鷲羽池／竜池という古名とともに火口湖として言及。
55 穂高岳／明神池／穂高大明神の紹介とともに記述。
57 笠ヶ岳／池沼／播隆平の池を指すと思われる。
58 焼岳／大正池／「上高地の最も代表的な名所」と説明。
／噴火口に池／紺碧の水と表現。正賀池を指す。
59 乗鞍岳／多くの山上湖／乗鞍を彩る要素として。本書57ページ参照。
60 御嶽／二ノ池／変化に富む山頂の要素のひとつとして。
／三ノ池／変化に富む山頂の要素のひとつとして。
／一ノ池／「水の涸れた」と表現されている。
62 霧ヶ峰／八島池／八島平湿原が沼だったころの名残りと説明。
／鎌ヶ池／「静かで、しかも明るい沼」と叙述。
63 蓼科山／赤沼平／赤沼平は堤が造られ女神湖に。本書137ページ参照。
66 雲取山／小河内ダム／奥多摩の変わりように驚いた例として。
73 天城山／八丁池／池にビバークする計画だったが寒さで断念。
74 木曽駒ヶ岳／濃ヶ池／池の伝説と雨乞いに言及。本書58ページ参照。
85 聖岳／人造湖／田代部落とあるから田代ダムを指すか。
87 白山／旧火口／天然の庭園と賞賛。翠池や紺屋ヶ池を指す。
88 荒島岳／ダム／御母衣ダムを指す。
89 伊吹山／琵琶湖／山頂から見た春霞棚引く湖景を描写。
91 大峰山／水の湧く池／龍泉寺境内の水垢離の池について記述。
93 剣山／富士ノ池／現存の登山口名だが水垢離場を指すか。
98 霧島／湖／霧島火口湖群を指す。本書46ページ参照。
99 開聞岳／池田湖／頂上からの景観を呼指するなかで。

※表の見方●『日本百名山』登場順の数字　百名山名／取り上げている池名／『日本百名山』での記述内容

里池さんぽ

三章

日本の滋味豊かな里山を潤す池たち

里池は人の暮らしとともにある。
人の手による池のほとんどは、
稲作のために造られ、
水田の機能を失った後も
生活のために転用された。
生きるためには何でもする
人間の逞しさが里池にはある。

里池 十二

豪雪と地すべり地形を逆手にとった逆転劇

山古志の棚池群《やまこしのたないけぐん》

世界的な錦鯉の産地を支える池は、山の斜面に幾重にもかさなる。最盛期には5千もの池がひしめいていた。

新潟県長岡市

山を切り拓いて苦労して壮大な
棚田群を造ってきた歴史がある。
四方拝山
中山隧道は、かつて棚池に
用水を引き込むための横井戸を
掘った際に培った農業技術を
生活トンネルに活かしたもの。
山古志では
めずらしい天然の池。
釣りもできる。
男池
P
横井戸や雪解け水を
利用した稲作と養鯉が
日本農業遺産に
認定されている。
中越地震によって
池の堤が壊れ、
大切に育てた鯉の多くが流出。

memo

河道閉塞湖(土砂ダム)

もともと川だったところが地震の山体崩落で堰き止められ、山古志にいくつもの河道閉塞湖(→40ページ)が生まれた。「土砂ダム」や「天然ダム」という言葉は中越地震によって全国に知れ渡った。

全国各地に闘牛を行う地域はあるが、山古志の「牛の角突き」は唯一、国の重要無形民俗文化財に選ばれている。闘牛といっても勝敗はつけない。
尼谷地の池
取水設備などため池の構造をもつが、堰体ははっきりしない。美女と大蛇の伝説あり。
にこにこひろば
やまこし復興交流館おらたる
棚田を改造した棚池が多い。棚池の絶景。
羽黒山
山古志闘牛場
古い土砂ダムの名残りが「池谷」という集落の名として残っている。
闘牛が伝統文化。池の伝説にも牛が出てくる。
水没した集落の姿を後世に伝えるため、土砂に半ば埋もれた民家が保存されている。
P
P
P
P
新宇賀地橋
中越地震の崩落跡。河道閉塞湖を横切るために新しく橋が架けられている。従来の道筋は土砂に呑み込まれた。

日本一の錦鯉生産地を支える数千もの池たち

　山の斜面に千枚田のように段をなしているのは、池、池、池。数千もの池がひしめく山古志は、かつては二十村郷《にじゅうむらごう》と呼ばれ、江戸幕府の直轄地にもなった豊かな里山である。錦鯉発祥の地にして世界一の産地、国内屈指の酒造地を支える高品質な米作りなどが評価され、日本農業遺産の第一号にも認定された。ほかの里山にない山古志ならではの農業システムの根幹にあるのが「棚池」である。

　豪雪地帯にある山古志は、半年ものあいだ深い雪に閉ざされ、地すべりの多発地帯でもある。2004（平成16年）年の中越地震では土砂崩れで川が塞がれてできた河道閉塞湖（↓40ページ）が集落の一部を呑み込み、棚池の多くも壊れた。

　山古志のシンボルでもある闘牛場を構える「池谷」という集落には、その名のとおり古い河道閉塞湖が2つあり、地すべりとともに生きてきた歴史を暗示している。豪雪と地すべり地形という2つの難題を逆手に活用したのが、「棚池」という知恵だった。

　もともと棚池は棚田の最上段に設けられ、水田の水を補給する役割をもっていた。池といっても水田と構造的にはほとんど変わらず、底を掘り下げた土で畦を堤に強化した程度だ。

　いくつかの棚池を見渡していると、不思議なことに池としてあるべき水路や取水設備が見あたらない。それは棚田のほうも同じ。大量の水を使う水田に用水路は必須のはずなのに……。

　答えは豪雪と地すべり地形にあった。棚池や棚田の上に数メートルにも積もった雪は、春になると少しずつ溶けだして水源になる。遮水性の地層の上に水を通す土壌がのっかった急斜面は地すべりを起こしやすい反面、上段の棚池の水が土中を通ってスムーズに下の田を順ぐりに潤していく。もっと水が必要なら横井戸を掘れば事足りる。また陽当たりのよい棚池は冷たい雪解け水を稲作に適するようあたためる温水ため池の役割も果たしている。

　また棚池と棚田は構造的に同じなので、必要に応じて田に戻したり池にしたりとフレキシブルな運用もできる。何というみごとなシステムだろう。話はそれだけではない。江戸時代に食用に棚池で飼うようになったマゴイに突然変異が生まれた。突然変異自体はめずらしいことではないが、山古志では模様の美しい個体を掛け合わせ、さらに選別を繰り返したことで商品価値のある「錦鯉」を生みだした。棚池は貴重な現金収入の道を拓いたのである。

　やがて棚田の多くは養殖用に改造されて数千もの棚池となったが、渇水期には

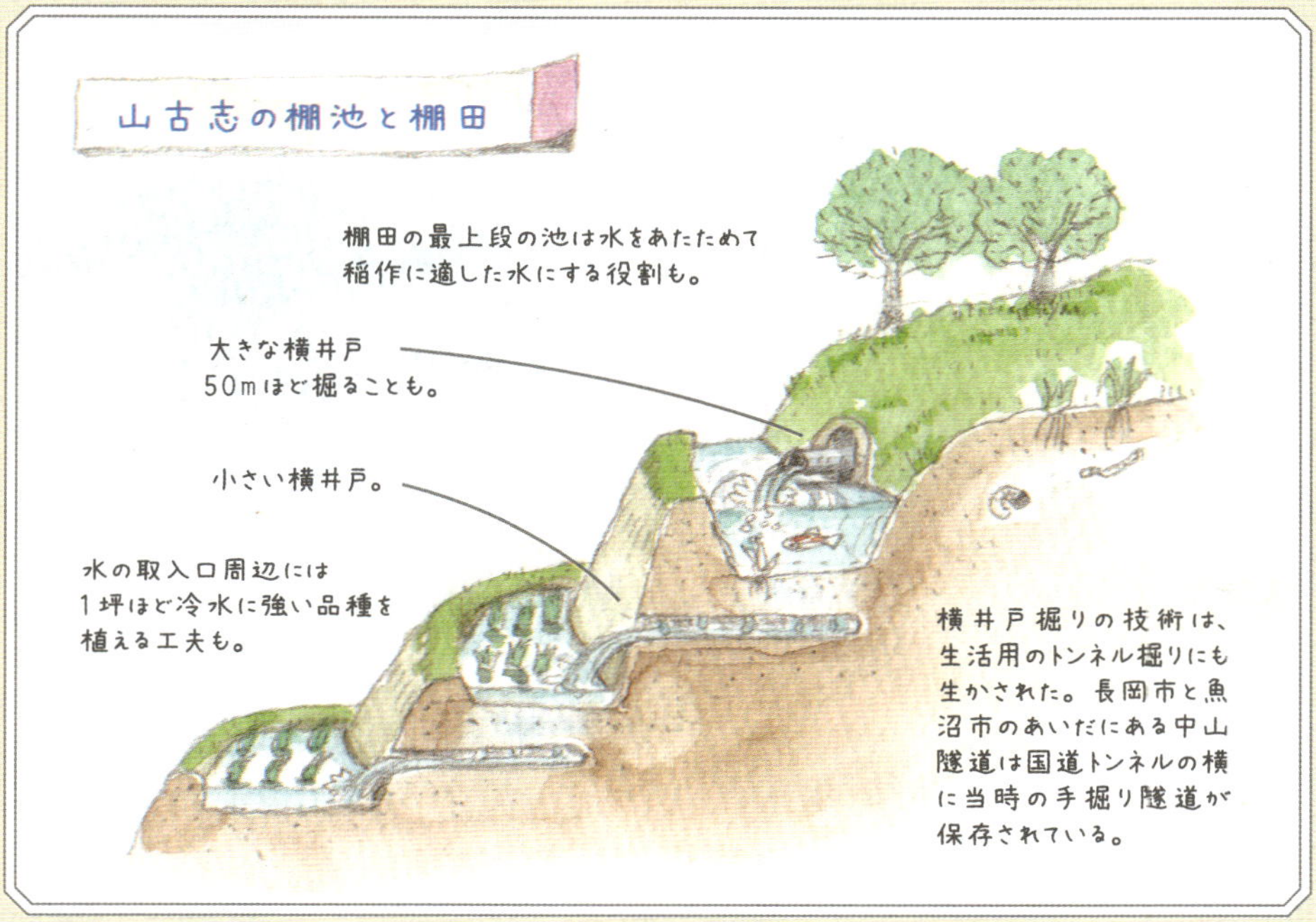
山古志の棚池と棚田
棚田の最上段の池は水をあたためて
稲作に適した水にする役割も。
大きな横井戸
50mほど掘ることも。
小さい横井戸。
水の取入口周辺には
1坪ほど冷水に強い品種を
植える工夫も。
横井戸掘りの技術は、
生活用のトンネル掘りにも
生かされた。長岡市と魚
沼市のあいだにある中山
隧道は国道トンネルの横
に当時の手掘り隧道が
保存されている。

尼谷地の池
山古志の棚池群

山古志の棚池群

- **所在地**／新潟県長岡市山古志
- **電車**／やまこし復興交流館おらたるまでJR東日本上越線 小千谷駅から約15km
- **クルマ**／やまこし復興交流館おらたるまで関越自動車道 小千谷ICから約13km、越後川口ICから約22km

国土地理院の標準地図をもとに作成

養殖池の水を棚田に融通するなど、ここでもフレキシブルさが発揮されている。豪雪と災害は人々の結束と柔軟さを育み、独自の棚池文化を今に紡いでいる。

大蛇と牛と女が登場 2つの池をめぐる伝説

この地域には棚池のほかにも、横井戸から水を引いた「ため池」や、天然由来の男池、不思議な伝説が伝わる尼谷地の池もある。美女を池に引き込んだ大蛇が村人総出の水抜きによって池を追われ、牛の姿となり男池に逃げる伝説の枠組みは、山梨県の椹池（→52ページ）や宮城県の半田池にも類似が見られ興味深い。

里池

十二

四角い水田を転用した四角い池

ジュンサイの池《じゅんさいのいけ》

秋田県山本郡三種町・能代市

国内の多くの都道府県で絶滅が危惧されるジュンサイは、きれいな水の池でしか育たない。日本の9割ものジュンサイを産する池とは？

石川さんの沼はジュンサイ農園のひとつで、2018（平成30）年の「世界じゅんさい摘み取り選手権大会」の会場にもなった。同大会は、会場となる農園を毎年変えながら、シングルの部、ペアの部で数十名が摘み取りを競うユニークなイベント。

男鹿半島
八郎潟
巨大な池を水田として埋め立てた。
国道沿いにある物産館のジュンサイの館ではジュンサイ収穫体験も受け付けている。農園までは送迎車で移動できる。
ジュンサイつみ体験の受付はココ。
森岳駅
惣三郎沼
じゅんさいの館
角助沼
羽根川溜池
ヘラブナつりの名所
キャンプやつりも。
森岳温泉
日本海に沈む夕日。

水田を転用した池

水田を転用した池はこのように造られる。全国的に見ると、畿内地方は水田を改造したタイプの四角池の宝庫で、大和郡山では金魚の養殖池として改造された池が多く見られる。

関西へ出稼ぎに行った とある女工がきっかけ

古くは万葉集に「ぬなわ（沼縄）」の名で詠まれ、夏の季語でもあるジュンサイ。水質のよい池沼でしか自生できず、水分が9割を占めることから「食材のエメラルド」とも呼ばれる。かつては日本全国の池沼に自生していたが、池の改修や水質悪化が原因で今では首都圏および沖縄の4都県で絶滅。22県で絶滅・準絶滅危惧種という状況にある。

そんななか、国内生産の9割ものジュンサイ生産量を誇る秋田県三種町では、初夏になると箱形の和舟に乗っての摘み取り風景が風物詩になっている。じつはこれらの池の多くは、もとは水田やため池だった。

三種町のある能代平野は八郎潟の衛星沼沢群に加え、ため池と水田が広がる地域。ジュンサイの生育環境として最適な水深50〜80㎝の浅場が多い池沼が豊富で、世界遺産の白神山地と出羽丘陵からの良質の伏流水にも恵まれていた。

しかし当初ジュンサイは地域内の消費にとどまっていた。収穫用の箱舟もなく、水に腰まで浸かってのきつい作業だったと聞く。

1936（昭和11）年、兵庫県のジュンサイ加工会社で働いていた三種町出身の女工が故郷の話をしたのをきっかけに、この加工会社の社長が角助堤を訪れた。そ

水田を改造した池の例

奈良県の大和郡山

金魚の養殖用の池が所狭しと並ぶ。四角い池が多いのは水田を改造したからだろう。水田との互換性は高そうだ。

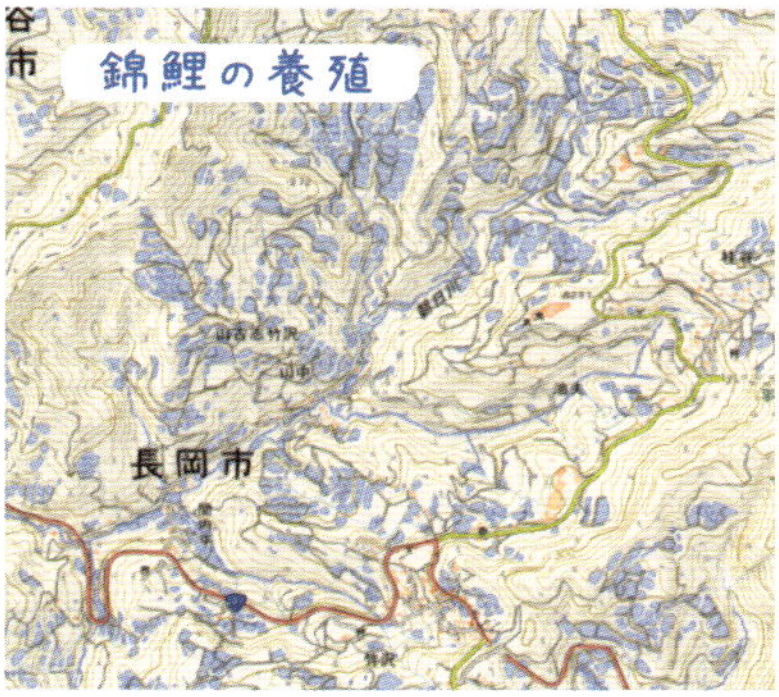

新潟県の山古志

こちらは錦鯉の養殖池で、平地は四角いタイプ、山の斜面には棚田を改造した池が並ぶ。目がまわりそうな数だ。

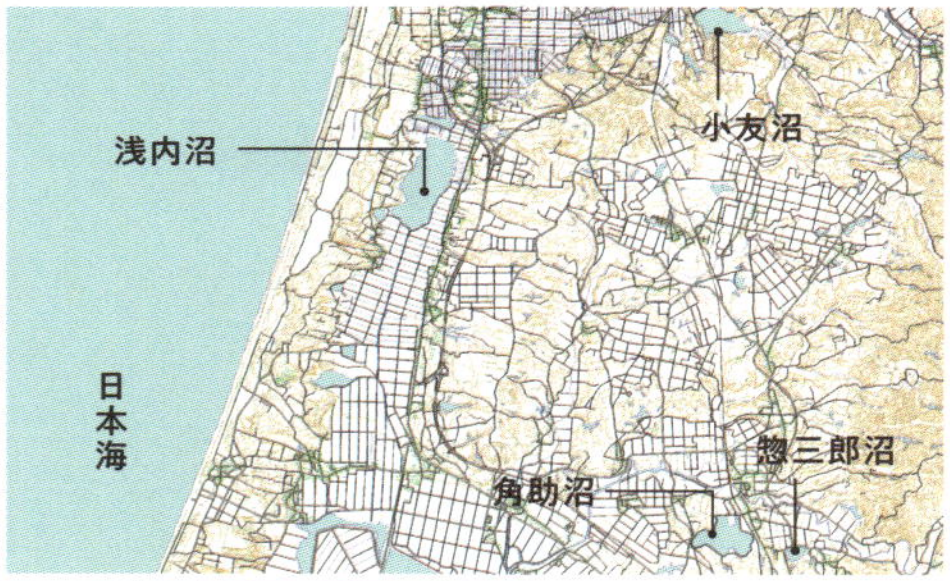

ジュンサイの池

- ◆ **所在地**／秋田県山本郡三種町・能代市
- ◆ **電車**／じゅんさいの館までJR東日本奥羽本線 森岳駅から約5km
- ◆ **クルマ**／じゅんさいの館まで秋田自動車道 琴丘森岳ICから約6km、八竜ICから約8km

国土地理院の標準地図をもとに作成

れまで関西のため池で収穫したジュンサイを扱っていたが、質の高さに感銘を受け、加工や商品化のノウハウを伝授した。

1980年代に国の減反政策もあって転作作物としてジュンサイに着目。水田はそもそも水を張るよう造られており、水路網も完備されている。水田改造はジュンサイ栽培池を造るのにうってつけだった。

ジュンサイ栽培池には平野部にある水田改造タイプと、山裾の棚田改造タイプ、ため池を改造したタイプがあり、それぞれ形状が異なる。金岡西部地区農免道路沿いには、水田の名残りが残る四角い池が集まるジュンサイ池通りの様相を呈している。

空海さんの傑作!! ザ・日本一のため池

満濃池《まんのういけ》

大規模な決壊を繰り返した池を何度も修築し、1万4千余ある香川県一のため池へと、復活させてきた人々の底力やいかに。

香川県仲多度郡まんのう町

香川のため池のトップ ため池のスター的存在

讃岐では「満濃太郎」と呼ばれる満濃池は、狭い県土に1万4千余のため池を有する香川県（密度で全国1位、数では3位）のトップに君臨し、「ため池百選」にも選定されている。太郎の呼び名はダテではない。

その存在感、歴史、形状、地域との結びつき、どれをとっても燦然たるスター性に満ちた池だ。

まずはその規模。湖周長20kmというのはため池として日本一。深さも最深部で30mを越える。

もっとも「池」の名の付く湖沼全体で見れば、鳥取県にある日本最大の湖山池（→73ページ）の4分の1ほどの面積。ところが湖周の長さでは湖山池を上まわる。これは細長い岬と湾が入り組んだ形状による。右岸と左岸で形態がまったく異なり、地図を見るだけでも迫ってくるものがある。

平安時代の万能スター 空海の手による偉業

オリジナルの満濃池が造られたのは今から約1300年前、奈良時代にあたる700年ごろのこと。その後、幾度となく決壊と修築を繰り返していた。

821（弘仁12）年、宗教界だけでなく社会事業でも活躍していた空海（弘法大師）が、たった5人のお伴を引き連れ満濃池の修築にやって来る。そして、それまで専門家が3年がかりでもうまくいかなかった難工事を、たった2カ月で完成させたと伝えられている。

中国で学んだ土木技術を

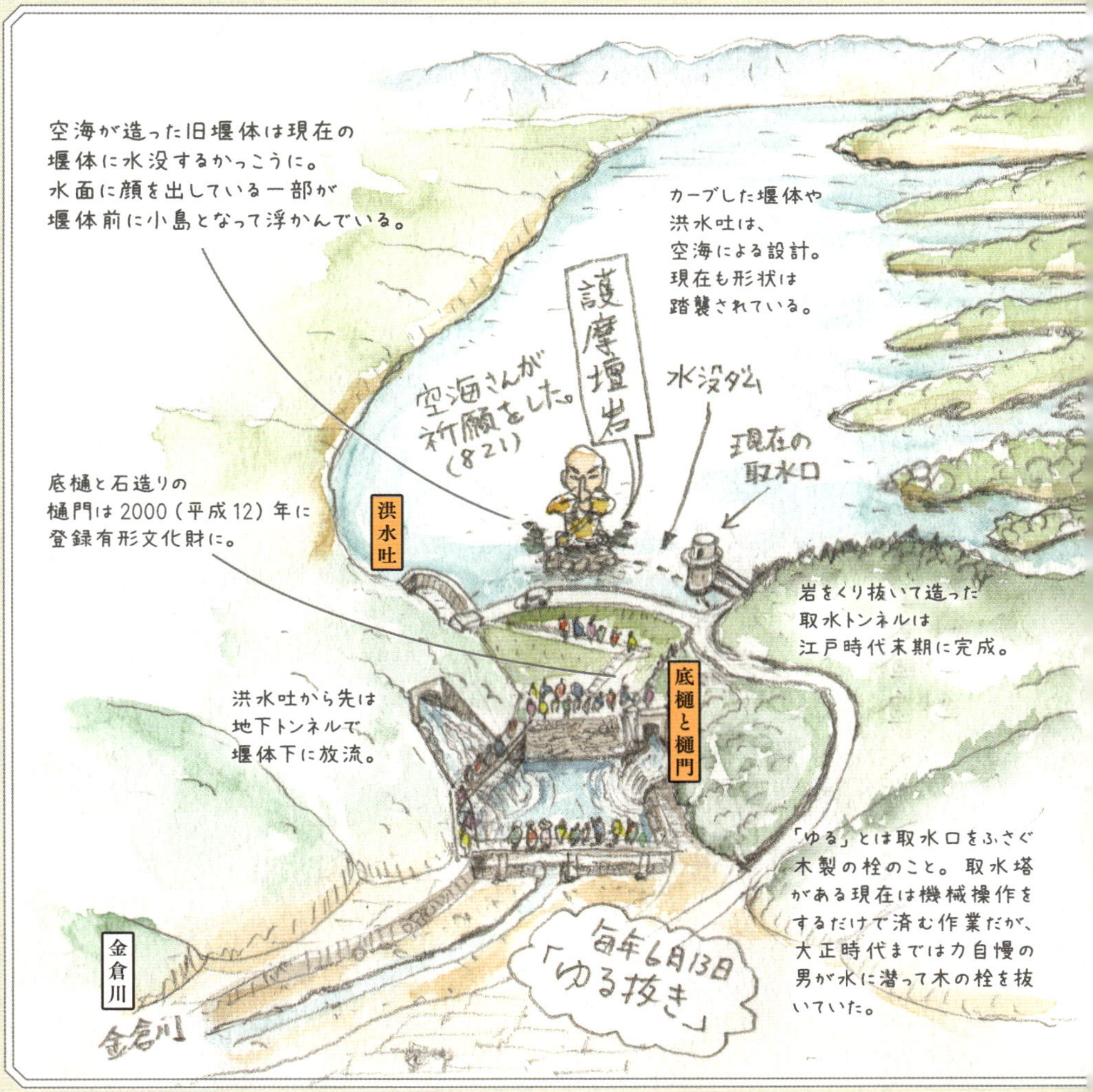

生かした空海の設計が卓越したものであることは疑いない。しかし、空海の来訪を喜び工事に邁進した、のべ10万人もの人々の底力が事態を動かしたのだろう。

一方、空海による満濃池改修について建設大手の大林組が現代工学的な視点から検証しており、実際には工事の最終過程を空海が現場指揮したのではないかと推論している。

水を通す樋を埋める堰体中央部は池の要所であり弱点でもある。最後まで切り欠けた中央部を盛り立てて、華々しく池を完成させるというビジュアル性もあって、長く空海伝説のひとつとして語り継がれたのかもしれない。

400年の消失を経て江戸時代に池が復活

空海の手で最新技術の池に生まれ変わった満濃池は、それから約300年後の大決壊により放棄された。池の跡は池内村という集落や水田になったという。

満濃池の復活は400年以上も経った江戸時代。このときの再建では空海の設計図も生かされた。その後、劣化しやすい木製の底樋は江戸末期に岩盤を掘り抜いたトンネルへと更新され、明治の改修では石組みの樋門を造って池の弱点を克服した。現在、毎年6月の放水開始の日には、豊かな実りを願う「ゆる抜き」という行事が催されている。

大正時代の小松大谷池（愛媛県）の築造風景

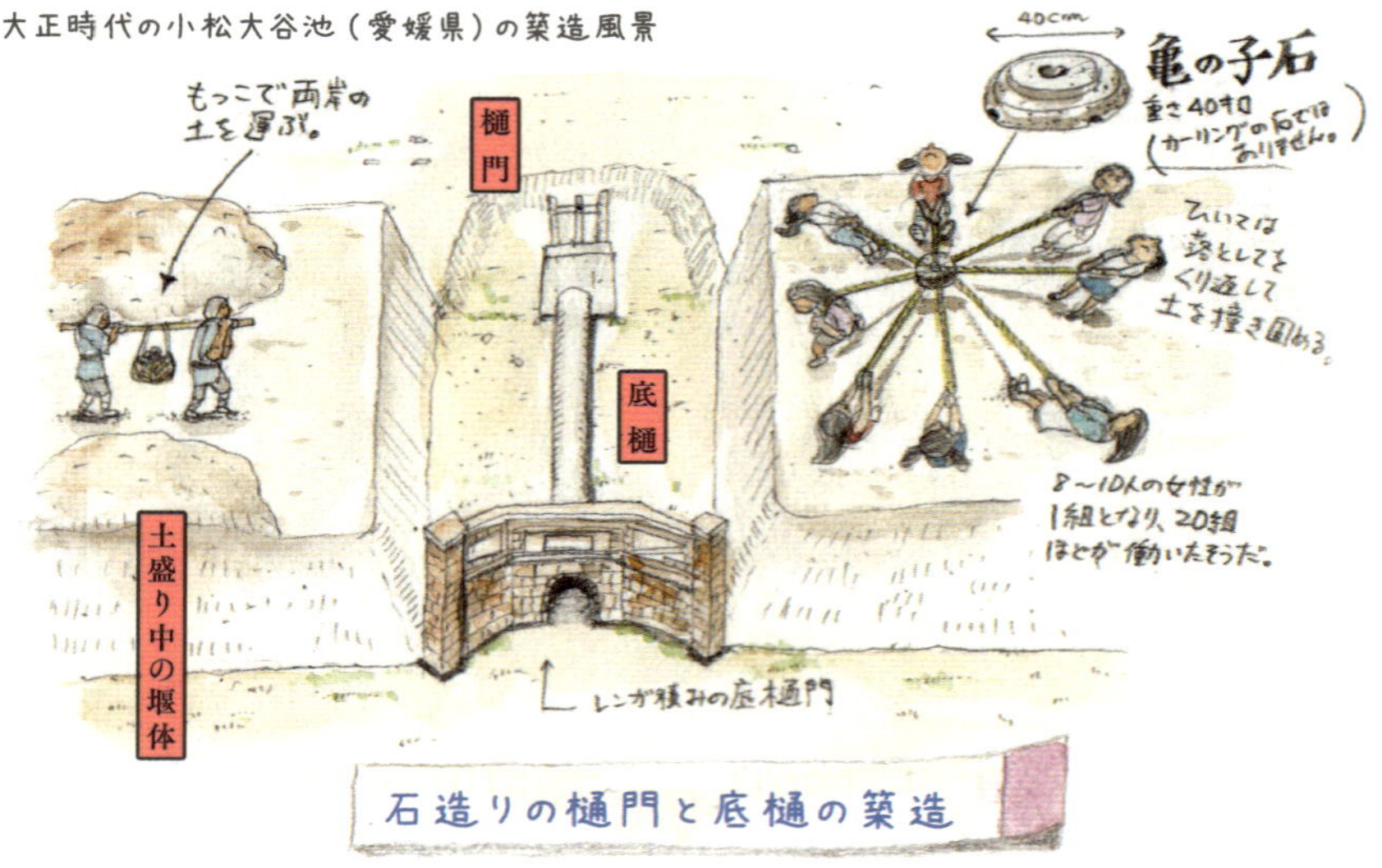

ため池の水を抜く重要な設備である底樋は古くは木製だった。
定期的な交換が必要なため負担が大きく、石造りやコンクリートに更新されていった。

満濃池

- ◆ **所在地**／香川県仲多度郡まんのう町神野
- ◆ **電車**／国営讃岐まんのう公園までJR四国土讃線琴平駅から約10km、高松琴平電気鉄道琴平駅から約10km
- ◆ **クルマ**／国営讃岐まんのう公園まで高松自動車道善通寺ICから約17km

国土地理院の標準地図をもとに作成

里池

十四

レジャー用途にも開かれた「沼」の名をもつため池

平筒沼《びょうどうぬま》

ため池は農業用に造られた「貯水池」だが、地方によっては「沼」と呼ぶところもある。平筒沼は天然沼沢なのか、人工池なのか？

宮城県登米市

池なのに沼？　湖なのに池？

池、沼、湖には名称に明確な決まりがない。
湖ほどの大きさの「池」や、ため池なのに「沼」など……。

人工の貯水池なのに池と呼ばない

- 地獄沼（埼玉県）　堰体、取水設備あり
- 黒瀉（秋田県）　堰体、取水設備あり
- 通越堤（山形県）　堰体、取水設備あり
- 藤沼湖（福島県）　「ため池百選」なのに。
- 大関堰（千葉県）　ダム穴まである。
- ダム湖（全国）　正式名は「〇〇貯水池」が多い

天然の沼を改造して造ったため池なのに「湖」の名

- 女神湖（長野県）　「赤沼池」という別名も

巨大湖なのに「沼」や「池」と呼ぶ

- 大沼（北海道）　湖周長 24 km、最大水深 12m
- 湖山池（鳥取県）　湖周長 18 km、最大水深 6.5m

ドン深な湖なのに「池」と呼ぶ

- 住吉池（鹿児島県）　水深30m

地域によって異なるため池の呼び方

穏やかで大らか、それでいてどこか野性味を感じる平筒沼。ため池でありながら、岸辺には500本もの桜が植えられ、ヨットやカヌー、釣りを楽しめるなど、水に親しめる親水公園としても整備されている。

宮城県ではため池であっても「沼」と名付けられているケースも多い。同県最大のため池で、「ため池百選」にも選定されている加瀬沼が好例だろう。一方で近くの伊豆沼はもともと沼沢地だった場所を人為的に池へと改造して利水機能と洪水調節機能をもたせているので、天然とのハイブリッド池というべきだろうか。

平筒沼は、ため池としての必須要素である取水用の斜樋や水門といった取水設備を備えている。また、この池に伝わる伝説には「堤」

という語も出てくることから、古くからため池の構造をもっていた可能性もある。

ため池の名については地方ごとに傾向のようなものがある。とはいえ、宮城県は「沼」で統一されているかというとそうでもない。ため池を沼と呼ぶのは東北各地をはじめ埼玉県でもよく見られる。

それでも地形と堤や取水設備の位置関係を見れば、自然を改造した「池」という作品を感じとれるだろう。名称の錯綜がかえって謎解きの楽しみにもなっている。

利水機能だけではなく人に親しまれるため池

穏やかに水を湛える平筒沼に、陰影と深みを与えているのが池伝説の存在だ。

池の東側に赤い鳥居を有する小さな島・弁天島。この島を舞台とした2つの怖い伝説は、大蛇と女性が登場する点が共通している。全国的にも池には大蛇と女が出てくる話がとにかく多い（↓84ページ）。

かつてはこういった伝説が池の怖さを地域の子どもに伝える役割もあった。池が生活と密着していただけに、柵で人を遠ざけて解決、というわけにもいかなかった。今の時代、事故が発生すると管理責任が厳しく問われるし、ゴミ投棄問題も深刻で、立入禁止措置がとられる池が増えている。

逆に国営の多目的ダム湖などでは地域住民の理解を得るために、愛される池をめざして積極的な湖面開放の動きも見られる。ただ、中小の池では難しい事情もあり、現役のため池でありながら一般開放に成功している平筒沼は、池の未来を考える貴重な先例として次世代につなげたい。なだらかな草地が水面に裾をひたす豊かな平筒沼には、フェンスより、ちょっと怖い伝説のほうがよく似合う。

大手口釣公園
機織沼
伊豆沼
天然の遊水地だったが、農業用水の利水や洪水調節の機能をもった池に改造されている。
北部水路
ヘラブナ釣り師が多い。
P
P
P
CAFE
memo
ヘラブナ釣りの盛んな地域で、この図の中にも2カ所の釣り公園がある。また、右上にある機織沼では、江戸時代に近江の錦織源五郎が、ヘラブナの祖型であるゲンゴロウブナの繁殖を試みたという話も。

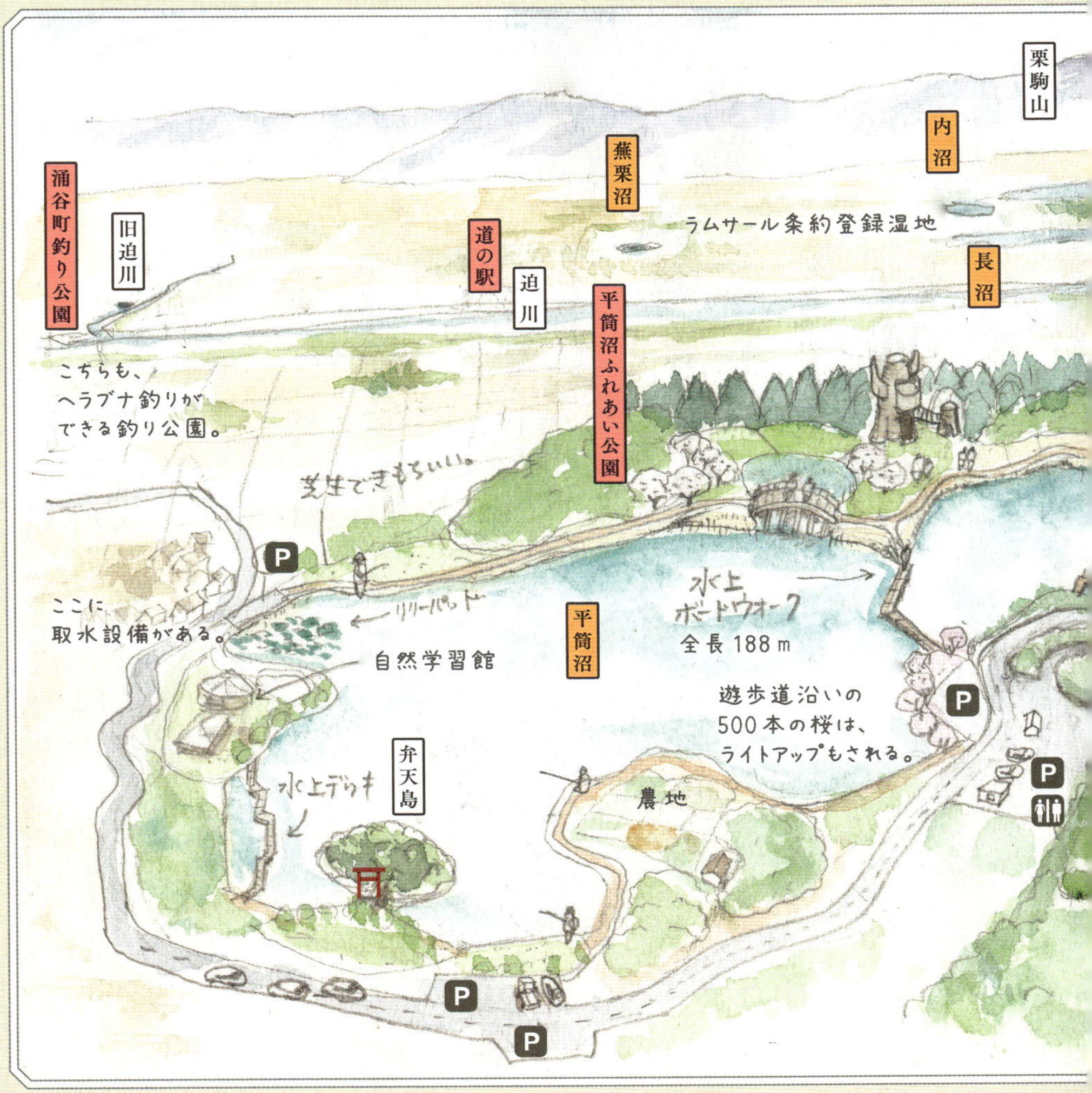

平筒沼

◆ **所在地**／宮城県登米市米山町桜岡貝待井
◆ **電車**／平筒沼ふれあい公園までJR東日本気仙沼線 御岳堂駅から約4.5km
◆ **クルマ**／平筒沼ふれあい公園まで三陸自動車道登米ICから約11km、桃生豊里ICから約7.5km

国土地理院の標準地図をもとに作成

里池 十五

滝落ちる岩の門をくぐれば、そこは桃源池

ひょうたん池《ひょうたんいけ》

ロッククライミングのゲレンデとして知る人ぞ知る。公園としての設備はなく、あまりに地味ではあるが、それが逆に池の滋味を引き立てている。

徳島県阿南市

人工と自然が調和した美しい情景が広がる池

古来より阿波の名勝との呼び声高く、両側からせり出す懸崖は、今にも池を閉ざそうとしている巨大な門のよう。そんな石門から垣間見えるのは、山に抱かれた静かな里池と田畑と人の暮らし。まるでこの石門は、桃源郷を守りつづけてきた門兵のようだ。

石門でくびれた手前の池は門兵に調子を合わせているのか、木々と岩がせり出した厳しめの面立ちをしている。池の吐き出し部にはコンクリート製の洪水吐があった。ここを越流した水は、高さ4mの飛泉となり、さわやかな水音を響かせる。よく見れば石組みらしき構造がうかがえた。ただ、天然の岩がせり出した地形をうまく利用し、滝壺まであるので、「石門の滝」とも呼ばれ天然の滝と見まごう。

石の門をくぐって奥へ進むと、景観は一変。岸辺は草で包まれて丸く、ゆったりとした滋味深い池が広がっている。後ろにそびえる奇岩との組み合わせが絶妙だ。さっきまでの厳しい表情とは打って変わって豊かな情景を目にすることができる。石門公園の名が冠せられてるが、公園といっても設備は何もない。それがいい。何もいらない。

石門をくぐって現実世界に下るのが惜しくなる。そんな忘れがたい池だった。

ひょうたん池

◆ **所在地**／徳島県阿南市長生町東谷
◆ **電車**／JR四国牟岐線 阿南駅から約6km、見能林駅から約8km、阿波橋駅から約9km

国土地理院の標準地図をもとに作成

里池 十六

渡り鳥が訪れる三浦半島で最大級の里池

小松ヶ池《こまつがいけ》

野鳥、動植物の宝庫で、河津桜の名所。河津桜の開花は早い年は1月下旬から。開花期には堤の上に露店も並び、賑わいを見せる。

神奈川県三浦市

三浦半島南部の代表的な里池を公園化

小松ヶ池は京急久里浜線の車窓からも見える。池を通りすぎる場所は高架になっていて、流れ込み（インレット）側の上を走っている。もともとは農業用のため池らしく、右岸側に枡型の余水吐をもった堤には桜が植えられ、堤下には谷戸に沿って細長い畑がつづいている。

このコンクリート枠にはハンドルで開閉操作できる小さな水門が付いていた。ただ、農業用の取水口としては物足りないようにも見える。

かわりに目を引くのは堤前面の水ぎわに設けられたコンクリートの親水デッキ（→128ページ）だ。釣り人への配慮であろうか、スロープを切り欠いたフラット面が五座ほど設けられていて心憎い。水面が近いので親しみやすくもある。

左岸側に設けられた水上遊歩道を歩き、崖に寄り添う小さな弁財天の前を通って、京急線のガード下をくぐった。その先、急な階段で崖上に這い上がると、あたりはもう完全に住宅地だ。流れ込み側には湿原が広がり、良好な里池の表情をもった小松ヶ池であるが、宅地化という時代の波はすぐそこまで迫っている。公園池、町池としての役割は、強くなっていく一方だろう。

釣りもしやすいデッキ。ただし投げ釣り、撒き餌禁止。
三浦海岸駅

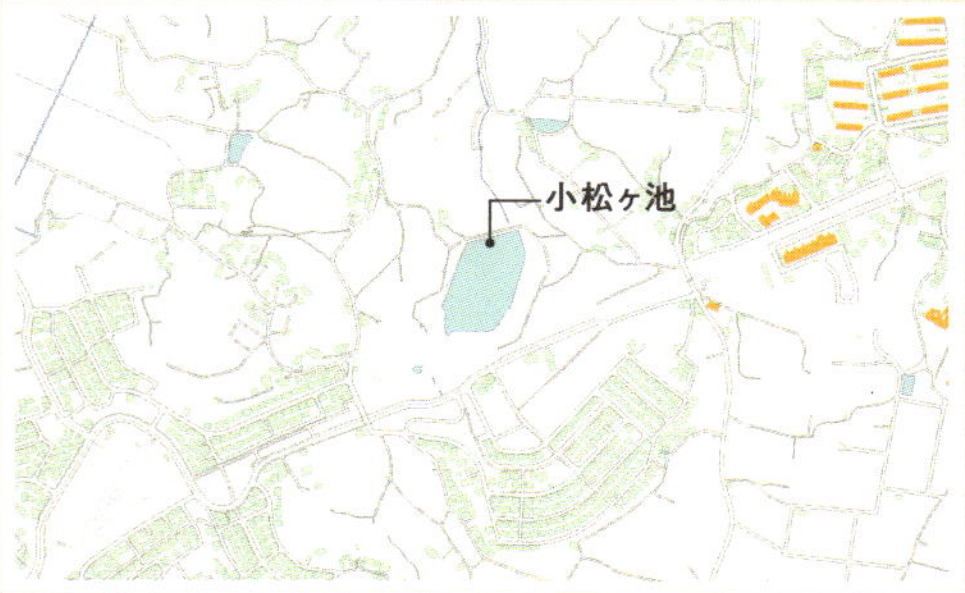

小松ヶ池

◆ **所在地**／神奈川県三浦市南下浦町上宮田
◆ **電車**／小松ヶ池公園まで京浜急行電鉄久里浜線三浦海岸駅・三崎口駅から約1.5km

国土地理院の標準地図をもとに作成

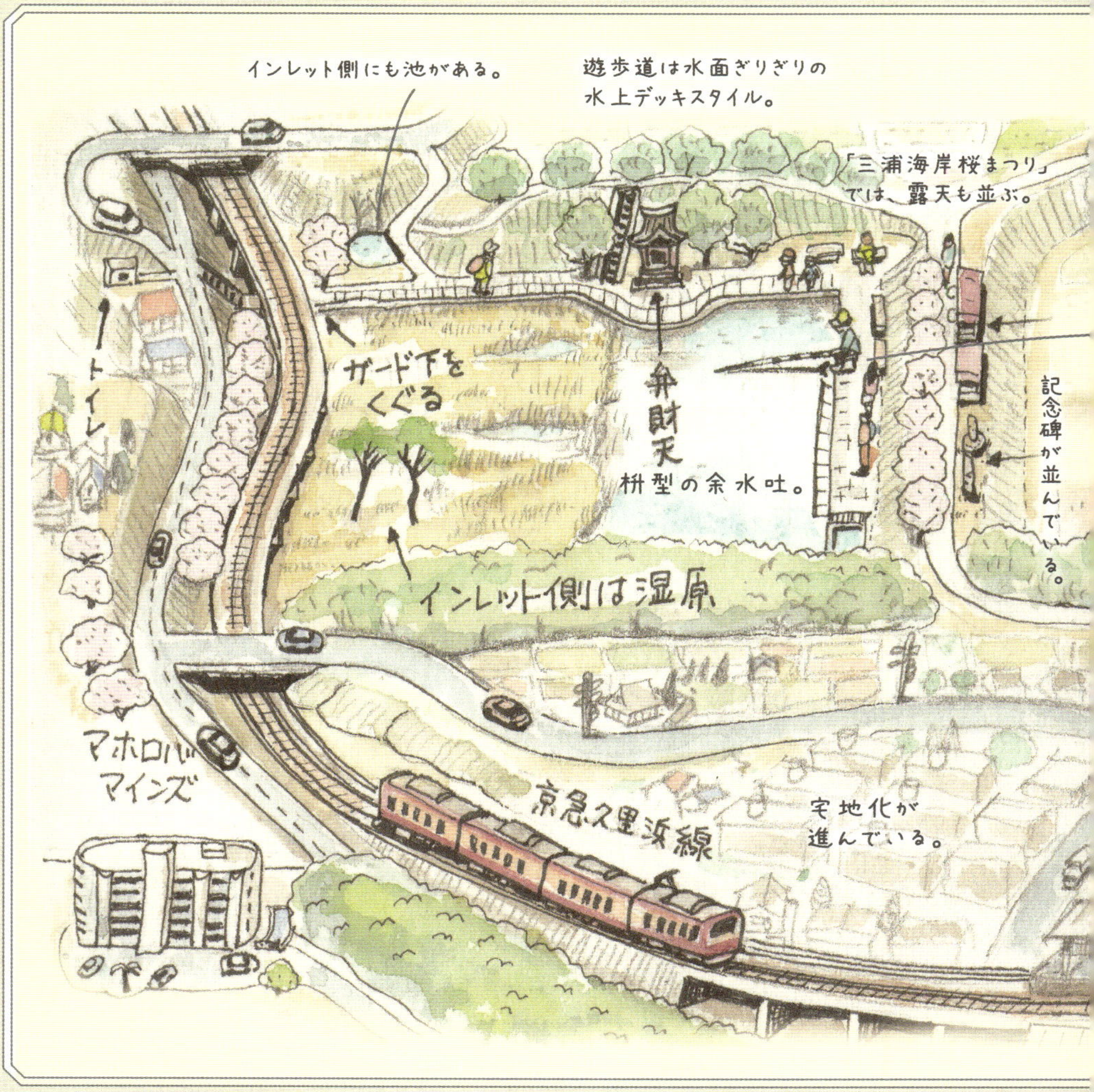

ぶらぶら

里池

郊外や山里にある
里池は人々の生活に密着し、
その表情を季節ごとに
コロコロと変化させている。
初めて出会った池であっても
どこか憂いを帯びたその姿に、
郷愁を呼び起こされるのは、
里池ならではなのかも。

天然池（河跡湖）

野《の》守《もり》の池《いけ》

静岡県島田市川根町家山

蒸気機関車の汽笛がとどろく川根本町は、「にほんの里百選」に選ばれた美しい里山。野守の池は里池の滋味豊かな情趣を湛え、全周に渡って親しみやすい水辺が広がる。この池めあてに遠路やって来る熱心な釣り人も多い。ため池のように見えるが、じつは大井川の蛇行部分が残った河跡湖（→26ページ）。伝説では野守太夫という遊女が悲恋の末、池に身を投じ鯉になった。今でも遊女の生まれ変わりの背びれのない鯉が棲むという。

マップは国土地理院の標準地図をもとに作成

人工池（ため池）

八《はち》楽《らく》溜《だめ》

滋賀県東近江市下里町

平野部にある四角い皿池。ため池の維持管理に必要な掻い掘り（→159ページ）の際に魚を竹カゴで捕まえる「オオギ漁」は、江戸時代から伝わる地域の伝統行事だった。4年に一度行われていたが、高度成長期にいったん途絶える。しかし、1998（平成10）年に水上運動会を思わせる地域イベントとして復活し、伝統が守られている。地域住民の交流の場であり、池底の泥を攪拌して流す泥さらいの効果もあった。

マップは国土地理院の標準地図をもとに作成

天然池（沼沢）

白《はく》竜《りゅう》湖《こ》

山形県南陽市赤湯

巨大天然湖のなれの果てであり、日本一小さな「湖」ともいわれるが、水深が浅く、最大でも1〜2m程度。一般的に5m以上が目安となる湖の基準からははずれるので、沼というべきだろう。周囲は泥炭層を含む日本有数の軟弱地盤の平地が広がり、どこか底なし沼を思わせる魅力がある。増水時と減水時で湖周長が大きく変動する。堆積物により、年々浅くなっており、人の手が入らなければやがては消える運命を感じさせる。

マップは国土地理院の標準地図をもとに作成

人工池（ため池）

桜《さくら》ヶ《が》池《いけ》

富山県南砺市立野原東

水不足の解消を目的として、太平洋戦争をはさんで工事が行われ1954（昭和29）年に竣工した農業用のため池。堤高は27mもあり、いわゆるダムスペックの貯水池ではあるが、どこかのんびりとやさしい雰囲気をかもしだしている。「ため池百選」にも選ばれ、親水公園として整備されている。釣り桟橋もあり、ヘラブナ釣りがさかん。桜の名所としても知られており、春には満開の桜の下で釣りが楽しめる。

マップは国土地理院の標準地図をもとに作成

人工池（ため池）

竜《りゅう》ヶ《が》池《いけ》

三重県鈴鹿市伊船町

この地にはとある伝説が残る。池の堤が何度も切れたため、困り果てた村人が相談の末、最初に弁当をもってきた者を人柱にしようと決める。何も知らず弁当を背負って来たのは身寄りのない奉公人のお竜という娘。事情を聞かされ村のためならと人柱になるが、その後、池では弁当を背負ったように背にこぶのある魚が。昭和になってもお竜さんの祟りは地元で怖れられていたようだ。今も堤のかたわらに「お龍之霊碑」が立っている。

マップは国土地理院の標準地図をもとに作成

天然池（潟湖）

阿《あ》弥《み》陀《だ》池《いけ》

愛媛県西宇和郡伊方町井野浦

九州に向かって細く長く腕をのばす佐多岬半島。三崎港を擁する湾の南側の地嘴《ちし》。その先端近くに四国最西端の天然池がある。海岸のそばという立地にあり、素朴さとミステリアスな雰囲気が混在している。池の成因は潟湖（↓26ページ）。伝説では、この池の美しさに惚れた龍王が池を自分のものにしようとしたが叶わず、海を荒らして帰った。そんな龍王が二度と来ないよう村人が阿弥陀を祀ったのが池名の由来だとか。

マップは国土地理院の標準地図をもとに作成

人工池（ため池）

鶴《つる》田《た》沼《ぬま》

栃木県宇都宮市鶴田町

周辺の都市化に伴って農業用ため池としての役割を終えてからは管理する人もいなくなり、荒れ放題になっていたという。沼に行くのは釣り人ぐらいで地元住民からも薄気味悪がられていたが、「鶴田沼の自然を育てる会」が発足。生態系を取り戻すべく掻い掘り（↓159ページ）などの努力がつづけられ、ハッチョウトンボをはじめとする貴重な動植物が見られる明るい緑地に。地元主体の環境保全が評価され知事表彰も受けている。

マップは国土地理院の標準地図をもとに作成

天然池

川《かわ》原《はら》大《おお》池《いけ》

長崎県長崎市宮崎町

海水浴場と隣り合せというめずらしい立地にある川原大池。湖周長2・4㎞のこの池は、淡水湖として長崎県内最大だ。川原大池公園の駐車場は海水浴場の駐車場も兼ねている。「長崎に川原大池あり」といわれたヘラブナ釣りのメッカでもある。遊歩道が整備され、ウォーキングも楽しめる。別名「竜ヶ池」ともいい、阿池姫という領主の娘が舟もろとも池に沈み、竜になって村の守り神になったという伝説が残されている（↓84ページ）。

マップは国土地理院の標準地図をもとに作成

人工池（ため池）

加《か》古《こ》大《おお》池《いけ》

兵庫県加古郡稲美町加古

兵庫県は全国21万余のため池の4分の1近くを保有し日本一。そのなかでも屈指の池密集ゾーンが東播エリアだ。とくに加古大池のある「いなみ野」は、有数の池文化を誇り、池を「ミュージアム」と称して積極的に学びの場としている。池群は、「ため池百選」にも選定されている。加古大池にはため池の資料館が置かれているだけでなく、釣りやウィンドサーフィンといった水辺レジャーにも広く開放されている。

マップは国土地理院の標準地図をもとに作成

人工池（ため池）

日《にっ》光《こう》池《いけ》

鳥取県鳥取市気高町日光

冬以外は水を抜いて水田になってしまうという、まことにめずらしい池。池には次のような伝説が残っている。池を水田にしたことによって池のヌシが海に逃げだし、「蛇鯨」なる奇妙な外見の魚となった。村人らはヌシの恨みを怖れて、日光大明神を建立したという。しかし、のちになって捕えた蛇鯨を食べたら、祟りでお腹を壊したという話も伝わっている。蛇鯨とは、実存するリュウグウノツカイなのだろうか。

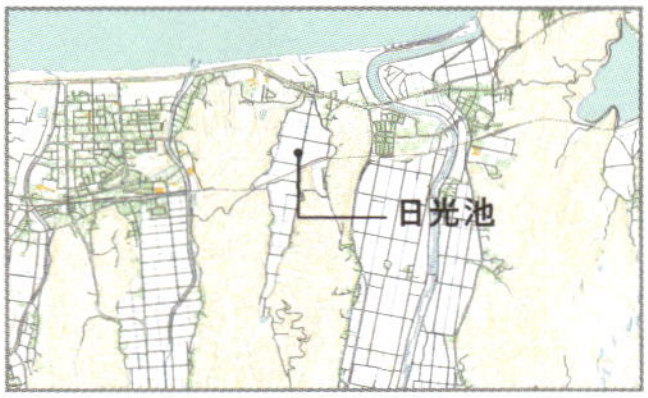

マップは国土地理院の標準地図をもとに作成

天然池（断層湖）

深《ふか》見《み》の池《いけ》

長野県下伊那郡阿南町東條

かたわらの山裾には民家が立ち並び、何の変哲もない山里の小さな池に見えるだろう。そのじつ「Lake Fukami-ike」として光合成硫黄細菌で国際的に名の知られる天然湖だ。京都大学をはじめとする陸水学の研究機関がこの池で大繁殖する光合成硫黄細菌層を調査し、論文に取りあげてきたので知名度が高まった。周囲700mながら岸から急深となり、最深部は8mに達し、ため池としての役割も担っている。

マップは国土地理院の標準地図をもとに作成

池に深い陰影を与える「伝説」

大蛇と美女は池伝説の定番

全国的に大蛇と美しい女性が登場する話は池にまつわる伝説の定番といえる。大蛇は池のヌシであることが多く、人をさらい、里を荒らして退治される対象となる。また、何らかの事情で池に入った女性が大蛇に変化するパターンもある。それにしても蛇と男性の組み合わせはあまり聞かない。

池伝説では大蛇と龍が混同されているふしもあるが、干支では龍と蛇は明確に区別されている。蛇が長い年月を経て神の域にまで達し、龍となるという考え方もあるようだ。神話のヤマタノオロチが龍なのか大蛇なのかも、いまだに決着がついていない。

河童や巨大魚も池のヌシとして伝説によく登場するが、なぜか牛も人気キャラクターである。大蛇が牛に化ける例も山梨県、新潟県、宮城県で見られる（→52、62ページ）。

池に棲む謎の生物が伝説に

無気味な異形の魚が棲むとされる池もある。野守の池（→80ページ）では背びれのない鯉、昆陽池（→36ページ）に伝わる片目の鯉、竜ヶ池（→81ページ）では背中にこぶのある魚。いずれも魚の形態と池に伝わる伝説とに因果関係がある。

兵庫県神崎郡福崎町にある辻川山公園の池ではリアルな河童がときおり水中から姿を現す。福崎町は河童も研究した民俗学者・柳田國男の出身地。

巨大魚もロマンあふれる伝説を生む。数m級の魚影の目撃があいついだ高浪の池（→148ページ）の浪太郎《なみたろう》、大鳥池（山形県）のタキタロウが双璧だろう。兵庫県相生市の長池では江戸時代に死んだ巨鯉を祀った鱗塚もあり、村人を畏怖させたその大きさは想像もつかない。

タキタロウは大鳥池で明治時代から目撃や捕獲談のある2〜3mの巨大魚。1980年代の調査では大きなイワナが捕獲され鑑定に出されたが、イワナ系の魚であること以上の正体は分からなかった。写真はタキタロウ館で展示されている剥製。

人柱伝説は実話に基づく

池のヌシが人にモノを貸す「椀貸し伝説」も全国的に見られるが、欲を出した人間が借りたモノをすり替えたり、返さなかったりするストーリーが共通する。

巨人の足跡や腰かけた跡が池になったというダイダラボッチ伝説も全国定番。

ため池の決壊を止める最後の手段として、若い女性を生きたまま堤に埋めて池神に捧げる人柱伝説も全国区だが、多くは実話に基づいている。人の代わりに猫を埋めた「猫柱」の池も兵庫県加古川市にある。その名も猫池。

土木遺産の美！巨大構造物・ダム

人造池さんぽ

四章

大規模な土木工事によって、
時間をかけて造成されたダム。
巨大な威容におののきながらも、
コンクリートで固められた
造形に心が躍るだろう。
なぜか引き寄せられる魅力に
人造池はあふれている。

人造池 十七

美しい景観と調和する近代の産業遺産

河内貯水池《かわちちょすいち》

福岡県北九州市八幡東区

全国に70基ほどしかない石積み堰体の貯水池。「土木は悠久の記念碑」と信じた男の哲学が設備のすみずみにまで滲み出る、こだわりの塊。

湖の周辺には旅館、レンタルサイクル、自転車専用道路などレジャー設備も整っている。

河内貯水池の設計責任者である官営八幡製鐵所の土木技師・沼田尚徳の「遠想」の書が銘板となって掲げられている。堰体を見下ろす立地。もとは管理塔だった。ほかの設備の石組みと違って、ここだけは丸石で荒く積まれている。

memo

河内貯水池から5km西の市街地にある養福寺貯水池は、同じ設計者による兄弟貯水池。細部のこだわりが、河内貯水池とよく似ている。デザインに対するあまりのこだわりように、河内貯水池は建設時に視察に来た政府役人から「贅沢すぎる」と注意されたという逸話も。

memo

河内貯水池では各所にかかる橋や水道橋のひとつひとつもじっくり見る価値がある。

日本の近代化を支えた高度な技術の人造池

1901（明治34）年、八幡製鐵所の操業開始とともに、日本は重工業分野においても近代国家への扉を開いた。その舞台となった北九州では工業用水の需要急増に対応するため、次々と近代的な重力式コンクリートダムが築造された。

第一次世界大戦参戦を経て鉄鋼増産も急務とされた背景のもと、製鐵所直営の河内貯水池が竣工。今なお現役である。

土木遺産にも選ばれた堰体は、ヨーロッパの古城を思わせる石積みの外観で、雨が降る春の日に訪れた際、黒く濡れそぼった壁面と淡い桜の対比が印象的だった。

この切れ込みが
お城っぽい！
細石
粗石
細石
切石
細石
粗石
細石
コリ方が
スゴい。
こんなとこまで
石のくみ方が
ハンパじゃない。
河内貯水池の取水塔

堰体の上は遊歩道になっていて中ほどに取水塔がある。その凝った造形と石積みの緻密さは城壁にそびえる望楼を思わせ圧巻。手すりひとつをとっても、小さな石を積み上げる細工の丁寧さ、緻密さに驚く。このような細やかなディティールの積み重ねで巨大建造物を組み上げていながら、100年近く経った今も漏水はない。時代の勢いと熱を感じる。

製鐵所専用の貯水池なので、橋なども含め設備はほとんどが民間所有物であるが、重要文化財になっている南河内橋（めがね橋）をはじめ、いずれも文化遺産としての価値が高く、見ごたえがある。

貯水池の周囲はサイクリング路が充実しており、古い水道橋なども自転車が通れるように改造されているので、サイクリストにも人気の池となっている。

堰体下に降りていくと「亜」の形の池が

展望台の横から階段が堰体下へとつづいている。下ったところで桜吊り橋を渡り対岸へ。春には桜で埋まる

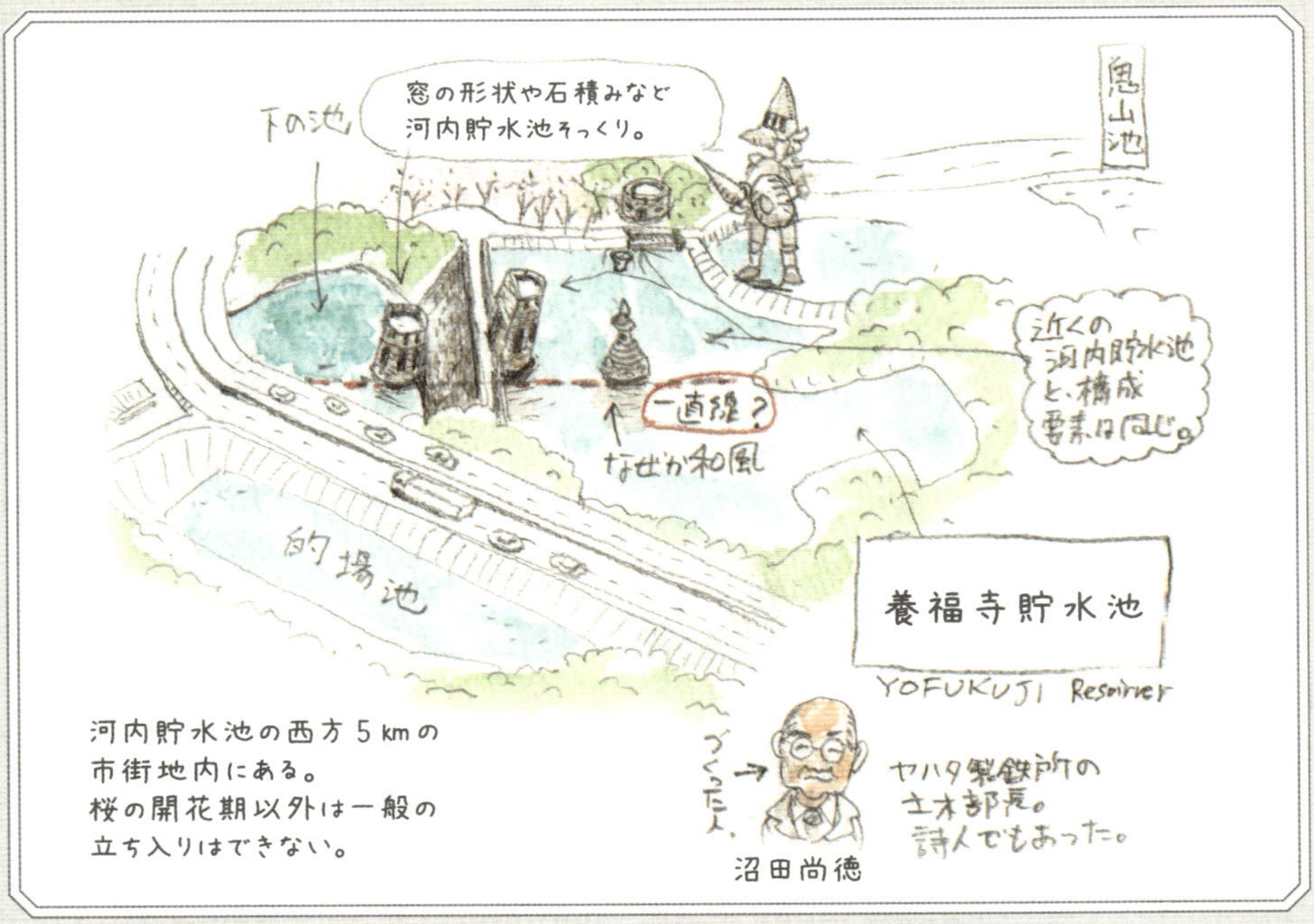

国土地理院の標準地図をもとに作成

河内貯水池

- ◆ **所在地**／福岡県北九州市八幡東区河内
- ◆ **電車**／JR九州鹿児島本線 八幡駅から約6km
- ◆ **クルマ**／北九州都市高速4号線 大谷JCTから約5km、山路ICから約6km

広場があって河内桜公園と名付けられている。広場の真ん中に3つの塔が水面から突き出した不思議な池。上から見ると「亜」の字に見えるということで名付けられた亜字池は、貯水池から取水した水を浄化するための噴水だ。稼働していたころは歓声を上げたくなる光景だったらしい。

こんなところにも設計責任者であり詩人でもあった土木技師・沼田尚徳の「土木は悠久の記念碑」という思想が垣間見える。

世界遺産に登録された八幡製鐵所を陰で支えつづけてきた河内貯水池。そういえば堰体を見下ろす古い管理塔に掲げられた銘文は「遠想」だった。

人造池 十八

豪快地形に造る荒業!!　揚水式発電の上池

太田池《おおたいけ》

兵庫県神崎郡神河町

揚水式発電は地形の高低差を利用し、上池と下池の2つの池のあいだで水を行き来させる。少しでも高い場所を求めた上池は、地形を強引に利用しているのが魅力でもある。

砥峰高原
特異な景観は毎年行われる
春の「山焼き」で維持されてきた。
映画「ノルウェイの森」や
NHK大河ドラマ
「平清盛」「軍師官兵衛」などの
ロケ地としても有名。
とのみね自然交流館
P
砥峰高原の池
一面ススキで
覆い尽くされた
大景観の中にある
絵のような池。
上池（上部調整池）である太田池と、
下池（下部調整池）の長谷ダム貯水池の
直線距離は800mしか離れていない。
しかし、クルマで移動するには
7kmもグルっと迂回しなければならない。

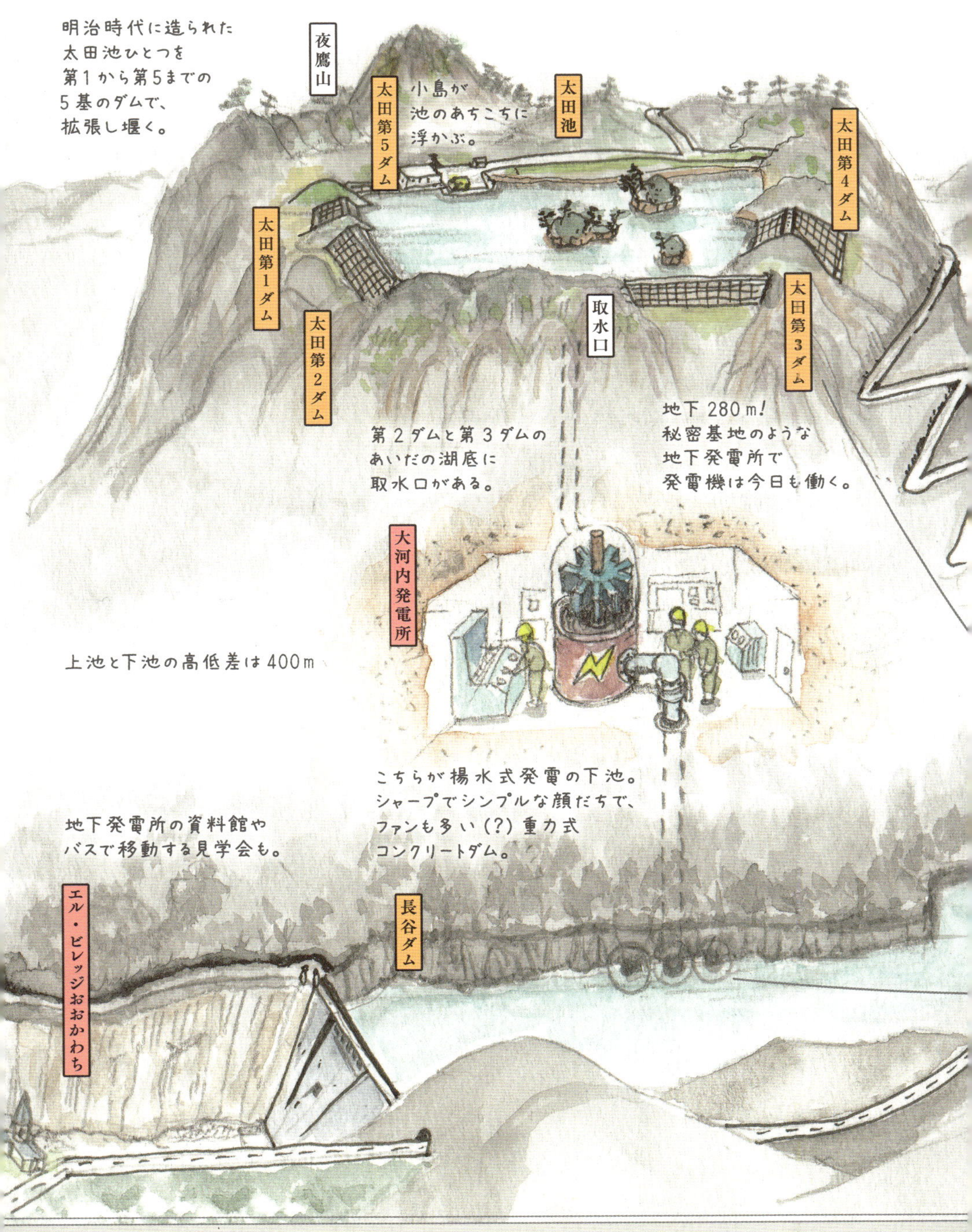
明治時代に造られた
太田池ひとつを
第1から第5までの
5基のダムで、
拡張し堰く。
夜鷹山
太田第5ダム
小島が
池のあちこちに
浮かぶ。
太田池
太田第4ダム
太田第1ダム
太田第2ダム
取水口
太田第3ダム
地下280m!
秘密基地のような
地下発電所で
発電機は今日も働く。
第2ダムと第3ダムの
あいだの湖底に
取水口がある。
大河内発電所
上池と下池の高低差は400m
こちらが揚水式発電の下池。
シャープでシンプルな顔だちで、
ファンも多い(?)重力式
コンクリートダム。
地下発電所の資料館や
バスで移動する見学会も。
エル・ビレッジおおかわち
長谷ダム

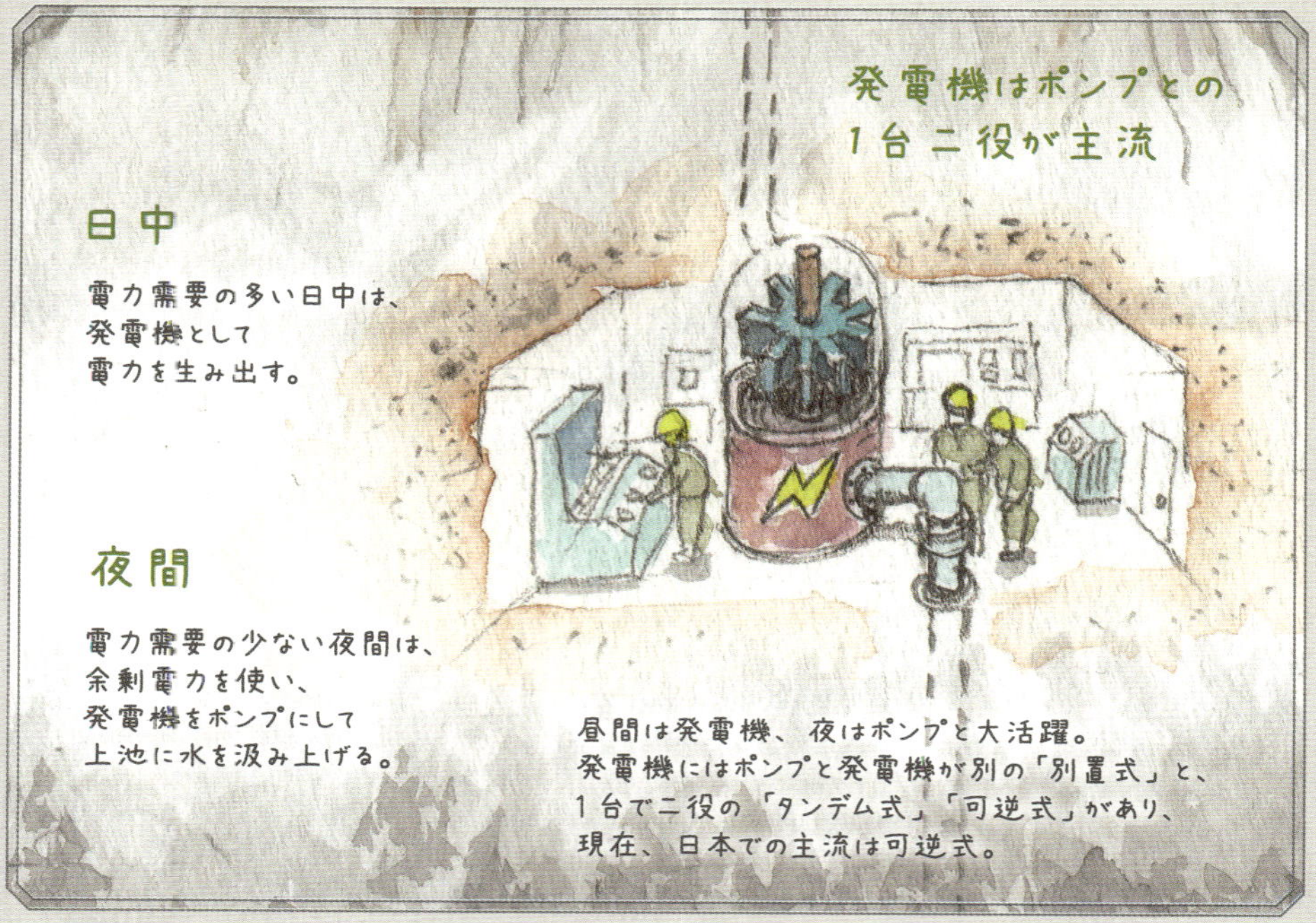
発電機はポンプとの
1台二役が主流
日中
電力需要の多い日中は、
発電機として
電力を生み出す。
夜間
電力需要の少ない夜間は、
余剰電力を使い、
発電機をポンプにして
上池に水を汲み上げる。
昼間は発電機、夜はポンプと大活躍。
発電機にはポンプと発電機が別の「別置式」と、
1台で二役の「タンデム式」「可逆式」があり、
現在、日本での主流は可逆式。

昼は発電、夜はポンプ二役で良いとこどり

水力発電といえば山奥のダムから一方的に水を落として水車を回すことで発電するイメージが強いと思う。

実際、そういった水力発電ダムも少なくはないが、発電に使った水はそのまま川を流れて下ってしまう。ダムのほうはひたすら水を堰き止めて発電に備えなければならないだけに、下流域への影響が大きいという問題がある。

これに対して揚水式発電は標高の高い池（上池）と低い池（下池）を導水トンネルでつなぎ、高低差を利用して水力発電を行う。発電に使った水は下池がしっかり留めておいてくれる。そして電力需要の少ない夜間に余剰電力を使って発電機をモーターにし、下池の水を上池にポンプアップするのだ。

出力の細かな変更ができない原子力や火力発電の短所を逆手に使い、夜間の余剰電力を水の位置エネルギーに変換することで電力需要の増減にきめ細かく対応する。揚水式発電はまさに自然を利用した充電池といえよう。

明治時代に造った池を5基のダムで拡張

太田池の景観は、ほかの山池にはない独特のものがある。赤土をむき出しにした小島をいくつも浮かべる巨大な山上湖なのに、池を

全国の揚水式発電の上池

昼と夜の水位が大きく変動するため、釣りなどのレジャーは禁止されているところがほとんど。アクセスがたいへんな池が多い。

池名	池の特徴など
高見湖（北海道）	半世紀前の壮大な電源開発計画で生まれた。
京極発電所上部調整池（北海道）	すり鉢プール状の上池はダムというより秘密基地。
沼沢湖（福島県）	山中の美しい天然湖を上池として利用。
八汐ダム（栃木県）	世界一の堤高をもつアスファルトフェイシングダムだが非公開。
栗山ダム（栃木県）	堰体下まではクルマで行けるがダム湖には入れない。
奥利根湖（群馬県）	「ダム湖百選」でボート釣りもできる。
玉原湖（群馬県）	駐車場・トイレもあり見学可。
奥三川湖（長野県）	日本一高所にあるダム。駐車場、トイレあり。
大菩薩湖（山梨県）	世界最大規模の揚水式発電所の上池。見学可。
黒田ダム（愛知県）	世界でもめずらしい二段式揚水発電の上池。
富永ダム（愛知県）	上記二段式揚水発電の中継ぎ池。
東仙峡金山湖（岐阜県）	多目的ダムも兼ねており公開されている。
上大須ダム（岐阜県）	アプローチ路入口のゲート封鎖で歩行者も含めて進入不可。

池名	池の特徴など
喜撰山ダム（京都府）	アプローチ路入口のゲート封鎖で歩行者も含めて進入不可。
太田池（兵庫県）	豪快地形が魅力。クルマでアクセス可。
黒川ダム湖（兵庫県）	駐車場や温泉もありオープンな上池。
瀬戸ダム（奈良県）	関西屈指の秘境ダム湖で一般の人のアクセスは登山しか方法はない?
土用ダム（岡山県）	下池と県境をまたぐ上池。ダム職員がいる時間は見学可。
明神ダム（広島県）	一般車は侵入できないが登山道を使えば行けるという噂も。
稲村ダム（高知県）	四国最奥の秘境ダム。ダムカードあり。
穴内川ダム（高知県）	比較的アクセス性よくオープンな上池。
大森川ダム（高知県）	アクセス路は11kmのダート。
天山ダム（佐賀県）	アクセス可能。ダムカードは現地証明書方式。
内谷ダム（熊本県）	長い長い林道でアクセスできる?
大瀬内ダム（宮崎県）	湖底全体を舗装した池としては国内最大級。

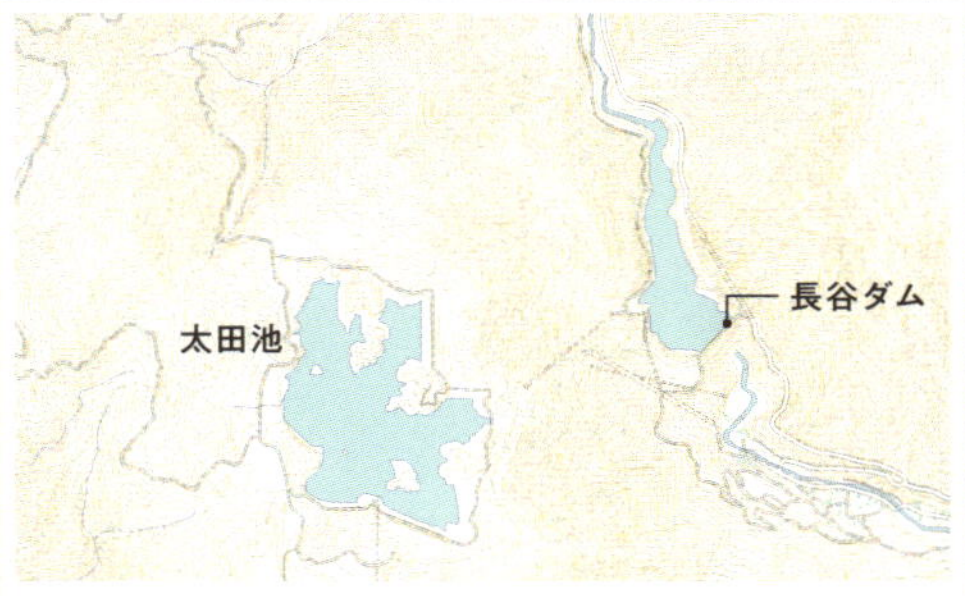

太田池

◆ **所在地**／兵庫県神崎郡神河町南小田
◆ **電車**／太田第５ダムまでJR西日本播但線 長谷駅から約12.5km
◆ **クルマ**／太田第５ダムまで播但連絡道路 神崎南ランプから約20km、神崎北ランプから約23km

国土地理院の標準地図をもとに作成

取り囲む山らしい山がない。それもそのはずで、急峻な山の広い山頂部が、そのまま池になっているのだ。

とはいっても広大な湖盆《こぼん》形状の頂きをもつ山など、そうそうあるものではない。太田池も当初は。ひとつの堰堤が堰く小規模な発電用貯水池にすぎなかった。それを5つものダムで山頂部を取り囲む大改造を敢行して今の姿になった。

下池の長谷ダムとは直線距離で800mしか離れていないのに、クルマだと高低差400mを7kmもかけて迂回しなければならない。そんな豪快地形に怯まず挑む荒業こそ、揚水式発電の上部貯水池の真骨頂なのだ。

人造池 十九

新しい貯水池に呑み込まれた古い池

美女池《びじょいけ》と成相池《なりあいいけ》

古い池が新造のダムに取り込まれる「水没ダム」
どこか切なくノスタルジックな姿が心を打つ。
淡路島南部にはタイプの違う2つの水没ダムがある。

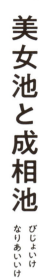

兵庫県南あわじ市

布積みの石組みが美しい。
この石組みは
重力式コンクリートダムの
前身ともいえる
「重力式粗石モルタルダム」
のうち農業用としては
全国初の事例。
池で泳いだあとに
高熱をだした村人が
いるという言い伝えも。
美女池
美女池の
堰体
大日川ダム
大日ダム
P
正木池

新しい大型ダムが古い堰体を水没させた

淡路島の美女池と成相池では、もともとあった古い池を呑み込むようなかっこうで新しいコンクリート大型ダムが作られている。ここでは池の中に旧堰体が沈んだ「水没ダム」とでもいうべき状態の、ちょっと風変わりな景観が味わえる。池目線でいえば「ダム湖にため池が呑み込まれた」という表現ができるだろうか。

　成相池では石積み風のモルタル堰体が貯水池の中に浮かぶようなかっこうだが、美女池のほうはもっとインパクトがある。

　重力式コンクリートダムの大日川ダム貯水池の中に、にゅっと1本の堤がのびている。堤の中央にはサイロのような取水小屋が廃墟感を漂わせており、ちょっと怖い。堤の先端だけ木が生えていて石碑と祠がある。その先の堤は途切れ、深そうな淵が待ち構えている。対岸の道は淵を迂回するように屈曲していて、ただならぬ雰囲気にこの池の伝説を思い出した。

　なんでも、池の底に穴があって海と通じており、池に棲む大蛇が行き来していたとか。本当か嘘か、この大蛇が美女に化けて出るというのが池の名前の由来という話だ。

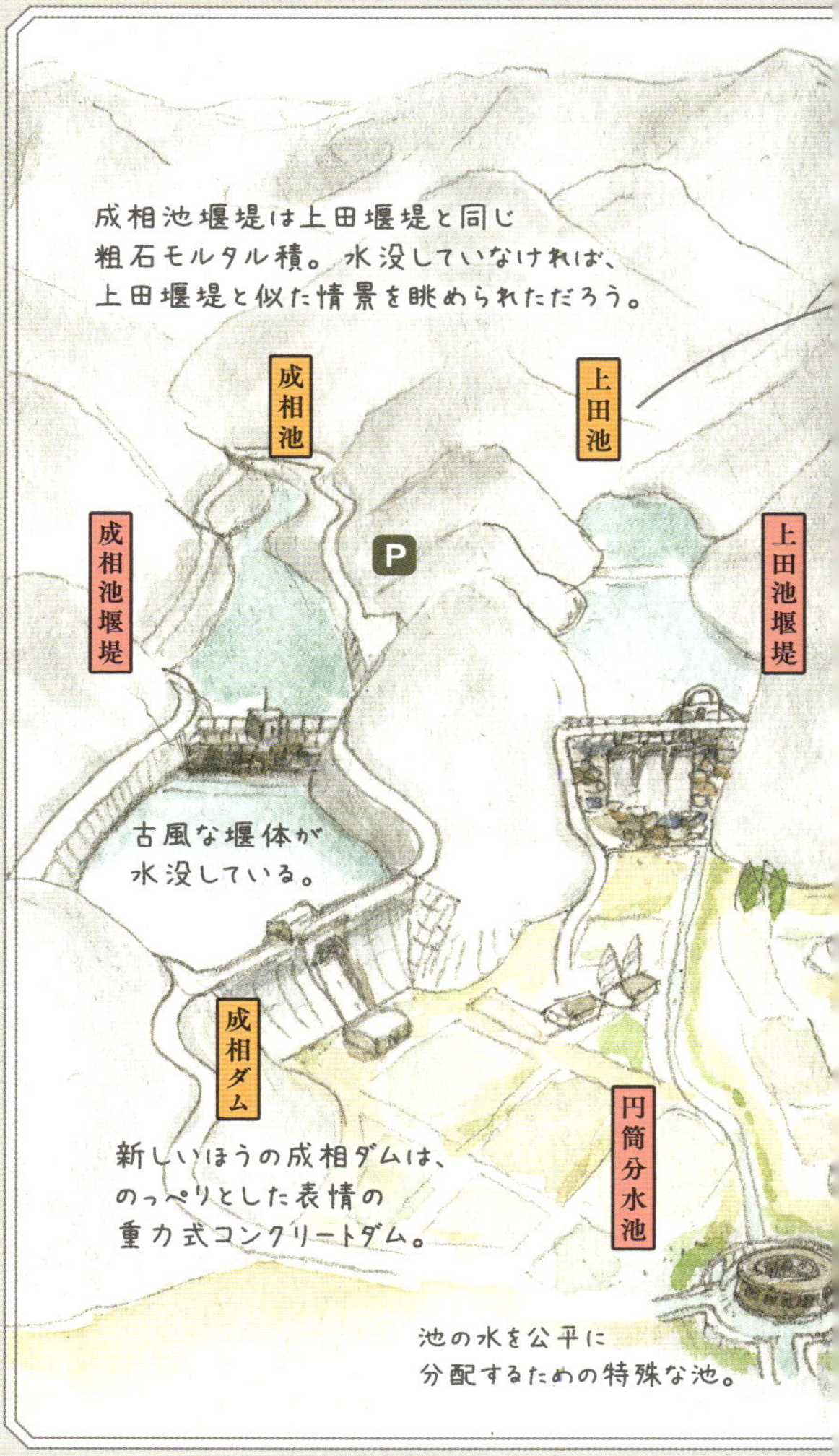

成相池堰堤は上田堰堤と同じ
粗石モルタル積。水没していなければ、
上田堰堤と似た情景を眺められただろう。
成相池
上田池
成相池堰堤
上田池堰堤
P
古風な堰体が
水没している。
成相ダム
円筒分水池
新しいほうの成相ダムは、
のっぺりとした表情の
重力式コンクリートダム。
池の水を公平に
分配するための特殊な池。

美女池の築造は江戸時代初期。江戸末期に一度、決壊し、修復されている。

同様の「水没ダム」は北海道や九州にもある

　水没ダムの事例はいくつか挙げられる。長崎県の西山ダムは、新堰体の真後ろに旧堰体が頭だけ出しているみごとなまでのタンデム水没ぶりを見せる。逆パターンで新堰体が旧堰体の真後ろに造られ「逆タンデム」とでもいう状況の本河内高部水源池（→106ページ）。北海道のシューパロ湖（→105ページ）では減水期だけ旧堰体が顔を出す味わい深さ。いずれも古い堰体と新しいダムの共演というノスタルジックな魅力がある。

用水を公平に分配する特殊な形の円筒分水池

成相池や上田池の下に広がる平野部には、地味ながらも大切な役割を担っている池がある。道路わきの水路の一端にあり、よほど注意していないと見落しそうだが、ため池からの用水を公平に分配する仕組みをもった円筒分水池である。

円筒分水池は、農地の広さに応じた複雑な水の配分を正確に行えるだけでなく、公平さを視覚的に実感できる点でも優れている。淡路島の円筒分水池は大きめの桶ぐらいのサイズだが、神奈川県や岩手県には巨大な円筒分水池もある（→104ページ）。

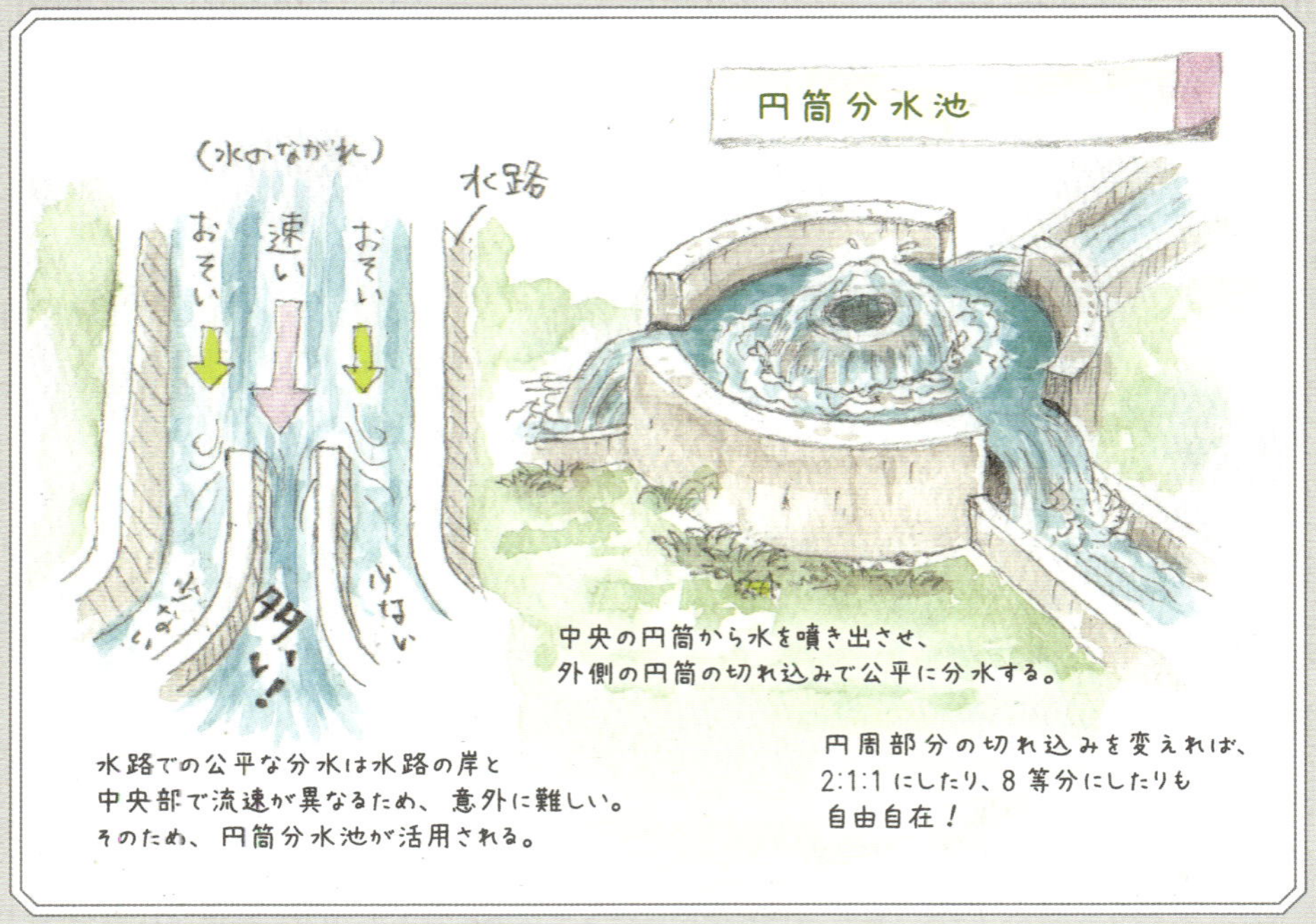
円筒分水池
（水のながれ）
水路
おそい
速い
おそい
少ない
多い！
少ない
中央の円筒から水を噴き出させ、外側の円筒の切れ込みで公平に分水する。
水路での公平な分水は水路の岸と中央部で流速が異なるため、意外に難しい。そのため、円筒分水池が活用される。
円周部分の切れ込みを変えれば、2:1:1 にしたり、8 等分にしたりも自由自在！

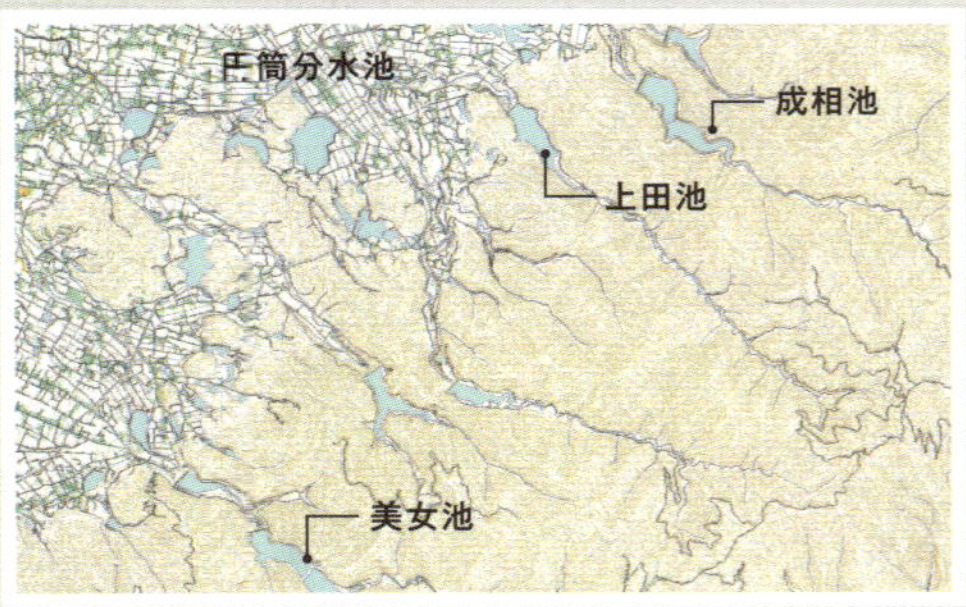
円筒分水池
成相池
上田池
美女池

国土地理院の標準地図をもとに作成

美女池と成相池

- **所在地**／兵庫県南あわじ市北阿万稲田南・あわじ市八木馬回
- **クルマ**／美女池は、大日川ダムまで神戸淡路鳴門自動車道 西淡三原ICから約12km、洲本ICから約18km。成相池は、神戸淡路鳴門自動車道 西淡三原ICから約10km、洲本ICから約12.5km

人造池 二〇

青土ダム貯水池《おおづちだむちょすいち》

あな怖ろしや……のダブル「ダム穴」

滋賀県甲賀市

世界的にもめずらしい二階建て二連のダム穴をもち、巨大構造物を観光するインフラツーリズムで人気。レジャー要素も充実し、魅力作りに意欲的な人造湖。

あなおそろし〜
ダム穴
ダム穴は洪水吐の1タイプで、垂直に立った取水口と導水トンネルで構成される。
洪水吐とは、増水時に堰体が壊れないように一線を越えた水を別ルートで逃がす緊急用の排水口のようなもの。

この世の地獄絵図？「ダム穴」の蠱惑

ダムの一角に観光バスが横付けされた。バスからわらわらと吐き出される老若男女。それらの人々はガイドらしき人が指し示す方向にスマートフォンやカメラを向けはじめた。

インフラツーリズム人気もあってか、ここ滋賀県の県営ダムがちょっとした「穴」場スポットになっている。おめあては「ダム穴」と呼ばれるダム設備。増水時に余分な水を逃がす役割をもった洪水吐の一種だ。大雨のあとなど、運がよければ池の中にぽっかりとブラックホールが出現したような地獄絵図をまのあたりにできるだろう。ダムファンでなくとも、轟々と水が吸い込まれていく光景に心奪われるはずだ。

青土ダムは「ダム穴」以外にも魅力的な貯水池である。

ダム湖左岸は、厚みのある山が裾にかけてなだらかに湖面にすべりこむ。この絶妙な地形を利用して、さまざまなレジャー要素が公園という形で池岸に盛り込まれている。

世界的にも例がない 二層×ダブルのダム穴

海外で見られる360度の円周を湖面にもたげる完全な「ダム穴」は国内では絶滅寸前。穴の上をネットやコンクリート天蓋で覆うなど何らかの危険対策が施されている。

青土ダムの穴は半円形で一部が堰体に接してはいるものの、穴がむき出しになっていることと、ダブルになっていることが人気の理由だろう。さらに半円ダム穴の上には四角いゲート付きの洪水吐が積み重ねられている。いわば二階建てのダム穴が2つ並ぶ構造で、世界的にもめずらしい。

新しいダムの完成で 古いため池を埋めた？

青土ダムの貯水池はクルマで難なくアクセスできる。クルマで堰体の天端を渡り、洪水吐と取水塔を左に見ながら進むと、湖岸に下りられるようになっていた。ダムでは急峻な湖岸が多いため、親水ゾーン（→128ページ）の設置は難しいのだが、流れ込み側のなだらかな地形をうまく活用し、安全に水と親しめる工夫がなされている。

袖から流れ込む大きな谷は「エコーバレイ」と名付けられ、キャンプ場、林間広場に造成されているが、この地形を見て「むむ」と唸ってしまった。谷に展開する3つの広場は、まるでため池を埋め立てたような形状。あるいは青土ダムができる前にため池だったのではと色めきたったが、役場に訊ねたところ残念ながら池があった事実はなかった。

大きな貯水池を新たに竣工することで管理の効率化・集約化を図り、古い小さなため池が役割を終えるケースもあるので、ダム周辺の地形に目を配ると思わぬものに出会えることもある。

オートキャンプ場
林間広場
ダム管理事務所
現在も貯水池に流れ込みがある谷に造成された公園。オートキャンプ場、林間広場、駐車場の3つの敷地は、ため池を土で埋めたような形状をしている。
ダム穴型の洪水吐は下段が半円形の自然越流型の常用洪水吐、上段が四角いゲート付き非常用洪水吐の二段構成でダブル×2の安心設計。

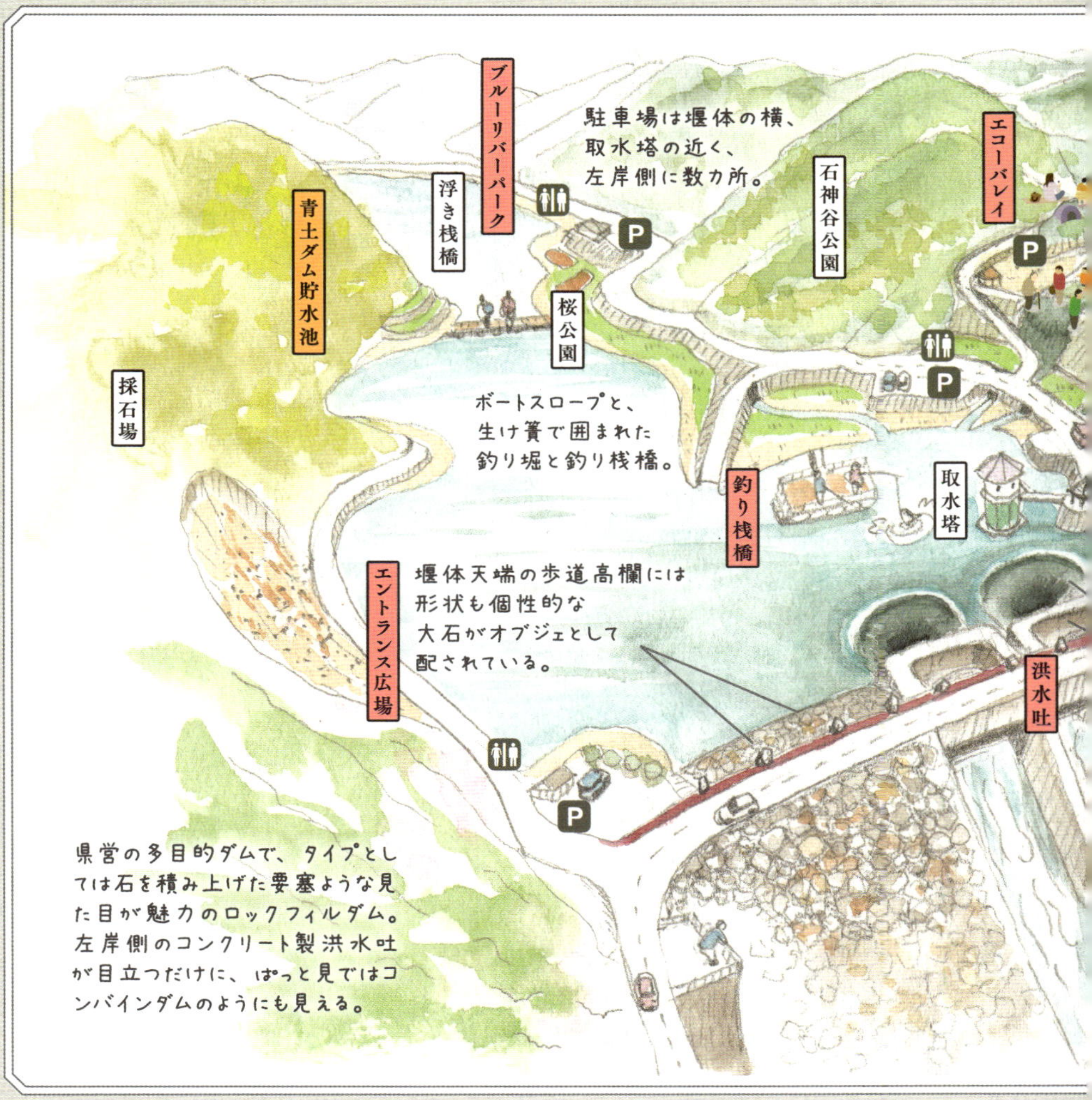

青土ダム貯水池

- **所在地**／滋賀県甲賀市土山町青土
- **電車**／JR西日本草津線・信楽高原鐵道信楽線・近江鉄道 貴生川駅から約18km
- **クルマ**／新名神高速道路 甲賀土山ICから約9km

国土地理院の標準地図をもとに作成

人造池

三

布引貯水池《ぬのびきちょすいち》

阪神・淡路大震災にも耐えた日本最古のコンクリート池

タワーマンションがそびえる新幹線の新神戸駅。駅の裏手は、なんと神々しい滝が連なる渓流。歩いて行くと、重要文化財の貯水池が待っている。

兵庫県神戸市中央区

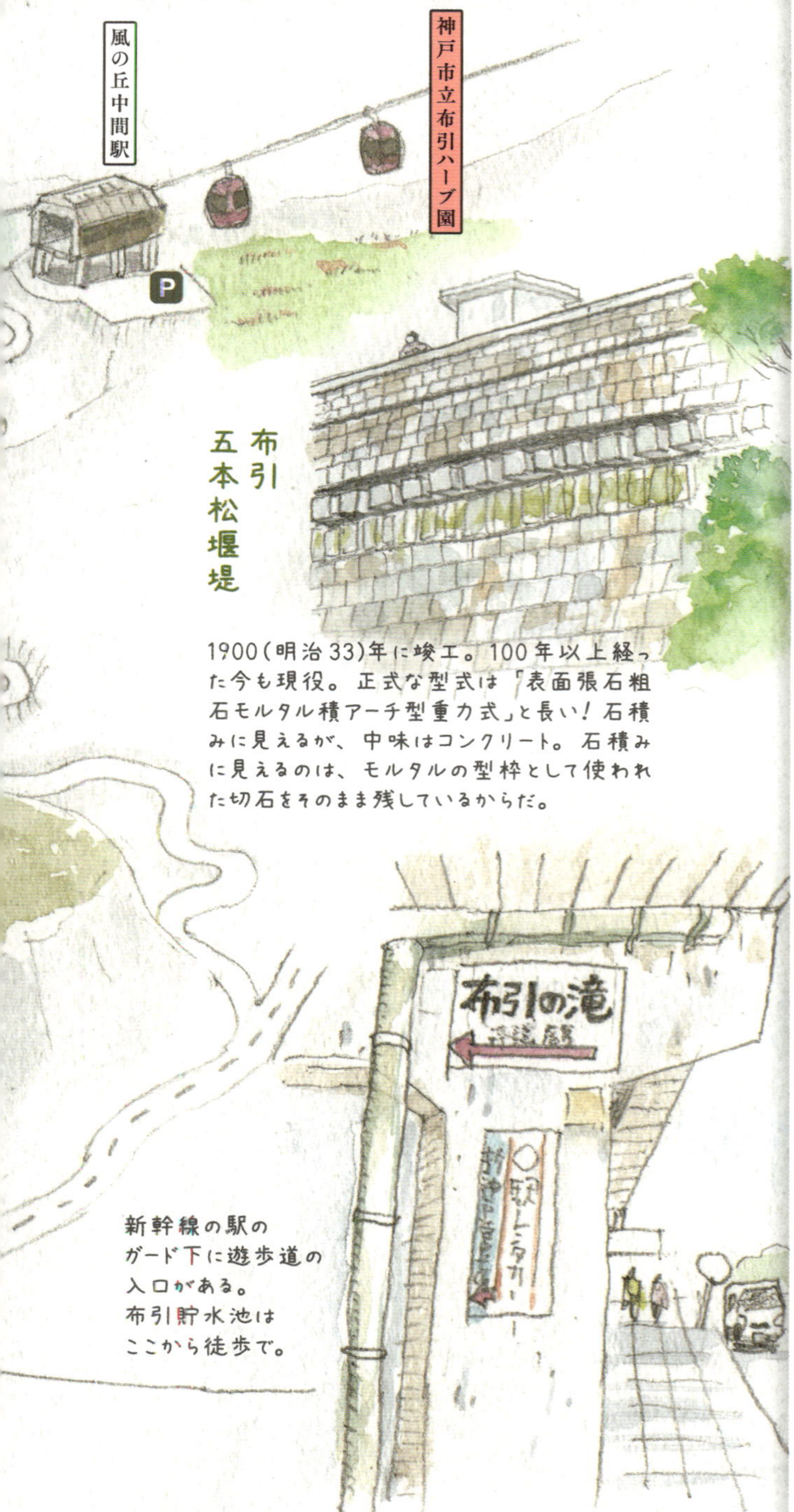

風の丘中間駅
神戸市立布引ハーブ園
P
布引
五本松堰堤
1900(明治33)年に竣工。100年以上経った今も現役。正式な型式は「表面張石粗石モルタル積アーチ型重力式」と長い! 石積みに見えるが、中味はコンクリート。石積みに見えるのは、モルタルの型枠として使われた切石をそのまま残しているからだ。
布引の滝
新幹線の駅のガード下に遊歩道の入口がある。布引貯水池はここから徒歩で。

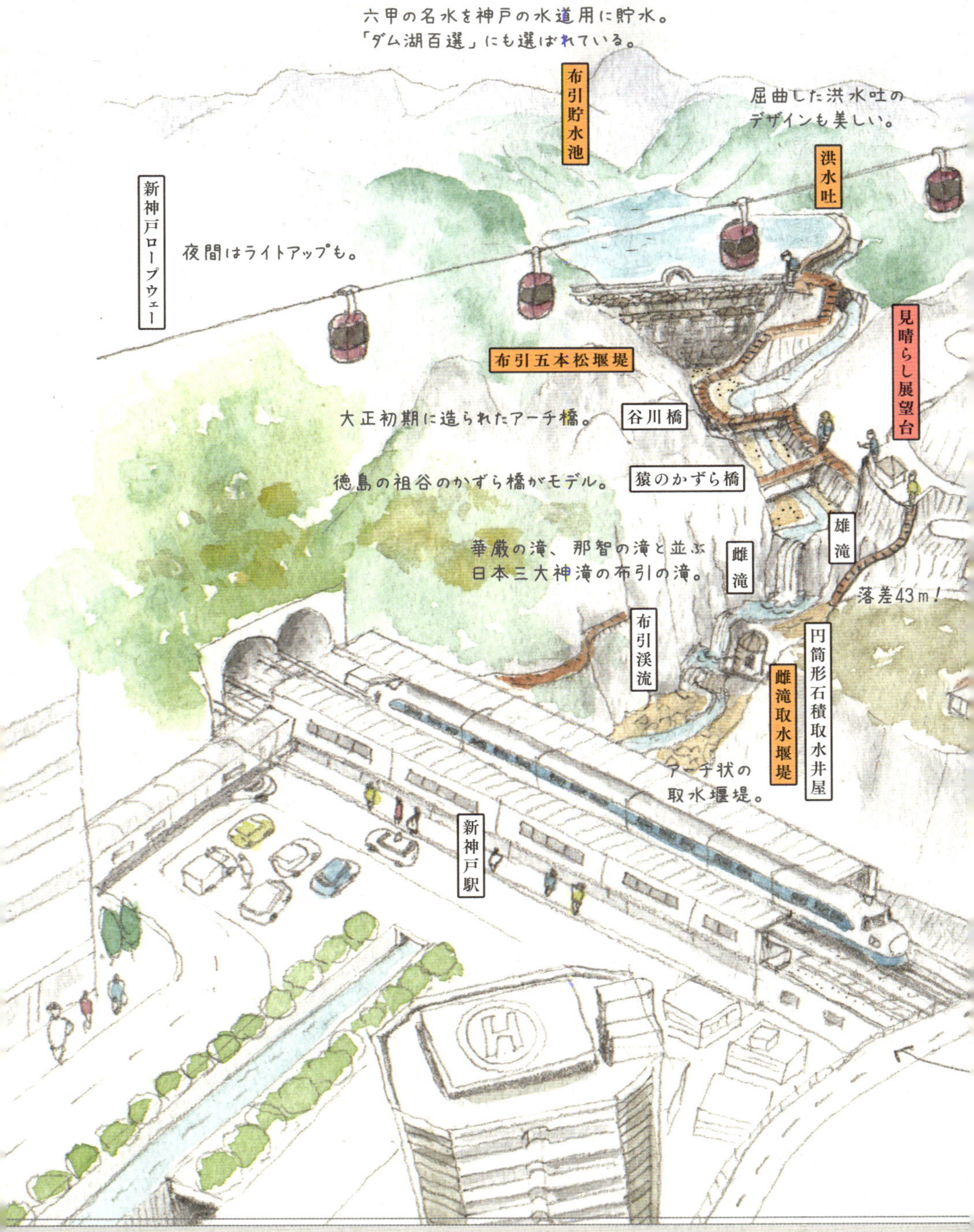

六甲の名水を神戸の水道用に貯水。
「ダム湖百選」にも選ばれている。
布引貯水池
屈曲した洪水吐の
デザインも美しい。
洪水吐
新神戸ロープウェー
夜間はライトアップも。
見晴らし展望台
布引五本松堰堤
大正初期に造られたアーチ橋。
谷川橋
徳島の祖谷のかずら橋がモデル。
猿のかずら橋
華厳の滝、那智の滝と並ぶ
日本三大神滝の布引の滝。
雌滝
雄滝
落差43m!
布引渓流
円筒形石積取水井屋
雌滝取水堰堤
アーチ状の
取水堰堤。
新神戸駅

新幹線駅の裏に重要文化財の貯水池

タワーマンションや高層ホテルが立ち並ぶ新神戸駅。新幹線ホームの窓から外を見ると山奥を思わせる渓流の景観に驚いた。港湾と空港をもつ国際都市でありながら、急峻な六甲の山塊を背負っている神戸のもうひとつの表情である。

駅から直線距離でわずか700m、遊歩道を歩き、重要文化財の橋や3つの名瀑を経た先に、布引五本松堰堤が深い緑に囲まれて鎮座している。日本初の重力式コンクリートダムで重要文化財にも指定されている。竣工はなんと1900（明治33）年。神戸の水道水源として100年以上も現役で活躍しているというだけでなく、阪神・淡路大震災を耐え抜いている。

耐震補強工事では大量の土砂も搬出

人の手で造られたものの常で、人造池にも寿命はある。布引貯水池では、震災後に大規模な改修工事が行われた。

堰堤は重要文化財ということもあり、外壁の石積みは残したまま中味のコンクリートを打ち替え、水面下になるところに支えを追加して耐震補強も行い、万全を期した。

工事で水を抜いた際、貯水量の半分にあたる大量の土砂が底を埋めていたという。たえず流入する土砂も池の寿命を縮める天敵。改修工事では土砂の撤去もあわせて行われた。

「ダム湖百選」にも選ばれた六甲の水がめ

名水として知られる六甲水を水道水源として供給する布引貯水池は「ダム湖百選」にも選ばれている。

さすが名水を湛えた池だけあって、澄明な水の色が山に映える。ただ、「ダム湖百選」の池といっても貯水池にレジャー要素はない。布引貯水池のような上水道用の池では、水質悪化を防ぐという理由で立入禁止をとるところが多い。

とはいえ、新幹線の駅から歩いて行ける新神戸ロープウェーを利用すれば堰体と貯水池を俯瞰する絶好の眺望を手軽に得られる。これは布引貯水池の強みである。

「ダム湖百選」は自治体から推挙された貯水池を対象に、財団法人ダム水源地環境整備センターが選定している。百選とはいえ、今後も新しいダムができることを想定してか、実際には65しかない。ダムといえば巨大構造物の堰体のほうが注目されがちだが、貯水池のほうにスポットをあてた百選の存在はありがたい。

里池めぐりには、「ため池百選」（→190ページ）がよきガイドになってくれるが、人造池めぐりにはダム湖百選が心強い。空席の35枠の今後も楽しみだ。

「ダム湖百選」一覧

「ダム湖百選」とはいえ、今のところ65しか選ばれていない。今後増えていくと思われる。

番号	ダム湖名	所在地	景観や施設など
1	富里湖	北海道	開放的な親水公園あり。
2	聖台ダム公園	北海道	雄大。ダム公園あり。
3	かなやま湖	北海道	親水レジャー設備充実。
4	定山湖	北海道	シャトルバスか徒歩。
5	笹流貯水池	北海道	→106ページ
6	かわうち湖	青森県	道の駅、親水護岸あり。
7	岩洞湖	岩手県	釣り可だが遊漁料必要。
8	御所湖	岩手県	開放的。駐車場あり。
9	田瀬湖	岩手県	レジャー設備豊富。
10	錦秋湖	岩手県	鉄道写真スポット。
11	七ツ森湖	宮城県	釣り可。遊漁証必要。
12	あさひな湖	宮城県	釣り可。遊漁証必要。
13	釜房湖	宮城県	湖畔に国営公園。
14	七ヶ宿湖	宮城県	ボート釣りができる。
15	宝仙湖	秋田県	青い湖水がまぶしい。
16	月山湖	山形県	日本一の大噴水あり。
17	羽鳥湖	福島県	老舗リゾートレイク。
18	田子倉湖	福島県	日本離れした景観。
19	奥只見湖	福島県・新潟県	18kmものトンネル。
20	奥利根湖	群馬県	エンジン船も可。
21	ならまた湖	群馬県	船可だが入湖届け必要。
22	野反湖	群馬県	釣り可。遊漁料必要。
23	赤谷湖	群馬県	貸舟、釣り桟橋も。
24	草木湖	群馬県	カヤック、釣り可。
25	神流湖	群馬県・埼玉県	カヤック、釣り可。
26	狭山湖	埼玉県	公園あるが湖面は閉鎖的。
27	多摩湖	東京都	公園あるが湖面は閉鎖的。
28	奥多摩湖	東京都	釣り可。観光スポット。
29	宮ヶ瀬湖	神奈川県	親水公園。カヌー場あり。
30	丹沢湖	神奈川県	貸舟での釣りができる。
31	黒部湖	富山県	観光船あり。
32	有峰湖	富山県	ダム公園あり。
33	高瀬ダム調整湖	長野県	見学は徒歩かタクシー。
34	奥木曽湖	長野県	親水公園あり。
35	高遠湖	長野県	遊歩道、釣り桟橋あり。
36	美和湖	長野県	湖畔に道の駅あり。
37	恵那峡	岐阜県	断崖の絶景。
38	阿木川湖	岐阜県	カヤック、釣り可。
39	佐久間湖	静岡県・愛知県	ダムサイトに駐車場。
40	三河湖	愛知県	釣りには遊漁料必要。
41	永源寺湖	滋賀県	ダムサイトに公園あり。
42	虹の湖	京都府	貸ボートでの釣り可。
43	天若湖	京都府	道の駅も併設され人気。
44	知明湖	兵庫県	公園あるが湖岸険しい。
45	布引貯水池	兵庫県	ハイキングでアクセス。
46	池原貯水池	奈良県	釣り可だが遊漁料必要。
47	椿山ダム湖	和歌山県	ダムサイトに駐車場あり。
48	神龍湖	広島県	湖畔は温泉宿の観光地。
49	八千代湖	広島県	人気レジャーレイク。
50	龍姫湖	広島県	ダム公園・資料館あり。
51	本庄貯水池	広島県	ダム公園あり。
52	弥栄湖	広島県・山口県	貸舟もあり開放的。
53	小野湖	山口県	釣り番組のロケも。
54	満濃池	香川県	→70ページ
55	朝霧湖	愛媛県	レジャー設備もあり開放的。
56	さめうら湖	高知県	四国最大のレジャーレイク。
57	上秋月湖	福岡県	湖畔に駐車場あり。
58	美奈宜湖	福岡県	湖畔に大きな公園あり。
59	鷹島海中ダム湖	長崎県	→105ページ
60	北川ダム湖	大分県	湖畔に道の駅あり。
61	日向椎葉湖	宮崎県	釣り可。遊漁料必要。
62	大鶴湖	鹿児島県	公認のヘラブナ釣り場。
63	福上湖	沖縄県	資料館あり。カヌー体験も。
64	かんな湖	沖縄県	湖畔公園あるが釣り禁止。
65	倉敷湖	沖縄県	展望タワー、ダム資料館。

布引貯水池

◆ **所在地**／兵庫県神戸市中央区葺合町山郡

◆ **電車**／JR西日本山陽新幹線・神戸市営地下鉄山手線・北神急行電鉄北神線 新神戸駅から約4km、三宮駅・JR三ノ宮駅・神戸三宮駅から約5.5km

国土地理院の標準地図をもとに作成

ぶらぶら

人造池

人が水を制するために
造られた人造池のスケールの
大きさには圧倒されてしまう。
自然と人工の絶妙な調和に
心を奪われない人は
いないのではないだろうか？
人間の叡智を結集させた
人造池の魅力を堪能してほしい。

人工池（貯水池）

豊《ほう》稔《ねん》池《いけ》

香川県観音寺市大野原町田野々

5つのアーチを石積みで連ね、バットレス式堰体（↓108ページ）の特徴を併せもつ日本で唯一のダム。日本に2例しかないマルチプルアーチダム型式と、8例のバットレスダム型式のハイブリッドとなればダムファン垂涎だ。洪水吐をサイフォン式にするなど日本独自の工夫も見られ、大正から昭和初期にかけての農業土木、ダム技術の結晶ともいえる。「豊稔池堰堤」の登録名で文化遺産にも指定され、貯水池は「ため池百選」に選定。

型式	マルチプルアーチダム
堤高	30.4m
堤長	145.5m
堤体積	39,500m³
湛水面積	15ha
貯水量	1,643,000m³
駐車場	あり

人工池（分水池）

下《しも》九《く》沢《ざわ》分《ぶん》水《すい》池《ち》

神奈川県相模原市緑区下九沢

住宅地の中にぽっかりと穿たれた巨大な石積みコロッセウム。その下にある丸い池。円筒分水池とは、自然の力だけを利用して正確な比率で水を分配できるすぐれた設備（↓96ページ）。せっかくため池を造って水不足を緩和しても、水の分配で新たな諍いが起こってしまうのが常だった。円筒分水はいわばその究極の解決策。産業遺産ブームもあって近年、脚光を浴びるようになったが、今なお現役で稼働していることに驚かされる。

型式	分水工
内径	35m
高さ	4.15m
深さ	2.72m
駐車場	なし

人工池（貯水池）

シューパロ湖《こ》

北海道夕張市鹿島国有地

シューパロ湖は、もともと農業用水の供給を目的とする大夕張ダムによって形成された貯水池の名だった。しかし、2015（平成27）年、堰体直下に新造された国交省直轄の夕張シューパロダムが竣工し、大夕張ダムは湖面下に沈む水没ダムとなった。新しいシューパロ湖は従来の5倍もの貯水量を得て、面積では国内2位の巨大湖に生まれ変わった。冬の減水期には、新ダムにおんぶされるようなかっこうで、旧ダムが湖面に顔を出す。

型式	重力式コンクリートダム
堤高	110.6 m
堤長	480.0 m
堤体積	880,000 m³
湛水面積	1,510 ha
貯水量	427,000,000 m³
駐車場	あり

人工池（実験池）

浸《しん》透《とう》実《じっ》験《けん》池《ち》

千葉県木更津市畔戸

空から見ると古代魚の目のように見えることから「木更津フィッシュアイ」とも呼ばれる（→36ページ）。この円形の池は、高度成長期、工業用水確保のために海水から淡水を作り出す浸透実験を4年間行った場所。オイルショックによる経済減速もあって実験中止となり、池だけが残った。二重ドーナツ構造の池で、中央の池は深さが10mもあるという。実験がうまくいったなら、海岸に巨大人造淡水湖を造ろうという壮大な構想だった。

型式	——
内径	35m
深さ	2.72m
駐車場	なし

人工池（貯水池）

鷹《たか》島《しま》海《かい》中《ちゅう》ダム湖《こ》

長崎県松浦市鷹島町里免

「元寇終焉の地」の鷹島は玄界灘に浮かぶ周囲43kmの島。慢性的な水不足に対処するため1994（平成6）年に日本初、かつ国内唯一の「海中ダム」として竣工。海中ダムと聞いて、海底に横たわる幻想的なダムを想像していたが、実際には入江を堰堤で締め切って造った池を、脱塩、淡水化させたもので、いわば人工的な海跡湖（→26ページ）といったところ。ダム堰体の直下が漁港になっている光景は確かにめずらしい。

型式	重力式コンクリートダム
堤高	29 m
堤長	129 m
堤体積	31,000 m³
湛水面積	7 ha
貯水量	593,000 m³
駐車場	あり

人工池（貯水池）

千本貯水池《せんぼんちょすいち》

島根県松江市西忌部町

ただならぬ風格を漂わせている古びた石積みの堰体は、島根県松江市の水道水源として大正時代に建設されたもの。現地の案内板には「越流式直線重力粗石コンクリートダム」と聞き慣れないダム型式が記されていた。なんと山陰地方初のコンクリートダムとのこと。今なお現役で水を湛え、土木遺産および登録有形文化財にも指定されている。増水すると堰体の越流部の幅いっぱいに、滝のようになって白く流れ落ちる姿が神々しい。

型式	重力式コンクリートダム
堤高	16 m
堤長	109 m
堤体積	7,000 m³
湛水面積	10ha
貯水量	387,000 m³
駐車場	あり

人工池（貯水池）

本河内高部《ほんごうちこうぶ》ダム

長崎県長崎市本河内

日本最初の水道専用ダムとして明治時代に竣工したアースダム。堰体の真後ろにコンクリート擁壁が貼り付いていて、土のダムがコンクリートダムを背負うような稀有な構造をしている。土木遺産的な価値を鑑みて、旧堰体を保存するため新ダムを後ろに背負わせるというめずらしい工法がとられたためだ。治水機能もプラスされた新ダムに対して、古いアースダムはダム公園として地域住民に開放され、優雅な隠居生活を送っている。

型式	重力式コンクリートダム
堤高	28.2m
堤長	158m
堤体積	54,000m³
湛水面積	5ha
貯水量	496,000m³
駐車場	あり

人工池（貯水池）

笹流《ささながれ》ダム

北海道函館市赤川町

日本初のバットレス構造のダム（→108ページ）。まるで古い刑務所か要塞を思わせる威厳に満ちたコンクリート製の構造物が、異世界に飛び込んだような錯覚をもよおす。堰堤下は公園になっており、桜の時期は花見客でにぎわう。広場から遊歩道で堰体上に登れば、エメラルドグリーンの水を湛えた貯水池が広がる。民間の運営が多いバットレスダムにあって、公営という点でも希少。「ダム湖百選」や土木遺産にも選ばれている。

型式	バットレスダム
堤高	25.3 m
堤長	199.4 m
堤体積	16,000 m³
湛水面積	7.6 ha
貯水量	607,000 m³
駐車場	あり

人工池

大《だい》源《げん》太《た》湖《こ》

新潟県南魚沼郡湯沢町大字土樽

型式	アーチ式砂防堰堤
堤高	18 m
堤長	33m
堤体積	1,609m³
湛水面積	——
貯砂量	550,000m³
駐車場	あり

標高1598mで「東洋のマッターホルン」とも称される大源太山を掲げる貯水池は、人造感がなく野性味にあふれている。もともとは野尻ヶ池といい、戦国時代の陰謀・謀殺劇の舞台だった。池の上下流は「大源太キャニオン」と呼ばれる断崖の渓谷。ここに1939（昭和14）年、日本初のアーチ構造をもつ高さ18mの砂防堰堤が造られ、大源太湖となった。貯水が目的ではない砂防ダムが堰く湖という点もおもしろい。登録有形文化財。

人工池（貯水池）

高《たか》瀬《せ》ダム

長野県大町市平

型式	中央土質遮水壁型ロックフィルダム
堤高	176.0 m
堤長	362.0 m
堤体積	11,590,000 m³
湛水面積	178 ha
貯水量	76,200,000 m³
駐車場	あり

東京電力が管理する発電用ダムで、堤高176mと、日本一の高さをもつロックフィルダム。貯水池は「ダム湖百選」にも選ばれている。その水は「高瀬エメラルド」とも呼ばれる独特の色をしている。駐車場のある七倉山荘から先はマイカーおよび自転車は通行不可なので、徒歩か指定タクシーで進むしかない。管理道は高瀬ダムに流入する大量の土砂を運び出すために、大型ダンプが車列を組んで走っている。維持管理が大変そうだ。

人工池（沈澱池）

中《なか》沢《さわ》鉱《こう》滓《さい》ダム

秋田県鹿角市尾去沢獅子沢

型式	鉱滓ダム
堤高	——
堤長	——
堤体積	——
湛水面積	——
貯水量	——
駐車場	なし

尾去沢鉱山跡の史跡のひとつ。1936（昭和11年）、尾去沢鉱山鉱滓ダム決壊事件と呼ばれる二度にわたる鉱滓ダムの決壊によって、選鉱後に貯留されていた土石がダム直下の尾去沢の町と374もの人命を呑み込んだ。現在見ることのできる堰体は再建されたもので高さはそれほどではないが、決壊時は高さは60mもあった。その土石流の威力は想像を絶する。鉱滓には有毒物質も含まれるため、現在も管理がつづけられている。

超希少！
日本に7基しかないバットレス堰体

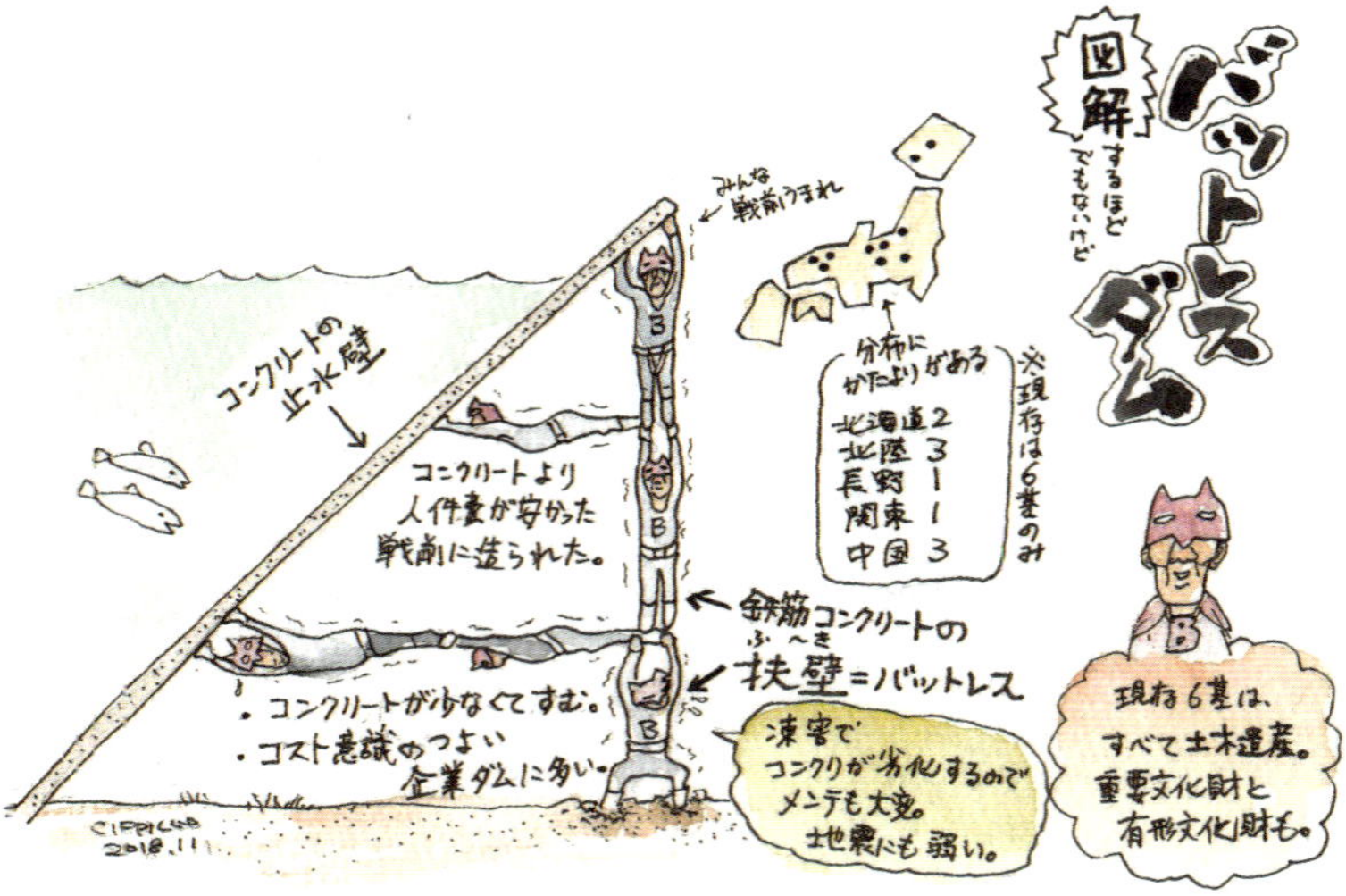

見た目の美しさ、希少性でダムマニアに人気なのが「バットレス」という形式の堰体。

巨大な水圧を受け止めるコンクリートの薄い止水壁を、華奢な骨組みの鉄筋コンクリートの扶壁（＝バットレス）が支えている。

コンクリートが高価だった時代に材料が少なくて済む方式として注目を浴びた。また、山奥にダムを造る必要がある場合には材料運搬コストの低減にも寄与した。

電力会社をはじめとする企業が目を付け、戦前の一時期に10基ほどが建造されたが、構造が複雑でメンテナンス性も悪かったため、コンクリートが安価になるとまったく造られなくなった。

国内現存のバットレス堰体は7基。いずれも土木遺産に認定され、国の重要文化財になっているものもある（→39ページ）。

現存する7基以外では、1基はロックフィルダムに改造され、1基は崩壊し、その後敷地は公園になった。7基のなかでも、奥津発電所調整池は現存しているものの堤高が15m未満なので、河川法ではダムとして扱われていない。ただし、有形文化財には選ばれている。

ダム名	所在地	堤高	管理者
笹流ダム（現存）	北海道	25.3m	函館市
高野山ダム（別型式のダムに打ち替え）	新潟県	—	東京電力
丸沼ダム（現存）	群馬県	32.1m	東京電力
旧小諸発電所第一調整池（崩壊）	長野県	—	—
真立ダム（現存）	富山県	21.8m	北陸電力
真川ダム（現存）	富山県	19.1m	北陸電力
恩原ダム（現存）	岡山県	24.0m	中国電力
奥津発電所調整池（現存）	岡山県	14.0m	中国電力
三滝ダム（現存）	鳥取県	23.8m	中国電力

公園池さんぽ

五章

公園の池は遊び心がいっぱい

実用性は二の次で、
たのしむために造られた公園池。
借景の一部や生態系の観察など、
ほかの池とは異なる一面を
知ることができる。
学びや遊びを目的とした
公園池には親しみやすさがある。

公園池 三

現代的な池泉回遊式庭園と現役の農業用ため池

三景園の池《さんけいえんのいけ》と用倉新池《ようくらしんいけ》

広島空港造成の際に出た土石を利用して「大海」「里池」という2つの人工池を造り、さらに既存のため池の用倉新池を組み合わせた立体的な庭園が三景園だ。

広島県三原市

広島空港
エアポートホテル
大海
錦鯉の群泳
memo

三景園内の大海と、そのお隣に位置する現役のため池・用倉新池のワンドは、水路でつながる。この水路にはショウブなどが植えられ、里川の雰囲気を湛えている。三景園の山、里、海の要素に川の要素も加え、広島の自然を抜かりなく表している印象だ。

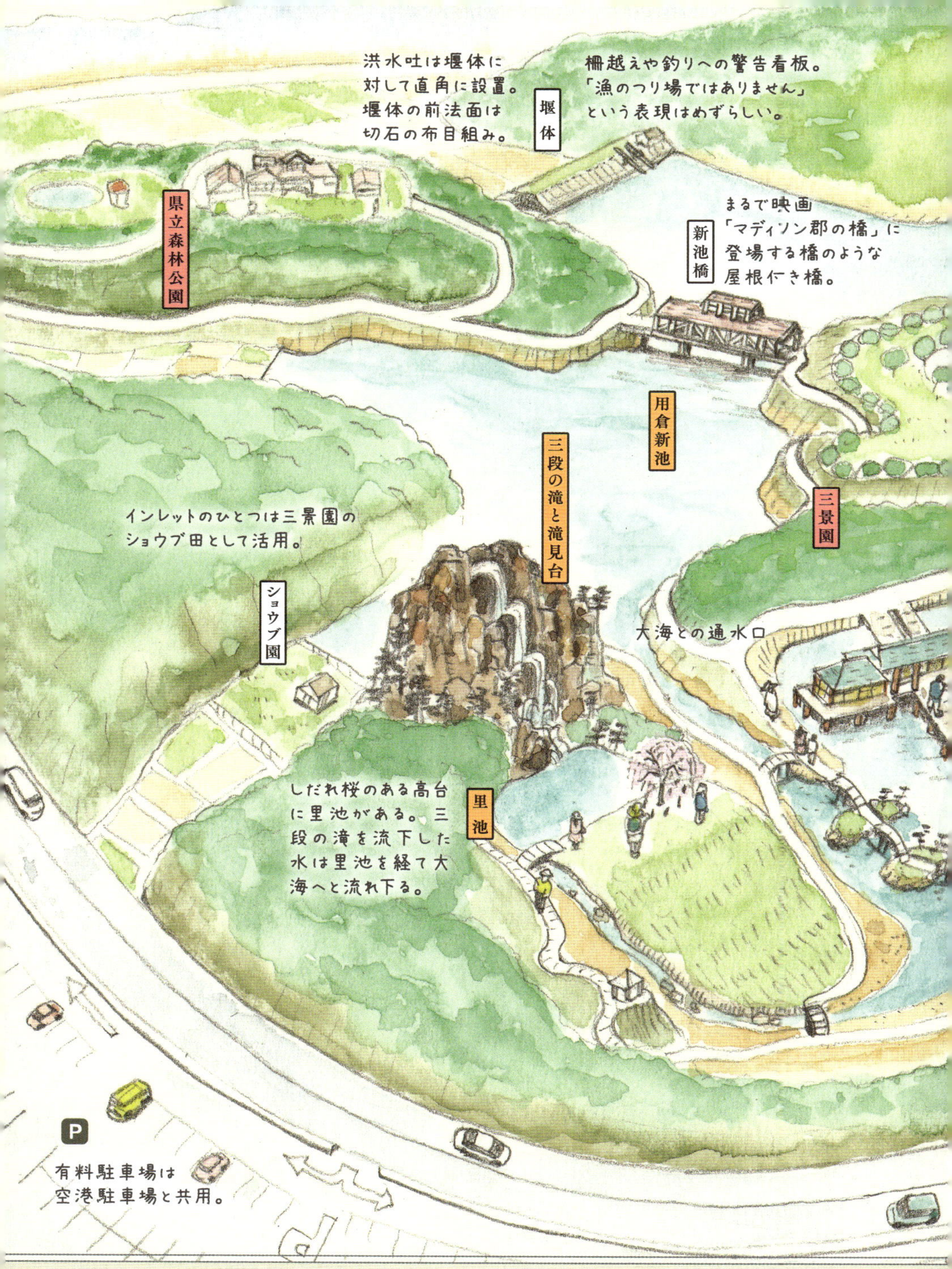
洪水吐は堰体に
対して直角に設置。
堰体の前法面は
切石の布目組み。
堰体
柵越えや釣りへの警告看板。
「漁のつり場ではありません」
という表現はめずらしい。
県立森林公園
まるで映画
「マディソン郡の橋」に
登場する橋のような
屋根付き橋。
新池橋
用倉新池
三段の滝と滝見台
三景園
インレットのひとつは三景園の
ショウブ田として活用。
ショウブ園
大海との通水口
しだれ桜のある高台
に里池がある。三
段の滝を流下した
水は里池を経て大
海へと流れ下る。
里池
P
有料駐車場は
空港駐車場と共用。

広島県の里、山、海をモチーフにした公園池

少し大きな公園であれば、池のひとつや2つはあるだろう。公園池のルーツともいえる大名庭園は、江戸時代に池泉回遊式庭園という形でいかにうまく庭に池を取り込むかが大名間で競われた。その結果、各地に美しい池をもつ庭園が数多く生まれることとなった。

現代において公園用に造成される池は、景観機能や、子どもが水遊びできるような親水機能を担わせている場合が多い。そのほかにも、もともと公園造成前からあったため池などを取り込んだり、借景要素に組み入れたりして公園池にするケースもよく見られる。

広島空港のそばに位置する三景園は、その名から勝手に古くからある日本庭園だと想像していたが、空港開港を記念して1993（平成5年）年に開園した公園だった。考えてみれば、空港ができる前のこの場所はため池が集まる中山間地。大名庭園はふつう城下町の屋敷内、あるいは別邸として町の近くに造られるので、古くからあるはずはないと容易に推測できた。

「三景」の名は、広島県の里、山、海をモチーフに取り込んでいることから付けられた。人工の山と池を造って配置する築山池泉回遊式庭園として、空港造成時に出た土や石を有効活用するべく造園された現代的エコロジーパークだ。

メインの池である大海は、その名のごとく海を表している。庭園では、池を海に見立てることはよくある。池を覗きこむと色艶やかな錦鯉が群泳していた。

大海を見下ろす築山の中腹に登ると一本桜を岸に置いた里池が待っていた。この里池は人工渓流を通じて大海に流下している。流れ込みの上流側は険しい岩場となっており、三段の滝まで造り込まれた上に、親切にも滝見台まで用意されている。

山に降った雨が里を潤し、海に流れ落ちる様を水の流れで表現しており、「三景」の名に恥じぬ公園池だ。時折、木々の向こうに航空機の巨大な尾翼の端が見え隠れするが、これもまた一興。

既存の池も取り込んだ現代的な公園・三景園

味のある屋根付き橋が渡されている用倉新池は、現役の農業用ため池でもある。三景園だけでなく県立中央森林公園の借景要素にもなっている。

樹枝状に大小のワンド（用倉新池とつながってはいるが、土砂や構造物で遮られて小さい池のようになっている場所）を差し出す芳醇な池相をもち、インレット（流れ込み）のひとつは三景園のショウブ田として、また流れ込みを通じて大海とも通水している。この通水部も味わい深い。

「公園池」のルーツ

写真は大池泉（東京都台東区浅草）。現在、浅草公園は地名として残るのみで、池は浅草寺境内にある。

江戸時代、大名たちは屋敷内に池のある庭園、いわゆる「池泉回遊式庭園」を競うように造った。池泉回遊式庭園は、池を中心に回遊路をしつらえ、景勝地を模して小島、橋、岩などを配した庭園のこと。城下町に多く見られるが、一般開放されていたわけではない。

明治時代に入って、神戸や横浜、北海道の外国人居留地に公園が置かれたが、いずれも開園当時は日本人が利用できなかった。

日本における公園制度は、1873（明治6）年1月の太政官布告にはじまる。この太政官布告にもとづき、全国で20以上もの公園が誕生した。東京では芝公園、上野公園、浅草公園、大阪では住吉公園など。これらが、公園池のルーツといえそうだ。

なお、「日本最古の公園」と呼ばれている場所が、福島県白河市にある。19世紀初頭、白河藩の名君で、のちに幕府の重鎮にもなる松平定信公により築造された南湖は、身分の差を越えて誰でも楽しめるレクリエーションの場所として開放された。今も南湖公園として多くの人の憩いの場となっている（→124ページ）。

三景園の池と用倉新池

- ◆ **所在地**／岡山市北区下足守
- ◆ **電車**／JR西日本山陽本線 白市駅から約10km、JR西日本山陽新幹線 広島駅から約50km
- ◆ **クルマ**／山陽自動車道 河内ICから約5.5km
- ◆ **飛行機**／広島空港から約400m

国土地理院の標準地図をもとに作成

水は少し透明感のある青みがかった色だ。池の水の色は池の印象や好き嫌いを左右する大きな要素として、最近では観光分野での研究対象にもなっている（→116ページ）。

堰体はハイダムスペックの条件を満たしていそうな立派なアースダム。四連のスピンドルをもつ斜樋からは、かなりの深さがあることがうかがえる。

既存のため池を公園要素としてうまく取り込みつつ、空港造成で出た土砂を再利用した三景園。水を介した公園空間は、県立の森林公園、宿泊施設群との連続性を保ちつつ、現役のため池までも取り込んでいる。

公園池

二三

木曽川の古き姿をとどめる河跡湖

トンボ池と木曽川水園《とんぼいけときそがわすいえん》

岐阜県羽島郡笠松町・各務原市

昔からの生態系を観察できる河跡湖・トンボ池では、伝統的な治水土木「聖牛」も見ることができる。近くにある木曽川水園では、高速パーキングから直接和舟で池めぐりが可能だ。

池畔に居並ぶ聖牛は、この池がもともと木曽川本流だったことの名残り。聖牛は石を詰めた竹篭と丸太を組み合わせて造った伝統的な治水土木だ。発祥は戦国時代の甲斐国（山梨県）とされ、同県の信玄堤公園にも立派な聖牛が暴れ川を見下ろすように据えられている。
木曽川
聖牛
トンボ池
P
トンボだけでなく野鳥観察も。野釣り場にもなっており、池岸は竿を出しやすいポイントが多い。
笠松トンボ天国
河畔林
ため池
中池
まこも池
古池
河川環境の実験施設も併設されている。
造成池
memo
トンボ池は「岐阜県の名水50選」に選ばれている。清冽な水というよりは魚やトンボを育む豊かな水という印象だ。テレビ番組企画で、池の水を抜く「掻い掘り」が行われた。
P

もとは木曽川の本流 川の名残りの河跡湖

木曽川の河川敷には、地図で見ると少し変わった池がある。堤防に沿ってほぼ一列に、中池、まこも池、古池にトンボ池が並んでいる。

土手上の道路からは見えにくいが、河川敷側に下りると、さかんに波紋を立てる魚たちを狙うダイサギの対岸で釣り師が竿を上げる豊かな光景が広がっていた。

memo
木曽川水園は13もの水辺公園で構成されるひとつだ。
一宮市街
河川環境研究所
高速パーキングから歩いて舟遊びも。
木曽川水園
川島パーキングエリア
新境川
園内の水路には豊富な水が循環し、大小の魚の姿。エサやり体験もできる。
茶屋
渓流になっている
アクア・トトぎふ
世界最大級の淡水魚専門の水族館。正式名称は、岐阜県世界淡水魚園水族館。
P

テレビ番組で池の水を抜く掻い掘り（→159ページ）が行われたわりには濁りがあったが、動植物が棲みやすそうな感じの水の色だ。

　これらの池は洪水などで木曽川の川筋が変わったことで生まれた〝以前の川の名残り〟。河跡湖（26ページ）と呼ばれる。河跡湖にはトンボ池のように自然に生まれたものと、河川改修によって生まれたものとがあり、全国の都市や町で見られる。東京の水元公園のように大きな親水公園として利用されているものも少なくない。トンボ池の近くには、その名も河跡湖公園という公園もある。

　河跡湖の公園化には、昔の川筋の貴重な植生や動植物を含めた環境をまるごと未来に保存する保管庫としての役割がある。トンボ池も「笠松トンボ天国」というビオトープ（野生生物の生態系）を構成している。

　また、もともと暴れ川だった木曽川の本流だったこともあって、トンボ池の一角には近代化以前の洪水対策土木のひとつである「聖牛」が見られ、土木遺産にも選定されている。

　素朴な笠松トンボ天国に隣接して、県内屈指の集客を誇る国営の木曽川水園がある。高速道路のパーキングエリアから直接アクセスできるところがユニークな環境共生型テーマパークで、もちろん一般道からも入園できる。「河川環境楽園」を謳い国土交通省が管理するだけあって、河川や池といった陸水の魅力に触れたり学んだりする場として、並々ならぬ気合を感じる。

池はインレット側に人工の大滝を配し、多くの水鳥が羽根を休める横を、船頭さんが棹さす木舟が観光客を乗せてゆっくりと進む。木舟に乗れるパーキングエリアは唯一無二だろう。

池の水の色を測定する方法

　池の水の色の測定は難しい。天候によって変わる空の色を映すし（→45ページ）、浅いか深いかでも色が変わってくる。季節によって水に溶け込んだ物質の濃度変化もある。湖沼の水の色の科学的な測定は、意外にも目視で行われている。この際、用いられるのがフォーレル（青系色）とウーレ（黄褐色）の水色計である。

水色計

　色は22種類あり、フォーレル水色計は1〜11番、ウーレ水色計は12〜22番に分かれている。

写真提供：株式会社離合社

トンボ池と木曽川水園

◆ **所在地**／岐阜県羽島郡笠松町無動寺・各務原市川島笠田町
◆ **電車**／JR東海東海道線・高山本線・名鉄 岐阜駅から約11.5km、名鉄各務原線 新那加駅から約5.5km
◆ **クルマ**／北陸東海自動車道 岐阜各務原ICから約2.5km、一宮木曽川ICから約5km

国土地理院の標準地図をもとに作成

公園池 二四

ユイ池《ゆいいけ》と森の池《もりのいけ》

不思議な雰囲気が漂う異世界感のある池

沖縄県沖縄市

もとは死者を送る島だった場所が地つづきの公園に。過去には池で魚の大量死という事故もあった。しかし、今では鯉にまじって巨大ウナギとティラピアが元気に泳いでいる。

不思議な楽園感のあるどこか浮世離れした池

ユイ池と森の池は沖縄県総合運動公園にある2つの池。ユイ池という聞き慣れない名に興味をもった。「ユイ」は沖縄都市モノレールのユイレールと同じであれば、「ユイマール」の略で、相互扶助の意。一方、沖縄弁で花のユリを指す場合もある。どちらだろうか。

池の「オオウナギ」

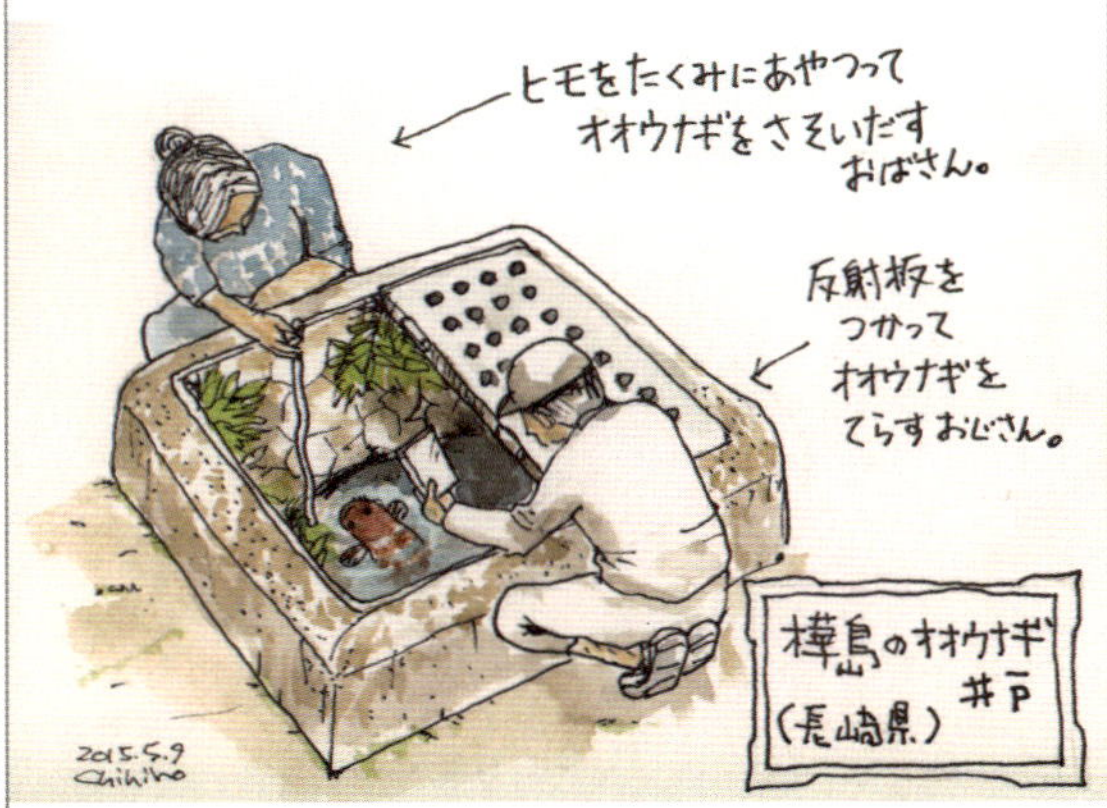
ヒモをたくみにあやつって
オオウナギをさそいだす
おばさん。
反射板を
つかって
オオウナギを
てらすおじさん。
樺島のオオウナギ
井戸
（長崎県）
2015.5.9
Chihiro

公園の池だけに巨大ウナギの出現に度肝を抜かれたが、じつは沖縄の北部の川などでは巨大ウナギはよく見られる。ただしニホンウナギとは別種の「オオウナギ」という種。最大体長2m、最大体重50kgで食用には向かない。公園池にいる魚としては鯉やソウギョを越えて最大であろう。海とつながっている池であれば、オオウナギは驚くほど狭い場所でも入ってくる。長崎県の樺島では集落にある共同井戸で巨大オオウナギが発見され天然記念物になった。以後、代替わりごとに「うな太郎」の名を襲名している。2018（平成30）年には三重県の答志島の神社境内にある池で1.3mのオオウナギが捕獲されたが、池のヌシとして再び池に放された福島県の賢沼（→187ページ）も大きなウナギが生息する天然記念物の沼だが、種としてはニホンウナギ。いずれの池も海から近い点が共通している。

公園池の楽しみのひとつに、池の名前がある。ため池を改造した池の場合は新たに愛称を設けることもあり、庭園用に設計された池の場合は造った人の思いが名に込められていることもある。野にある池と違い、案内板には名前とともに来歴などが示され、池に棲む野鳥や魚、植物類が説明されていることも少なくない。

ユイ池は水面が近く、護岸に柵もない。どこを歩いても水の匂いや魚の気配を感じられる。流れ込みには子どもが遊べる親水エリアも設けられ、網を手にした子どもたちが夢中になっている様子も見られた。

一方、森の池は泡瀬干潟《あわせひがた》に突き出した半島の中にあ

岸にしても島にしても、
とにかく水面が近くオープン。
沖縄の人の公園池に対する
感性がうかがえる。
塩田跡
泡瀬干潟
ユイ池
サンゴ礁だった。
埋めたてがすすむ。
プール
まっすぐな道
森の池
亀島
魚島
奥武岬
もともとは
神聖な島
沖なわには、
奥武島という島が
多い。
自転車競技場
釣り禁止看板が立っていた。
流入水路は
水遊びができる仕様。
2019.4.14
沖縄総合公園の池

り、南岸側はこんもりと木々が茂る丘に接する。丘の向こうは遠浅の海で、そちらに向かって水路が池から出ていた。かつてこの半島は奥武《おう》という島だったそうだ。沖縄には同名の島がところどころにある。死者を舟で葬送する島に付せられた名だという。

森の池は魚の島、亀の島という2つの楽園的な島を橋が結び、展望楼もあって、どこか浮き世離れして明るい。そういえばユイ池からは、海までまっすぐな遊歩道がのびていて不思議な感じがした。そのときは分からなかったが、2つの池に彼我の感覚を込めたのだろうか。

森の池ではたくさんのティラピアがエサを求めて寄ってくる。その横に黒く長い影が波打つように現れた。体長1m近くあろうか。あわてて追いかけると、いつの間にか2尾になって、もつれるように泳いでいる。日本中の公園池ではいろいろな生き物を見てきたが、オオウナギは初めてだった。

閉鎖環境の水質維持は公園池の重要課題

2017年8月に沖縄総合運動公園の池で、千尾もの鯉とティラピアが死んだというニュースが全国に流れた。ここに限らず閉鎖性の強い公園池では、酸欠や感染力の強い病原菌などで大量死が発生することがある。公園池で鯉ヘルペスウイルスについて記された看板を見たことがある方もいるだろう。同ウイルスは鯉しか感染しないが致死率は100%。ワクチン開発はまだ途上にある。

沖縄総合公園の場合は夏場の高温と酸欠が大量死の原因と判明した。公園池の魚は、釣り禁止などで保護され、人からエサをもらうことに慣れていることが多い。そのため、池のキャパシティに対して生息魚の密度が過剰になりやすい。繁殖力の強いティラピアなどの外来種がほかの種を駆逐するのも問題になっている。

ナイル原産で戦後の食糧難の際に移入されたティラピアは、沖縄ではこの公園だけでなく、川やダム湖でも繁殖している。

ユイ池と森の池

- ◆ 所在地／沖縄県沖縄市比屋根
- ◆ クルマ／沖縄自動車道 北中城ICから約5km
- ◆ 飛行機／那覇空港から約23km

国土地理院の標準地図をもとに作成

公園池

二五

農業王国・デンマークがコンセプトの公園にある池

デンパークの池《でんぱーくのいけ》

小山を囲んだ池の水面には蓮の葉が浮かび、印象派の絵画を連想させる水辺が広がる。ただ、外来種の拡散の問題があるため、建物のように異国を再現するのは難しい。

愛知県安城市

デンマークをテーマにコンセプト池を楽しむ

海外の国をモチーフにしたテーマパークは日本各地にある。モチーフとなる国の建物や植生が再現されていることも多いが、多くの来訪者はご当地グルメや名産品がおめあてのようで、池のほうはたいてい閑散としている。お国柄を感じさせる異国情緒あふれる水辺風景をゆっくり味わうことができる。

周辺の施設も
デンマーク風？
徹底ぶりがすごい。
花木園の池
地ビール工房
レストラン
周辺の産業
施設も、びみょうに、
デンマーク風。
園内バス
メルヘン号
大温室
池
デンパークの池群
（愛知県安城市）
2018.6
道の駅も併設されている。

愛知県安城市にあるデンパークは、デンマーク、田園、伝統を合わせた欲張りなネーミングの農業公園。なぜデンマークなのかは、周辺に広がる豊かな農地を潤している明治用水がヒント。

明治時代に日本初の近代かんがい設備として整備された明治用水は安城を農業王国として花開かせた。当時、世界の農業先進国だったデンマークになぞらえ、安城は「日本デンマーク」と呼ばれるようになったのである。

公園の正面ゲートをくぐると「水のステージ」が来園者を迎えてくれる。ステージの両袖の池は島を囲んだドーナツ状。岸沿いに歩くと、水ぎわで揺れる水生植物や水面に浮かぶスイレン、岸を埋めるヒヤシンスなどに異国情緒が感じられ、まだ見ぬデンマークの池やいかにと思いが募る。

その一方、外来植物の種が公園外に流出する怖れもある。細心の注意を払っているとはいえ、異国の池の完全な再現には難しい現実もあるようだ。

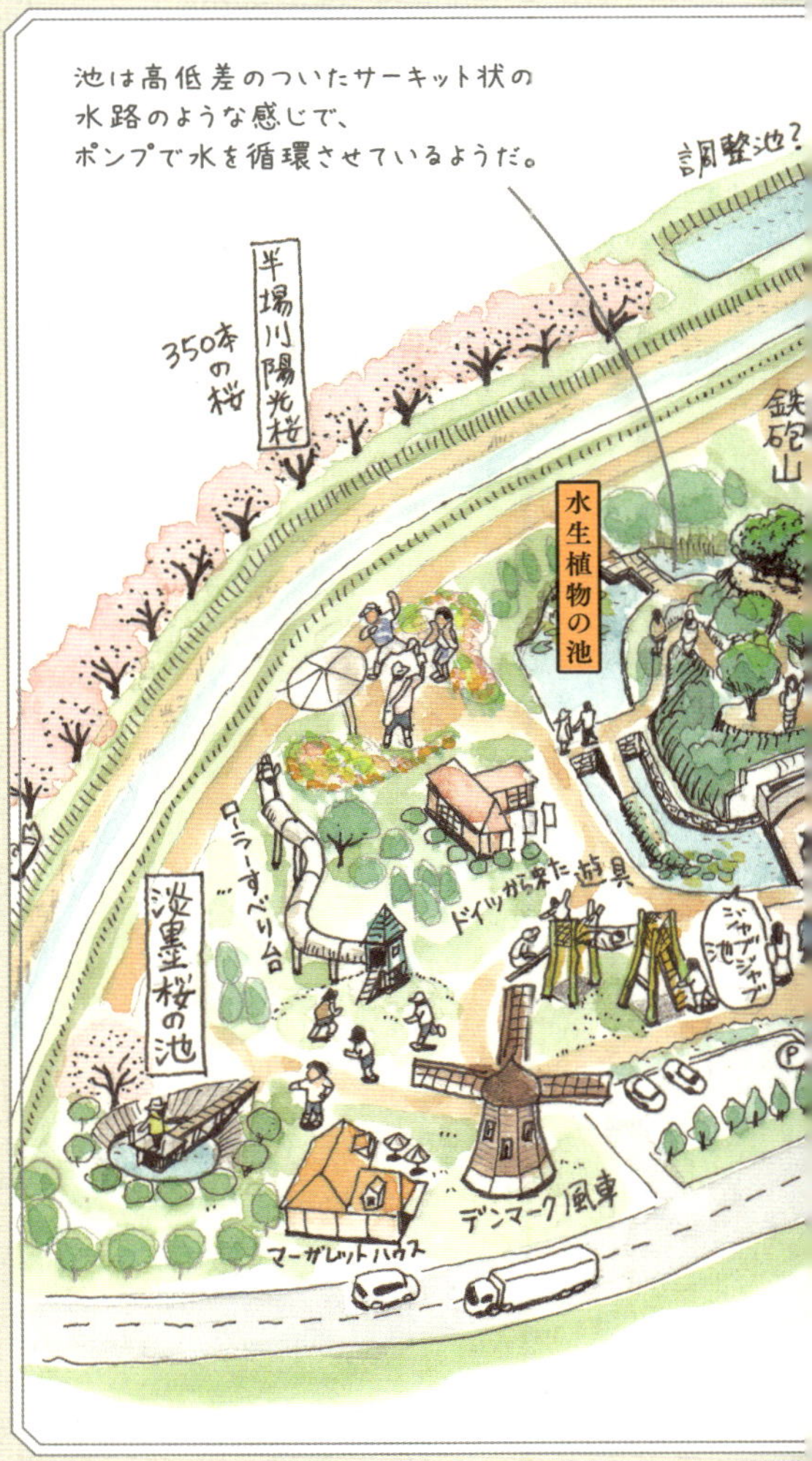
池は高低差のついたサーキット状の
水路のような感じで、
ポンプで水を循環させているようだ。
調整池？
半場川陽光桜
350本の桜
鉄砲山
水生植物の池
ローラーすべり台
ドイツから来た遊具
ジャブジャブ池
淡墨桜の池
デンマーク風車
マーガレットハウス

淡墨桜の池
水生植物の池
デンパーク
国土地理院の標準地図をもとに作成

デンパークの池

◆ **所在地**／愛知県安城市赤松町梶

◆ **電車**／JR東海東海道線 安城駅から約5km、JR東海東海道線・東海道新幹線 三河安城駅から約6km、名鉄西尾線 桜井駅から約3.5km、名鉄西尾線 南桜井駅から約4km

◆ **クルマ**／知立バイパス 和泉ICから約2.5km、安城西尾ICから約3km

いくつもの公園池を携える湖周長12kmの巨大池

東郷池《とうごういけ》

温泉が湧き出し、海水も混じる巨大な東郷池。その湖岸には、池を有する複数の公園が造られ、さながら水辺公園の見本市の様相を呈している。

鳥取県東伯郡湯梨浜町

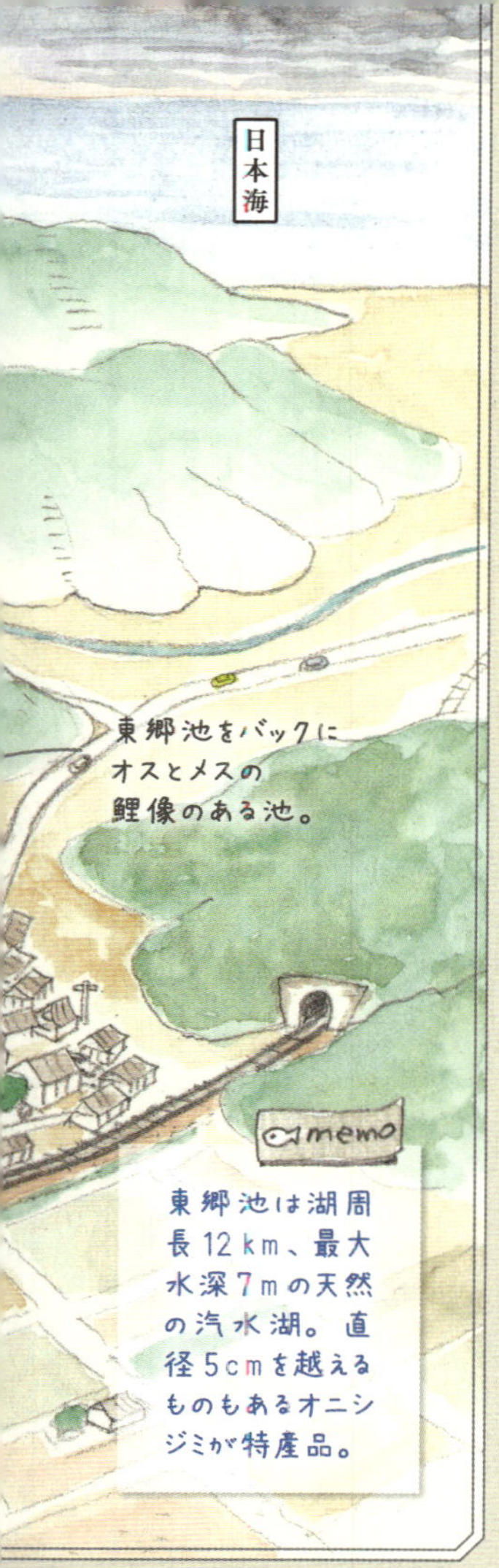
日本海
東郷池をバックにオスとメスの鯉像のある池。
memo
東郷池は湖周長12km、最大水深7mの天然の汽水湖。直径5cmを越えるものもあるオニシジミが特産品。

湖畔の温泉街は、東郷池の底から源泉を引く

東郷池は、その名に「池」こそ付くものの、実体は天然の潟湖《せきこ》（→26ページ）であり、海水が混じる汽水湖でもある。湖周長12kmに対して平均水深は2mとかなり浅く、底からは温泉が湧き出ている点でも個性的だ。「池」ではなく東郷湖という呼び方もある。

雄大な大山《だいせん》を背景に池を一望できる出雲山展望台からは湖上楼閣のような羽合《はわい》温泉が目を引く。南岸には昭和レトロ感が懐かしい東郷温泉と、本格的な中国庭園・燕趙園が並んでいる。この庭園には天湖という中国風の池があり、東郷池をバックに不思議な対比を楽しめる。

また東岸のあやめ池公園にも園名を飾る公園池があり、カヌーセンターではレイクチューバーでの湖上散歩も楽しめる。このほか、北岸、西岸に3つの公園があり、全体で「東郷湖羽合臨海公園」を構成している。

東郷池はこれら衛星的な公園池を従え、水辺公園の見本市を思わせる。

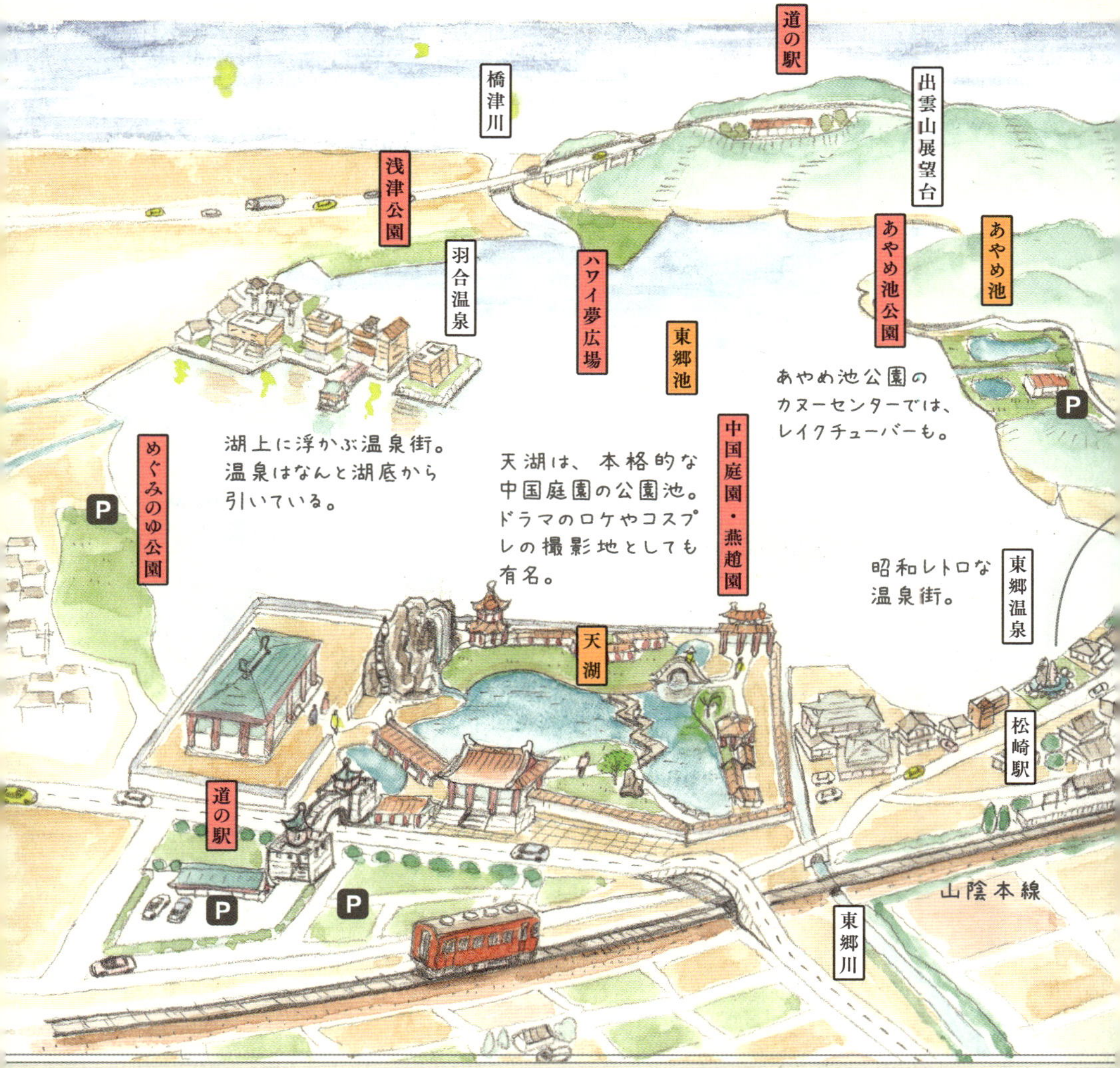

東郷池

◆ **所在地**／鳥取県東伯郡湯梨浜町

※以下、天湖までのルート

◆ **電車**／JR西日本山陰本線 安城駅から約1km

◆ **クルマ**／北条湯原道路 北栄ICから約9.5km、北栄南ICから約11km、山陰自動車道 泊・東郷ICから約12.5km

国土地理院の標準地図をもとに作成

ぶらぶら 公園池

比較的新しく
成立した公園池は、
江戸時代の大名庭園が原点。
人々の憩いの場にあるだけに、
規模は小さくても
穏やかに水を湛えた池が多い。
考え抜かれた親水施設を備えて、
人が集まる場所としての
役割を果たしている。

天然改造池（沼沢）

南《なん》湖《こ》

福島県白河市南湖

南湖のある南湖公園は、江戸時代、後の寛政の改革で有名な白河藩主・松平定信が「身分の分け隔てなく誰もが憩える場」として整備した。「公園」が法令の形で開設されるのは明治時代に入ってからなので、「公園」という概念を先取りした池であり、沼だった場所を改造した本邦初の公園池ともいえる。岸は沼沢の名残りを感じさせる水面の近い草地の護岸で、釣りもできる。公園は「日本の都市公園１００選」に選定されている。

国土地理院の標準地図をもとに作成

人工池（公園池）

恐竜《きょうりゅう》公《こう》園《えん》の池《いけ》

岡山県笠岡市横島

公園用に造成された池は数あれど、首長竜が頭をもたげている池となると、そうはない。池岸には大石が積まれ、恐竜を引き立てる工夫が見られる。陸地も恐竜づくしで、何でもない草陰に恐竜の卵があったり、木々のあいだから大型の恐竜が首を突き出していたりする。学術監修を受けた本格的な恐竜公園だ。公園のすぐ外は国指定天然記念物・カブトガニの生息地で知られる神島水道。カブトガニ博物館が公園に隣接している。

国土地理院の標準地図をもとに作成

不明

レンギョ沼《ぬま》

北海道岩見沢市北村赤川

岩見沢市にある北村中央公園は「ヘラブナ広場」「ふれあい広場」「森森ヘルシー広場」という3つの区画に分かれていて、レンギョ沼は「ヘラブナ公園」だったころから今も変わらず釣り天国の池だ。公園の周囲には商店、役場、学校、温泉、ホテルなど町の行政・観光施設が集約しており、ヘラブナ釣り好きにとっては桃源郷のような町だ。園内にはほかに三角沼、四角沼、丸沼もある。

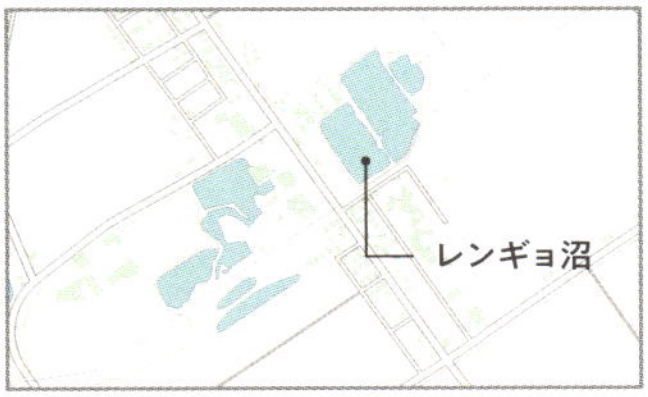

国土地理院の標準地図をもとに作成

人工池（ため池）

宮《みや》沢《ざわ》湖《こ》

埼玉県飯能市宮沢

本国フィンランド以外では世界初となるムーミンの公式テーマパーク「ムーミンバレーパーク」とショッピングモール「メッツァビレッジ」が開業し、一躍有名になった公園池。池畔には北欧コンセプトのさまざまな施設が立ち並ぶ。「湖」というのはレジャー向けの愛称で、正式名は「宮沢溜池」という人工の農業用ため池。かつてヘラブナの管理釣り場だった時代もあり、さまざまな変遷を経てきた池でもある。

国土地理院の標準地図をもとに作成

天然池（河跡湖）

小《こ》合《あい》溜《ため》

東京都葛飾区水元公園

江戸川の河跡湖（→26ページ）である小合溜を中心に、複数の池を都市公園でパッケージングし、都内随一の水辺空間を形成している水元公園。都内で唯一、「水郷」の景観を有する公園でもある。ヘラブナ釣り師が集まるエリアもあり、「釣り仙境」を謳っている。戦後はタンパク源としての鯉、鮒の増殖を行う水産試験場だった時代もあり、歴史遺産としての価値も高い。公園は「日本の都市公園100選」に選定されている。

国土地理院の標準地図をもとに作成

人工池（ため池）

華蔵寺沼《けぞうじぬま》

群馬県伊勢崎市華蔵寺町

伊勢崎市の「華蔵寺公園遊園地」の中にある。遊園地とはいえ市営の公園でもあるので、入場料が無料だ。華蔵寺沼は、もとはため池だったと思われるが、池の水上空間をこれほどカラフルかつ豪快に利用しているケースもめずらしい。水上ジェットコースターのレールがめぐらされ、水上遊歩道や急流すべりもある。公道が通る東岸側をのぞいて遊歩道が設けられ、池畔には水生植物園やハナショウブ群落もある。

国土地理院の標準地図をもとに作成

人工池（ため池）

菰ヶ池《こもがいけ》

大阪府豊中市若竹町

関西屈指の都市公園として人気の服部緑地。夏はプール、バーベキューを楽しむ家族連れや仕事仲間らでにぎわう。緑地の内外には菰ヶ池、山ヶ池、うづわ池、新宮池など、かさね池の構造をもつ個性的な8つの池がある。菰ヶ池は木々に覆われ、都市公園の中にいることを忘れてしまいそう。自然な雰囲気の岸も心地よく、ヘラブナ釣り師や野鳥狙いのカメラマンが岸に陣取っている。公園は「日本の都市公園１００選」に選定。

国土地理院の標準地図をもとに作成

人工池（ため池）

薬勝寺池《やくしょうじいけ》

富山県射水市中太閤山

池の起源は古く室町時代末期にさかのぼる。かんがい用のため池として築かれたが、江戸時代以降はため池としての役割は薄れた。昭和に入り環境保全のため、東京ドーム4個分の広さを誇る薬勝寺池公園として整備され、市民の憩いの場となっている。「富山の名水百選」にも選ばれた。ヘラブナ釣り場として県内外で有名。池の堰堤は階段状の護岸で釣りがしやすい。毎年5月にはふな釣り大会も開催されている。

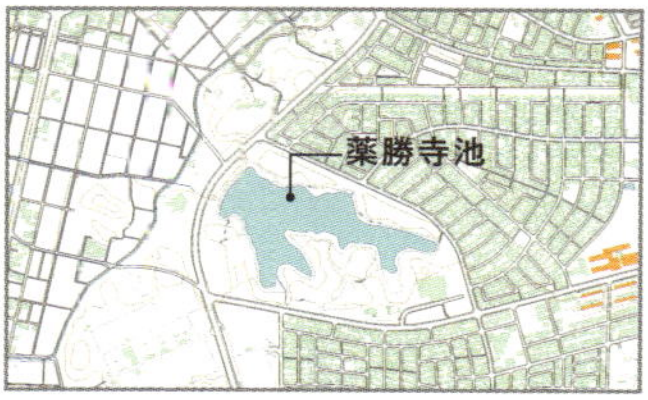

国土地理院の標準地図をもとに作成

天然池（海跡湖）

不忍池《しのばずのいけ》

東京都台東区上野公園

上野恩賜公園内にあって、多くの人に親しまれている池。堤によって三分されており、ボート池、鵜の池、蓮池の3つからなる。ボート池は80年以上の歴史をもつ。鵜の池は上野動物園に取り込まれており、フラミンゴやペリカンが棲んでいる。もとは東京湾の入江だった場所が海岸後退によって生まれた天然湖だ。明治時代には競馬場、戦後は水田になっていた時期もあった。公園は「日本の都市公園100選」に選定されている。

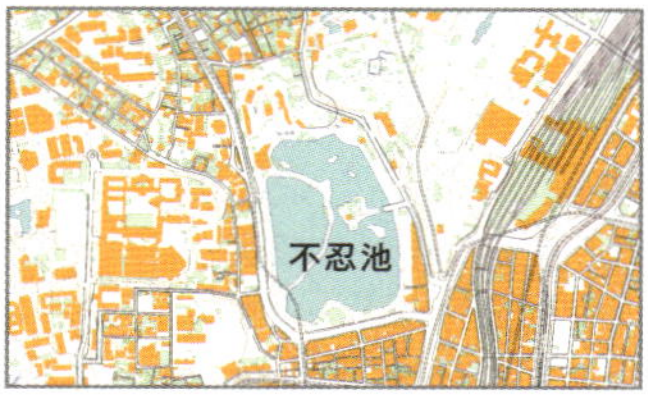

国土地理院の標準地図をもとに作成

天然池（堰き止め湖）

明《あす》見《み》湖《こ》

山梨県富士吉田市小明見

明見湖公園の中にあり、「蓮池」とも呼ばれる。起源は縄文時代にまでさかのぼり、富士山の溶岩による堰き止め湖と考えられている。古くから富士山信仰の垢離場《こりば》である富士八海（富士五湖・四尾連湖・明見湖・駿河の浮島沼）のひとつに数えられている。夏場は蓮が水面を覆い、神聖な場所だった歴史もあってか独特の空気をまとっている。岸辺の一角にビオトープが設けられており、絶滅危惧種のホトケドジョウがいる。

国土地理院の標準地図をもとに作成

人工池（湧水池）

髪《かみ》長《なが》媛《ひめ》池《いけ》

宮崎県都城市早水町

飲めば美人になる。そんな湧水が、髪長媛池など6つの池を潤す早水公園は、市街地にありながら万葉ロマンの池さんぽが楽しめる。今でこそスポーツ・文化拠点の都市公園だが、もとは古い植物園で6つの池の配置や名付けに妙味がある。髪長媛は当地が生んだ絶世の美女で、日本最大の古墳で有名な仁徳天皇の后にまでのぼりつめた。湧水は姫の産湯として使われた縁で美人の水に。残念ながら今は衛生上、飲むことはできない。

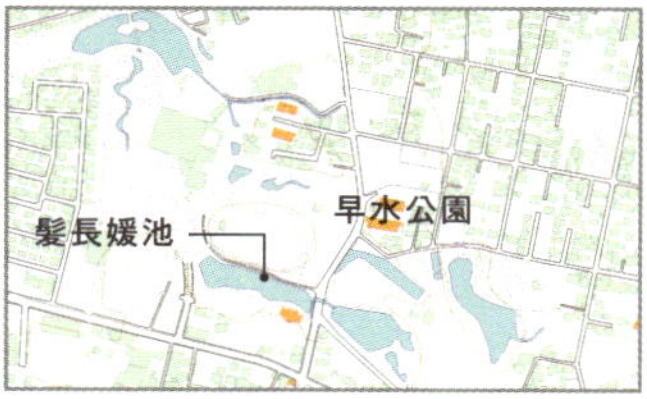

国土地理院の標準地図をもとに作成

池の「親水機能」とは?

池は憩いの空間として古くから人を惹き付けてきた。散歩をはじめ、ボートや釣りなどのレジャーを楽しんだり、子どもが安心して遊べる工夫がなされている池もある。このような池の役割を「親水機能」と呼び、人が集まる公園池では重要な要素だ。江戸時代に全盛となった大名庭園では、池を中心に配した池泉回遊式庭園という造園様式が確立したが、景観要素を競っただけに桜や紅葉といった植栽と形のよい岩や築山が、池を引き立てるように配されている。橋や回遊路など、池と水路をめぐる動線にも注目したい。しかしどんな池も水難事故のリスクがあるため、いかに訪れる人の安全を確保するかが親水設計の勘所でもある。

[親水機能をもつ池のおもな設備]

ボードウォーク

安全な動線を確保

板張りの遊歩道は河岸や湿地などで足場の確保のために設置させる。写真は石川県鹿島郡中能登町の川曰大池。

渡月橋・太鼓橋

景観と動線の確保

枯淡な味わいが岸の石や芝生、池庭の玉石とともに日本庭園の池を引き立てている。写真は栃木県宇都宮市のむつび池。

水上あずまや

動線上の休憩設備

水上デッキに設けられたあずまや。散歩の途中に陽射しや雨を避けてひと休みできる。写真は静岡県伊豆の国市の大堤池。

階段状護岸

水面利用・管理

護岸が階段状になっていると、たとえば釣りをするときに歩きやすく、座りやすい。写真は愛媛県西条市の兼久大池。

人工渓流

水遊びのための設備

池の流れ込みが水遊び仕様になっている。子どもも安心して遊べるように底は浅い。写真は千葉県千葉市の花島公園の池。

ボートスロープ

水面利用・管理

エンジンボートをトレーラーでもち込めるような本格的な設備もあるが、多くは管理用との共用。写真は富山県南砺市の桂湖。

お堀を知れば城郭の魅力もさらに

城池さんぽ

六章

人を寄せ付けないことが
本来の目的であった城池。
堂々たる昔の城の姿や
城で生活していた人々の様子を
思い起こすよすがとなる
現在の城池には
人を引き寄せる力が感じられる。

城池

二七

しのぶ池《しのぶいけ》

歴史の舞台となった巨大沼の名残り

埼玉県行田市

小説／映画「のぼうの城」の舞台となった忍城《おしじょう》。
沼地を天然の堀とした城だが、
沼のほとんどは今は市街地に。
わずかな痕跡をしのぶ池にたどる。

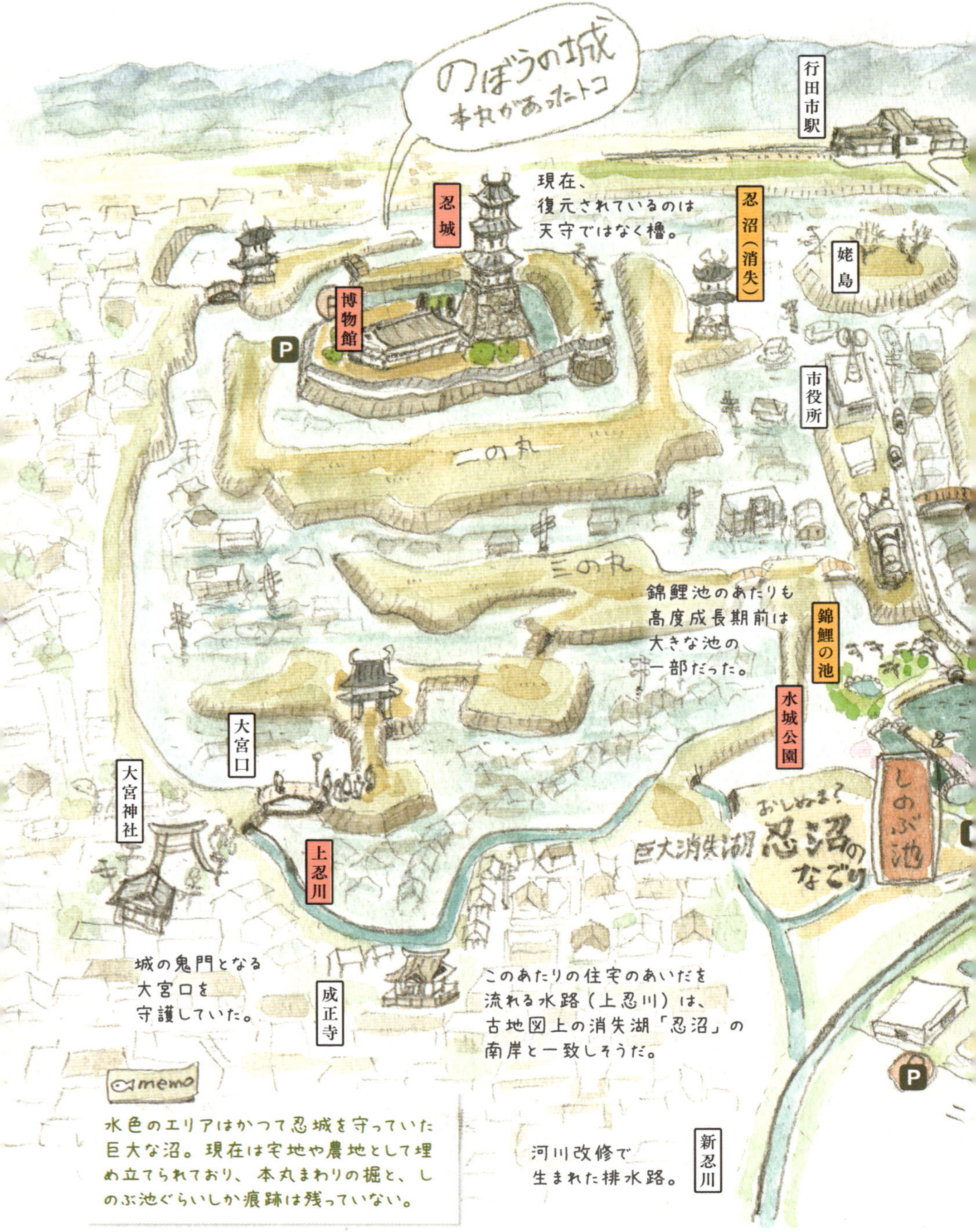

のぼうの城
本丸があったトコ
行田市駅
忍城
現在、
復元されているのは
天守ではなく櫓。
忍沼（消失）
姥島
博物館
P
市役所
二の丸
三の丸
錦鯉池のあたりも
高度成長期前は
大きな池の
一部だった。
錦鯉の池
水城公園
大宮口
大宮神社
上忍川
おしぬま？
巨大消失湖 忍沼のなごり
しのぶ池
城の鬼門となる
大宮口を
守護していた。
成正寺
このあたりの住宅のあいだを
流れる水路（上忍川）は、
古地図上の消失湖「忍沼」の
南岸と一致しそうだ。
P
memo
水色のエリアはかつて忍城を守っていた巨大な沼。現在は宅地や農地として埋め立てられており、本丸まわりの堀と、しのぶ池ぐらいしか痕跡は残っていない。
河川改修で
生まれた排水路。
新忍川

小説化・映画化された壮大な水攻めの舞台

野村萬斎主演の映画「のぼうの城」の舞台となった忍城《おしじょう》。その櫓《やぐら》まわりの堀と、少し離れた「しのぶ池」を中国江南水郷式造園の手法で公園化したのが水城《すいじょう》公園である。

公園の名が示すように、市街地を含むしのぶ池周辺の広い平地は、かつて巨大沼沢「忍沼」が広がり、日本三大水攻めの攻防戦が繰り広げられた天下に轟く沼城が構えられていた。

羽柴秀吉の命を受けて遠征してきた石田三成は、城を遠望する円形の古墳上に本陣を構え、水をもって水を制する作戦に打ってでる。すなわち城を防御する忍沼をさらに二回りほど大きな範囲で水没させ、補給路を断って孤立させるという狙いである。これは主君、秀吉が備中高松城の水攻めで行ったものと同じ戦法だった。

しのぶ池からたどる失われた沼の痕跡

そんな歴史の舞台となった忍沼は昭和初期までに沼の大部分が埋め立てられ、現在は家が立ち並ぶ市街地に様変わりしている。消えた沼のわずかな痕跡として残っているのが、かつての沼の南端にあたる水辺の一部を公園化した、しのぶ池。ホテイアオイで埋め尽くされた「あおいの池」と道をはさんで並んでいる。

しのぶ池への流れ込みをたどっていくと、人工渓流を経て日本庭園内の錦鯉の池に至るが、その先に明確な水源はない。ポンプで循環させているか地下水なのだろう。もうひとつ西側に流れ込みがあるが水の流入はなく、地下水を汲み上げるポンプが見られた。水路をたどっていくと、宅地のあいだを流れるコンクリート溝の上忍川に合流。この小さな川は、古地図で見られる忍沼の南西側の岸のラインに近く、ロストレイクの痕跡のひとつかもしれない。

流出河川のほうはどうだろう。しのぶ池を出た水は道路をくぐり、あおいの池をめぐって新忍川まで1kmの直線的な水路へ。この水路は「忍沼」という名の名残りを唯一とどめた忍沼川だが、完全にコンクリートで固められている。

しのぶ池に戻ると陽気に誘われたのか、多くの太公望たちが竿を並べていた。対象魚は、ヘラブナ、鯉だ。

柵がない遊歩道からは水面も近く、池の表情は親しみやすい。かたわらには偶然に古代蓮の種が混入し、自然発芽したものを大切に育てている一角もあった。懐かしいタナゴ釣りの姿も見受けられた。

ひととおり池を散策したら、かつての沼底を想像しながら北へ進むと、城郭遺構を再建した御三階櫓、忍城本丸跡に造られたという郷土博物館がある。

日本三大水攻め

備中高松城（岡山県）、紀伊太田城（和歌山県）、そして武蔵忍城（埼玉県）を攻略した「三大水攻め」と呼ばれる軍略は、いずれも羽柴軍によって行われている。ここでは備中高松城の往時の姿を再現して描いてみた。

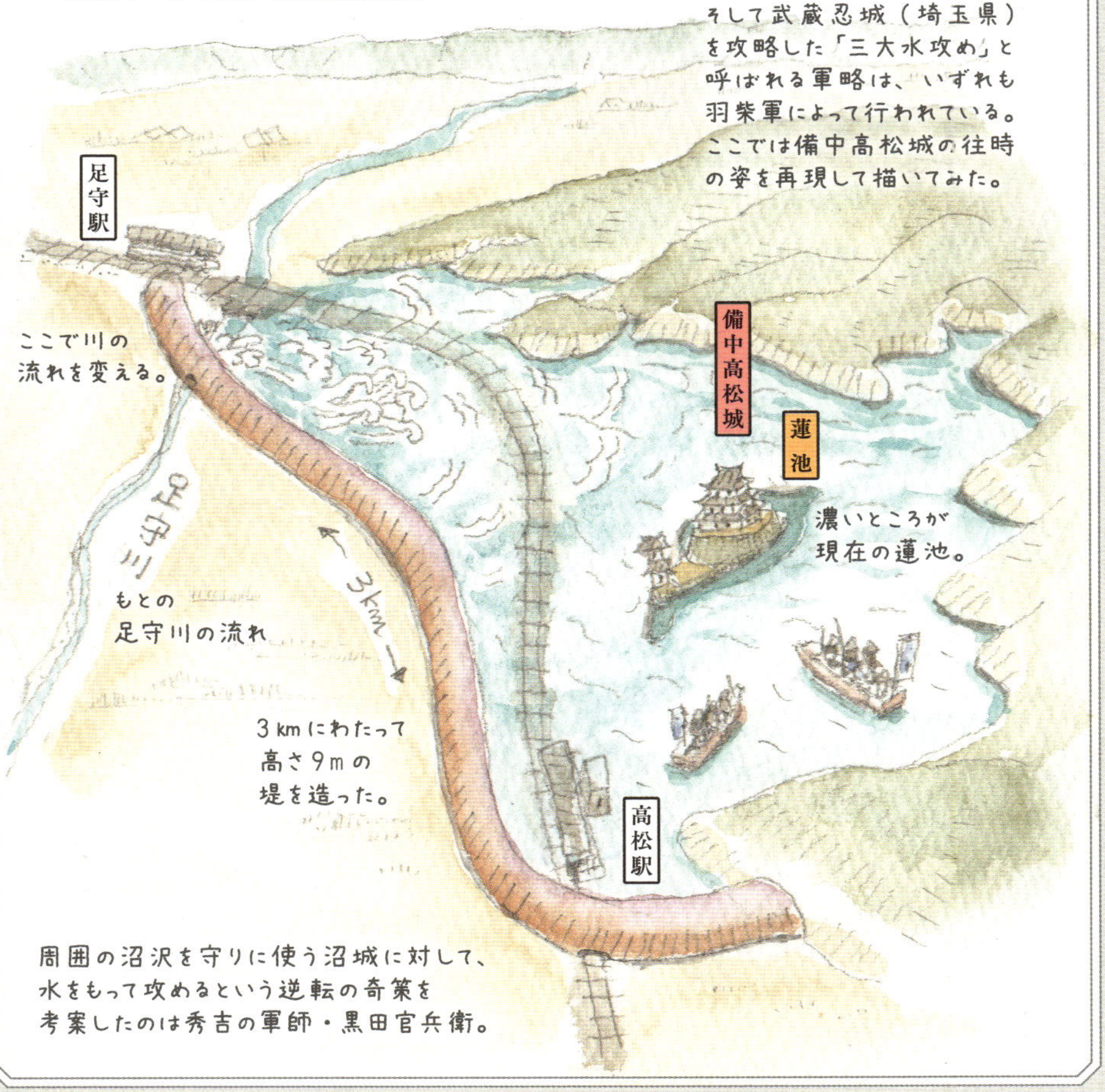

足守駅
ここで川の流れを変える。
足守川
もとの足守川の流れ
3km
3kmにわたって高さ9mの堤を造った。
備中高松城
蓮池
濃いところが現在の蓮池。
高松駅

周囲の沼沢を守りに使う沼城に対して、水をもって攻めるという逆転の奇策を考案したのは秀吉の軍師・黒田官兵衛。

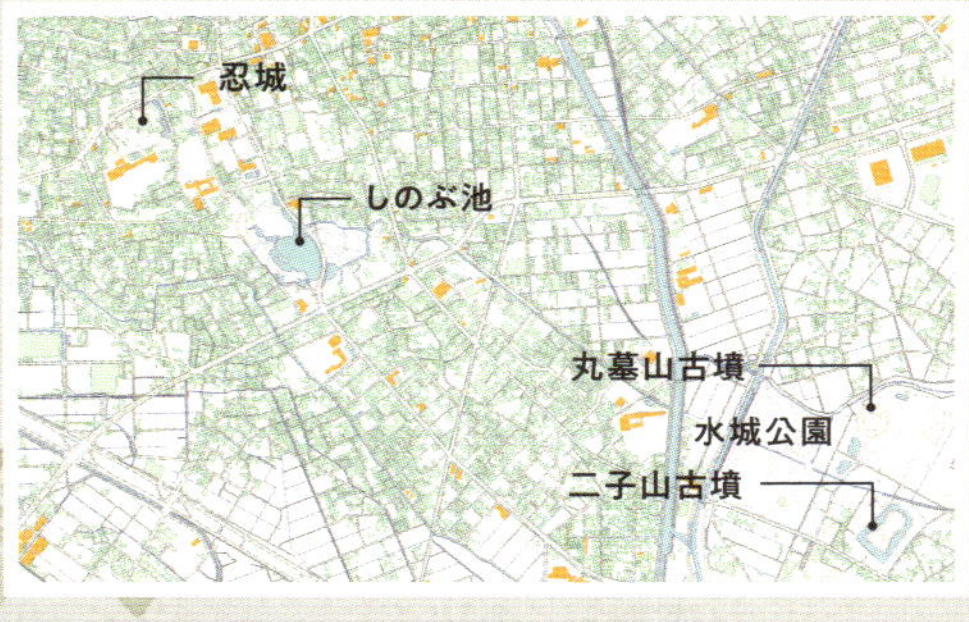

忍城
しのぶ池
丸墓山古墳
水城公園
二子山古墳

しのぶ池

◆ **所在地**／埼玉県行田市水城公園
◆ **電車**／水城公園まで秩父鉄道秩父本線 行田市駅から約1.5km
◆ **クルマ**／水城公園まで東北自動車道 羽生ICから約16.5km

国土地理院の標準地図をもとに作成

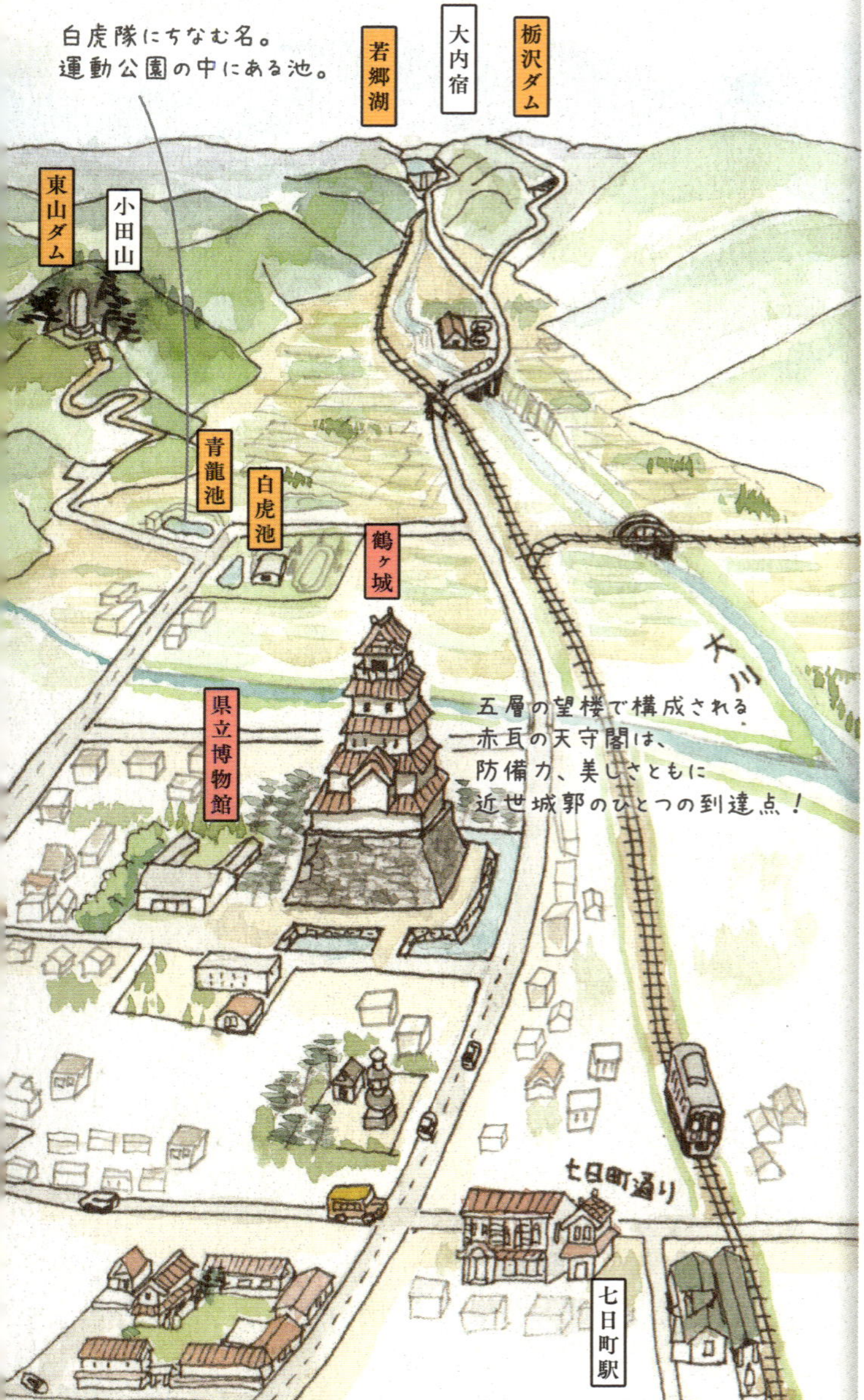
白虎隊にちなむ名。
運動公園の中にある池。
若郷湖
大内宿
栃沢ダム
東山ダム
小田山
青龍池
白虎池
鶴ヶ城
大川
県立博物館
五層の望楼で構成される
赤瓦の天守閣は、
防備力、美しさともに
近世城郭のひとつの到達点！
七日町通り
七日町駅

城池

二八

鶴ヶ城のお堀《つるがじょうのおほり》

敵の戦意を喪失させるビジュアル池

江戸時代、200年もの年月をかけて猪苗代湖の水を会津若松に引く工事が行われた。湖の水を通す導水トンネルが掘られた飯盛山は、白虎隊の悲劇の舞台でもある。

福島県会津若松市

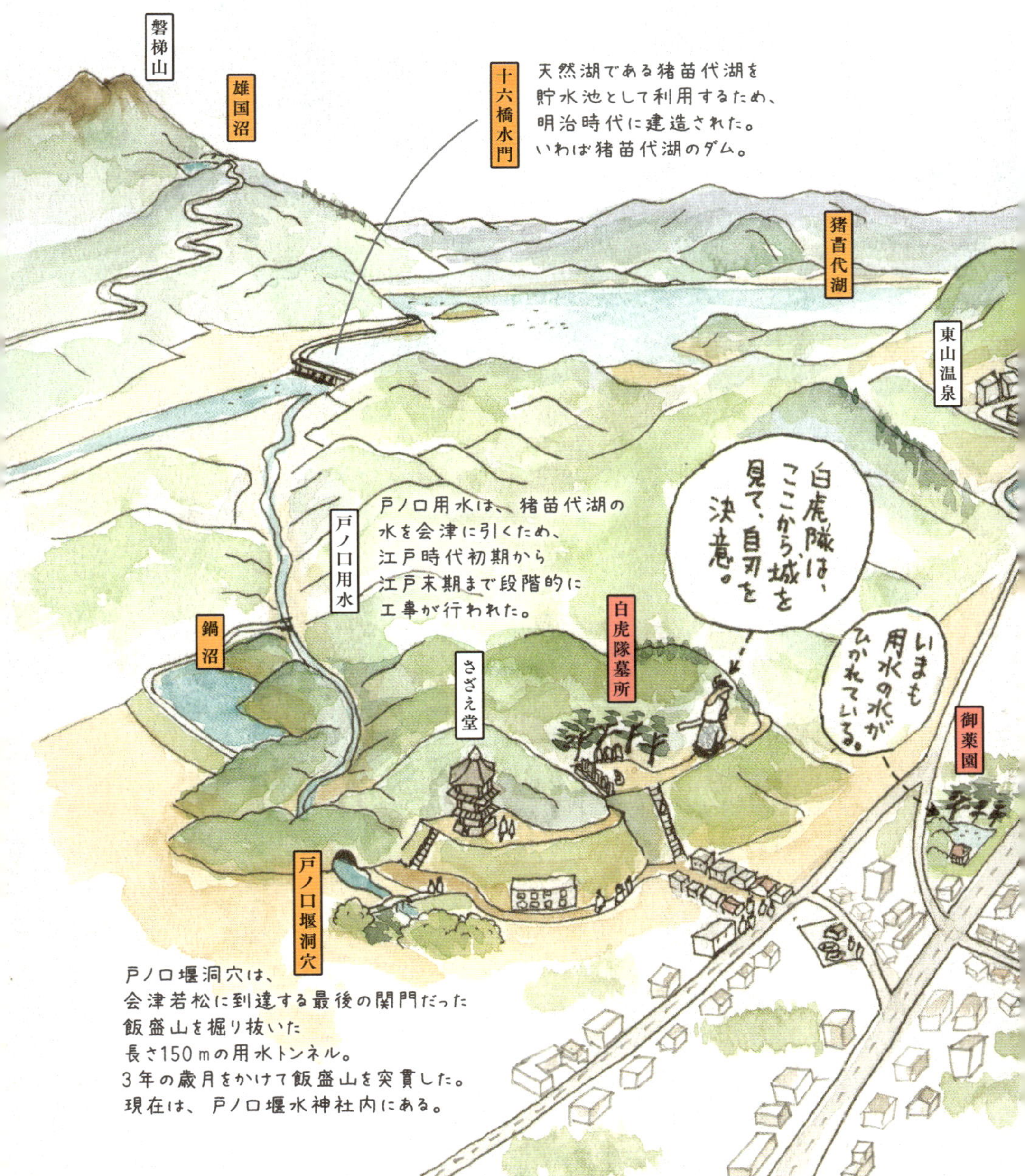
磐梯山
雄国沼
十六橋水門
天然湖である猪苗代湖を貯水池として利用するため、明治時代に建造された。いわば猪苗代湖のダム。
猪苗代湖
東山温泉
白虎隊は、ここから城を見て、自刃を決意。
戸ノ口用水
戸ノ口用水は、猪苗代湖の水を会津に引くため、江戸時代初期から江戸末期まで段階的に工事が行われた。
鍋沼
さざえ堂
白虎隊墓所
いまも用水の水がひかれている。
御薬園
戸ノ口堰洞穴
戸ノ口堰洞穴は、会津若松に到達する最後の関門だった飯盛山を掘り抜いた長さ150ｍの用水トンネル。3年の歳月をかけて飯盛山を突貫した。現在は、戸ノ口堰水神社内にある。

猪苗代湖から水を引き 飯盛山にも隧道を掘る

伊達、蒲生、上杉、保科、松平――鶴ヶ城に居を構えた歴代城主の名を挙げていくと、ここ会津若松という地がどれだけ東北の要として世の為政者に重視されてきたかが分かる。

会津戦争では、城を見下ろす小田山に据えられた新政府軍のアームストロング砲が城を損壊させつつも、開城まで1カ月ももちこたえている。

鶴ヶ城は、盆地の中央に位置する小高い丘を利用した平山城なので、四方にめぐらされた堀は防衛上の重要な要素。空から見るとまるで巨大な池の中に3つの島が浮かんでいるようだ。

本丸の石垣は野面積《のづらづ》みという自然石を使った積み方なので傾斜は緩やかだが、お堀を渡る廊下橋周辺の石垣はほぼ垂直で高さもある。そびえ立つ石垣という特殊な護岸と、底なしの淵を思わせる水の色といったビジュアルは、攻め手の戦意を喪失させるに少なからぬ効果があったはずだ。池視点で見れば、視覚効果は城堀の重要な要素といえる。

ただ、敵を萎縮させるだけの水量を盆地の中央部で維持することは難題だったはず。水の流入口は北側と東側の2カ所。堀をゆっくりとめぐった水は南側の湯川に流れ出しているというが、はて水源は？

じつは山向こうに広がる猪苗代湖の水を、200年もかけて造った戸ノ口用水を通じて、はるばる引っぱってきている。戸ノ口堰洞穴《とのぐちせきどうけつ》は城下町の手前で立ちふさがる飯盛山を突貫した水道トンネル。もともと山を迂回するルートがとられていたが、たびたび起こる山の斜面崩落に悩まされた。藩士の佐藤豊助が指揮し、3年の歳月をかけ、飯盛山を手とノミだけで掘り抜いた。

この素掘りの導水トンネルは戊辰戦争の際に、会津藩の少年予備隊である白虎隊が抜け道として使っていた。ここを通って飯盛山に登り、城下から上る煙を見た10代の19名が「落城」と勘違いし、自刃し果てた。

鶴ヶ城のお堀

- **所在地**／福島県会津若松市追手町
- **電車**／鶴ヶ城公園までJR東日本磐越西線・只見線 会津若松駅から約2.8km
- **クルマ**／鶴ヶ城公園まで磐越自動車道 会津若松ICから約5.5km

国土地理院の標準地図をもとに作成

城池

二九

壱岐島で城の名にもなった河童伝説の池

生池《なまいけ》

長崎県壱岐市

城の名に池の名前が冠せられているのもめずらしい。丘上の中世城郭における生活水源の池には、生きたまま人を引きずりこむ河童がいたという。

奇怪な言い伝えが残る異様な気を放つ池の跡

生池城。無気味な池の名を冠した城の存在を知ったのは、壱岐島に上陸してからだった。

玄界灘に浮かぶ溶岩台地の壱岐島は古代から九州と朝鮮半島をつなぐ海上交易の中継地として栄えた王国があった。農地に適した地形ということもあり、早くから田畑の開墾も行われた。

河童伝説のある池

蓮池（岩手県遠野市）

河童淵と常堅寺にはさまれた小場所にある小さな池。常堅寺が火事になったとき、淵に棲む河童が水をかけて助けてくれたことに感謝した住職が、寺内に河童をかたどった狛犬を建てたという。蓮池は河童淵の水量の減少とともにいったん姿を消したというが、地元の有志が河童が戻ってきたときにそなえて造り直した。

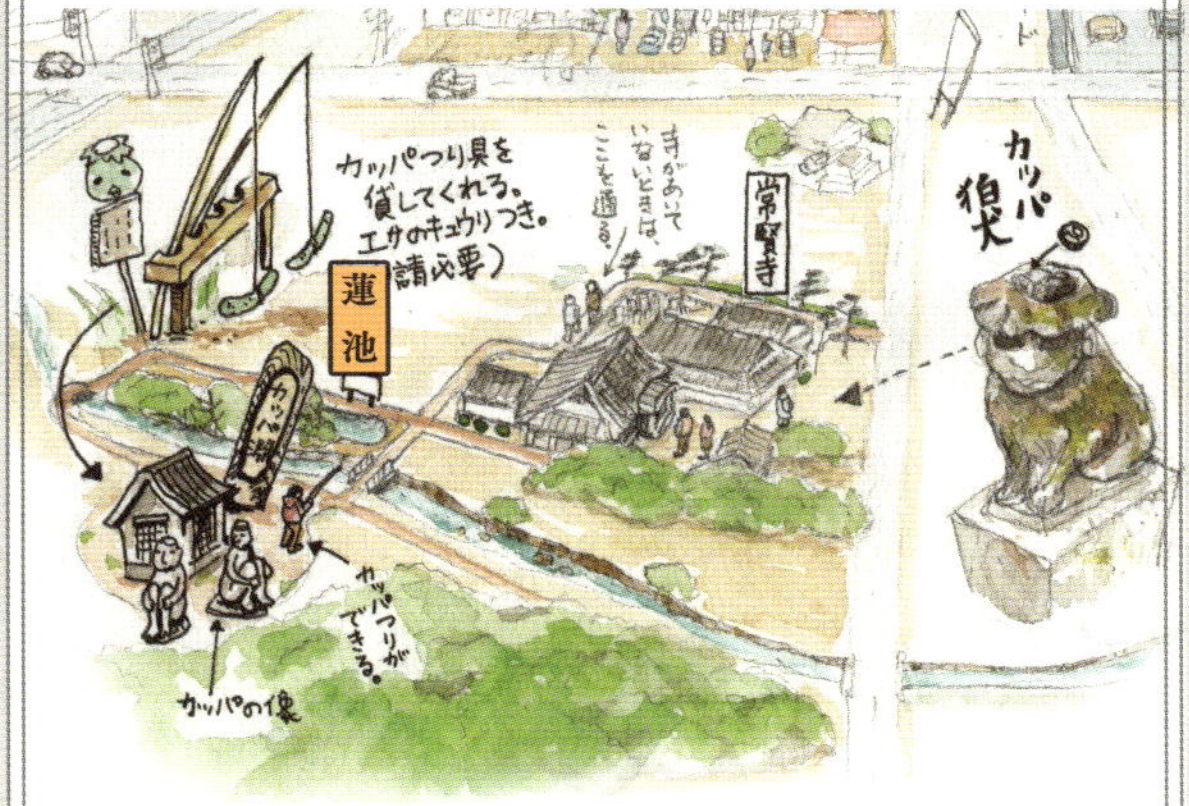

女神湖（長野県佐久郡立科町）

赤沼池の別名。河太郎という河童が棲んでおり、ときおり街道沿いの大きな石にかわいらしい子どもの姿で腰かけて、通る人を見ては「鍵引き」という指相撲に誘い、怪力で池に引き込む悪さをしていたという。河童がすわっていたという鍵引石も池畔に現存。

中世になると島の豪族の城郭があちこちに造られた。生池城もそのひとつ。壱岐島最大のため池である大清水湖の近く、標高145m、比高で40mほどの楕円形の丘陵上にあるシンプルな城郭だ。分類としては丘城になろうか。

生池城には水を張った堀はない。そのかわり、かつて館のあった頂上を取り囲む二重の空堀が見られた。城郭の痕跡はその程度で、木々に埋もれた現在は周囲の眺望も得られず、案内看板と石碑が立つだけである。すぐ横手の丘には、掛木古墳や百合畑古墳群があり、昔から人の営みがあったことがうかがえる。

これらの丘に四方を囲まれた小さな原っぱの一角に、数本の松で隠されるように生池がたたずんでいた。

のぞきこむと外側が六角形、内側は円形の石造りの器に水が光っているだけで、池らしきものはない。それでも木々の根に囲まれたエアポケットのような地面のくぼみが、何ともいえぬ気を放っており、奥には石造りの祠が鎮護するように控えている。池は土砂で埋まってしまったのか、それとも何かを封じ込めるために意図的に埋めたのか、資料には残っていない。

まわりに沢らしい沢は見あたらないものの、四方の丘から流れ下りてきた水の受け皿のような場所なので、往時の生池は自然とできた沼か、湧き水がたまったものと考えられる。

江戸時代の絵図には30㎡ほどの池だったことが記されている。広めのリビングルームくらいの大きさといったところか。

伝説では城の生活用水を汲みにきた人を生きたまま引きずりこんだ河童がいたという。人間を生け捕りにする池なので「生池」になったということだが、城の名前まで生池城になってしまった。牛ヶ城（宇志賀城）という別名もあるので後世になってそう呼ぶようになったのだろう。それだけ河童伝説のインパクトが強かったということでもある。

池も城も残存していないがゆえに想像もふくらむ。

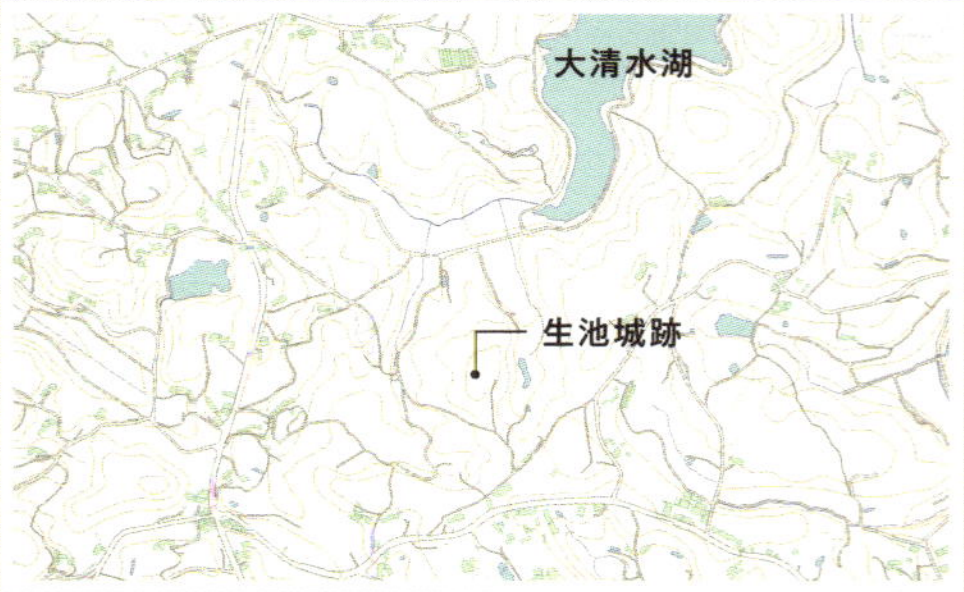

国土地理院の標準地図をもとに作成

生池

◆ **所在地**／長崎県壱岐市勝本町百合畑触
◆ **船**／博多港から郷ノ浦港まで高速船で約1時間10分、フェリーで約2時間20分。郷ノ浦港から生池城跡まで約9.5km
◆ **飛行機**／長崎空港から壱岐空港まで約30分。壱岐空港から生池城跡まで約12km

農地と小さな丘陵が
混在する独特の地形。
池を造るには好都合。
国道からの分岐。
案内標識が目印。
この下に百合畑古墳群の
駐車場がある。
壱岐風土記の丘
掛木古墳
壱岐風民の郷
百合畑古墳群
382
P
P
壱岐島は九州でも
屈指の古墳密集地。
笹塚古墳
二重の空堀が現存。
生池城跡
城館は当時を
想像して描いた。
現在は空洞と土塁
以外の遺構はない。
生池
壱岐島最大の
ため池。
大清水湖
分岐注意。
案内標識あり。
ここに描いた生池は昔の姿。
現在は池の跡が残るのみ。
四方を丘陵に囲まれた
平地の一角に生池跡がある。
「サイクリングコース」
ということになっている。

袋池《ふくろいけ》

大坂城も手がけた築城の名手が造った防御の池

海に突き出した陸繋島に築造された富岡城は、島原の乱の舞台となったお城。その足下に堀のかわりとして造られた池は、不思議な現象が起こるとされている。

熊本県天草郡苓北町

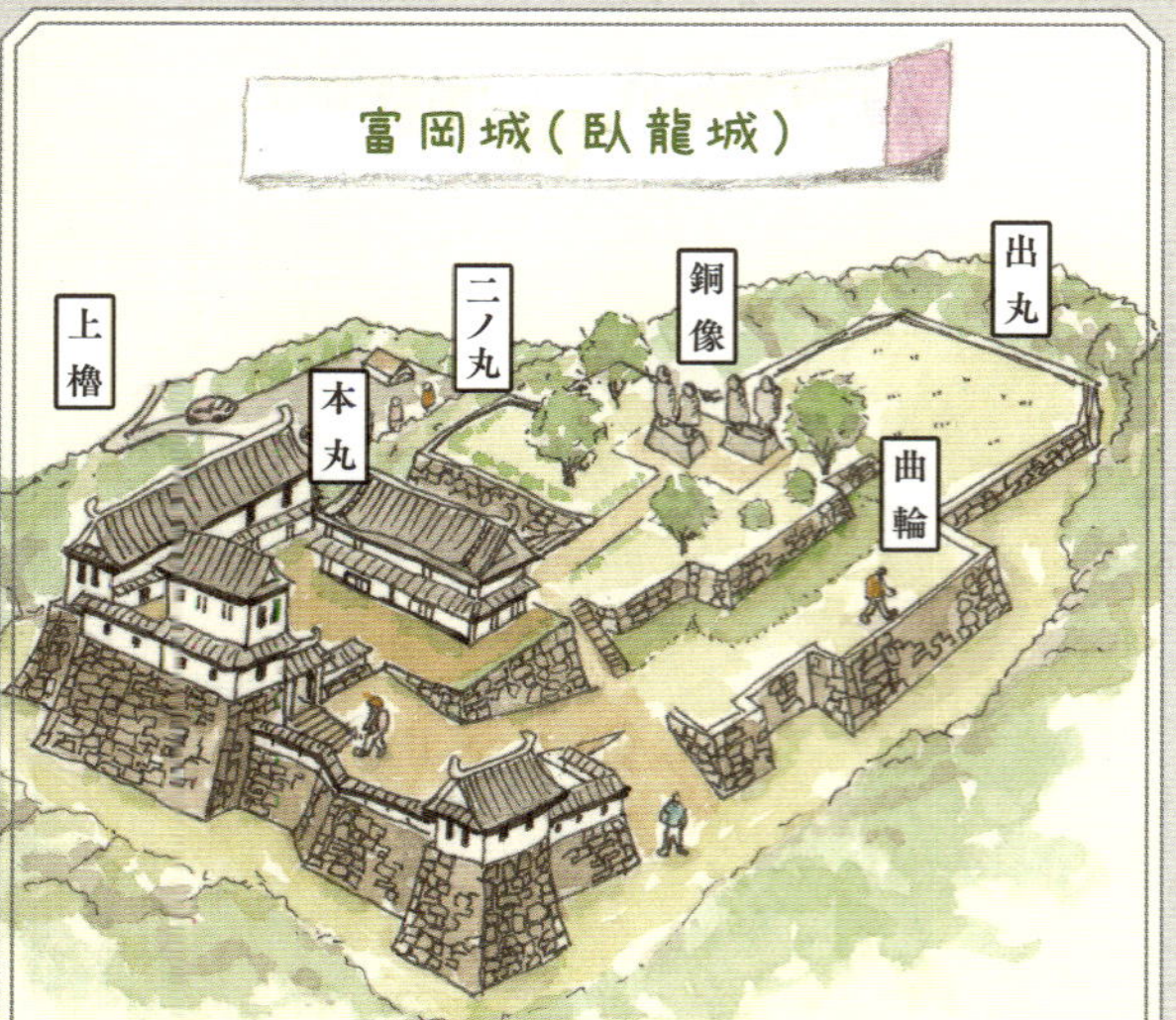

島原の乱にも耐えた富岡城だが、現在の建物は復元されたもの。乱後に領主となった山崎家治によって堀の役割をもつ袋池が造られた。家治は築城の名手で、大坂城天守や丸亀城も手がけている。

特異な地形の平山城 その下にある神秘の池

富岡城は、天草下島の島裏に突き出した富岡半島にある。天草下島は熊本市内から80kmの距離にある離島ではあるものの、何本もの橋梁が天草海峡をまたいでおり、大矢野島、天草上島、4つの小島を経由して、すべて陸路で走りつなぐことができる。ともすると島ということを忘れてしまいそうだ。

富岡半島は海に突き出た陸繋島。その半島の内湾を見下ろす小山の上に富岡城の郭がある。現在、森の上に白くのぞいているのは、2005（平成17）年に再現された城郭の白壁。島原・天草一揆では主戦場となったが、城は落ちることなく一揆軍を撃退している。

その富岡城の足下には海と接するばかりに袋池が水を湛えている。袋池は乱の

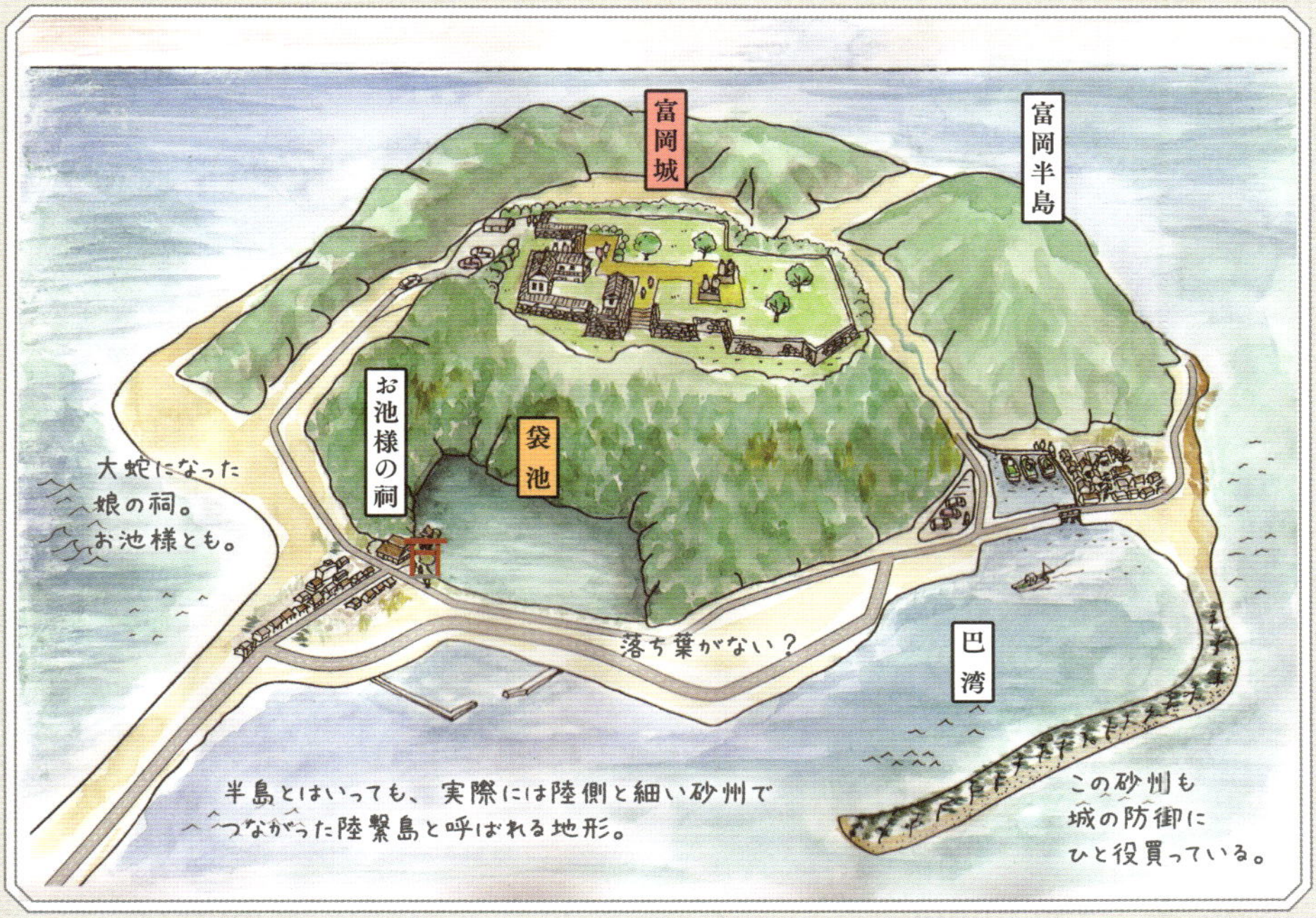

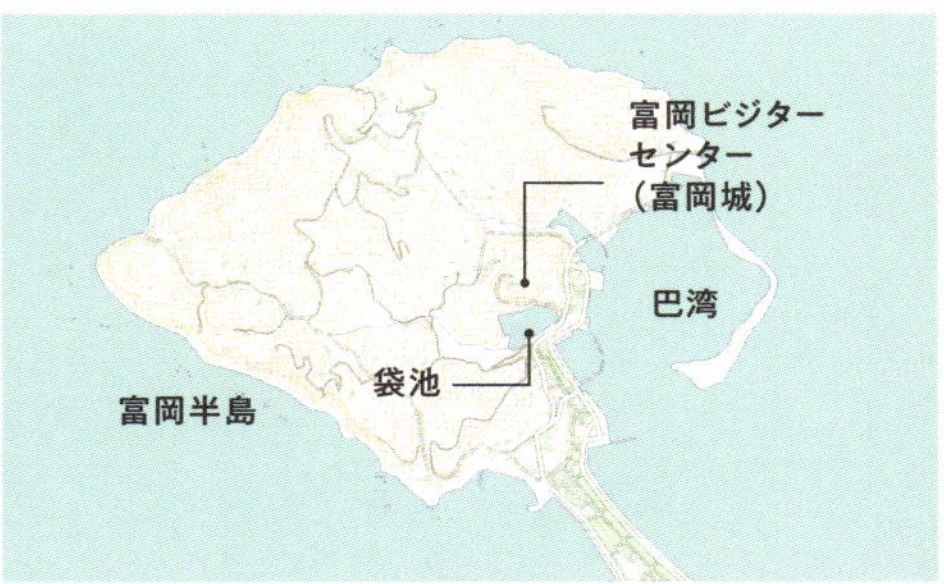

国土地理院の標準地図をもとに作成

袋池

- ◆ **所在地**／熊本県天草郡苓北町富岡
- ◆ **クルマ**／九州自動車道 松橋ICから国道266号を経由
- ◆ **船**／長崎茂木港から富岡港まで高速船で45分。富岡港から約1.8km、口之津港から鬼池港までフェリーで30分。鬼池港から約19km

鎮圧後に新領主となった山崎家治が防衛力強化のため造った。

　袋池は神秘的だ。池の三方は小高い斜面から腕を伸ばす木々に囲まれているというのに、水面には一葉の落ち葉もない。池の水面に落ち葉がないのは、池の主の大蛇が夜明け前に娘の姿になって水面を掃き清めているからだという。

　この娘、もともとは地元の米屋の看板娘だった。悲しみに自ら身を投げたとも、足を滑らせて池に落ちたとも伝わっているが、いずれも親の米屋が秤でズルをして稼いでいたという点が共通する。今でも袋池のほとりには大蛇となった娘を祀ったお社が立っている。

城池 三二

なんぴとも攻め落とせなかった難攻不落の要塞の池

月山富田城の池《がっさんとだじょうのいけ》

島根県安来市

複雑な山の地形を利用した山城では、水の確保にも独特の工夫が見られる。井戸を掘るのが一般的ではあるが、湧水を貯水する池が造られることもある。

山を要塞化した山城の生命線は水の確保

城のなかには「山城」と呼ばれるタイプのものもある。山自体を天然の要害として利用した城で、本丸をはじめ二の丸、三の丸や櫓などの各機能は、山の斜面を階段状に造成したスペースに配されている。全体を俯瞰すると、まるで豪華な雛壇を見ているようだ。

ただ、平城や水城と違って、城に住む多くの人馬の生活用水や消火用水の確保が難しい。戦時における水問題は城の命運を左右する最重要課題といえる。

私が山城に行ったときに気になるのは、用水の確保についてだ。石垣に塗り込められた地形に注意しながら、迷路のような要塞を歩いていくうちに、井戸跡や池を見つけるとつい小躍りしたくなる。ときには馬を洗う専用の池や、落城した際に首実検の血を洗い流したような池をもつ山城もあり、案内板を見落とせない。

山陰地方を長く防衛した月山富田城は、見るからに難攻不落の要塞を思わせる。山城の多くは景観的に見て、山そのものと一体化しているものが多いが、この城は山肌の森が切り拓かれ、立体要塞の全容を実感しやすい点で魅力的だ。

この城跡には、中段の山中御殿に軍用大井戸と雑用井戸、七曲を駆け上る途中に山吹井戸が残っている。軍用大井戸の下には湖周長80mほどの池もあった。水汲み場だったのか、あるいは後年に造られた用水池なのかは定かでない。ただ、池畔の一本木立が凛とした姿で、なかなかの存在感を示している。

地形をヒントに水脈、井戸、池をたどっていくと、山城での生活が生き生きと蘇ってくることだろう。

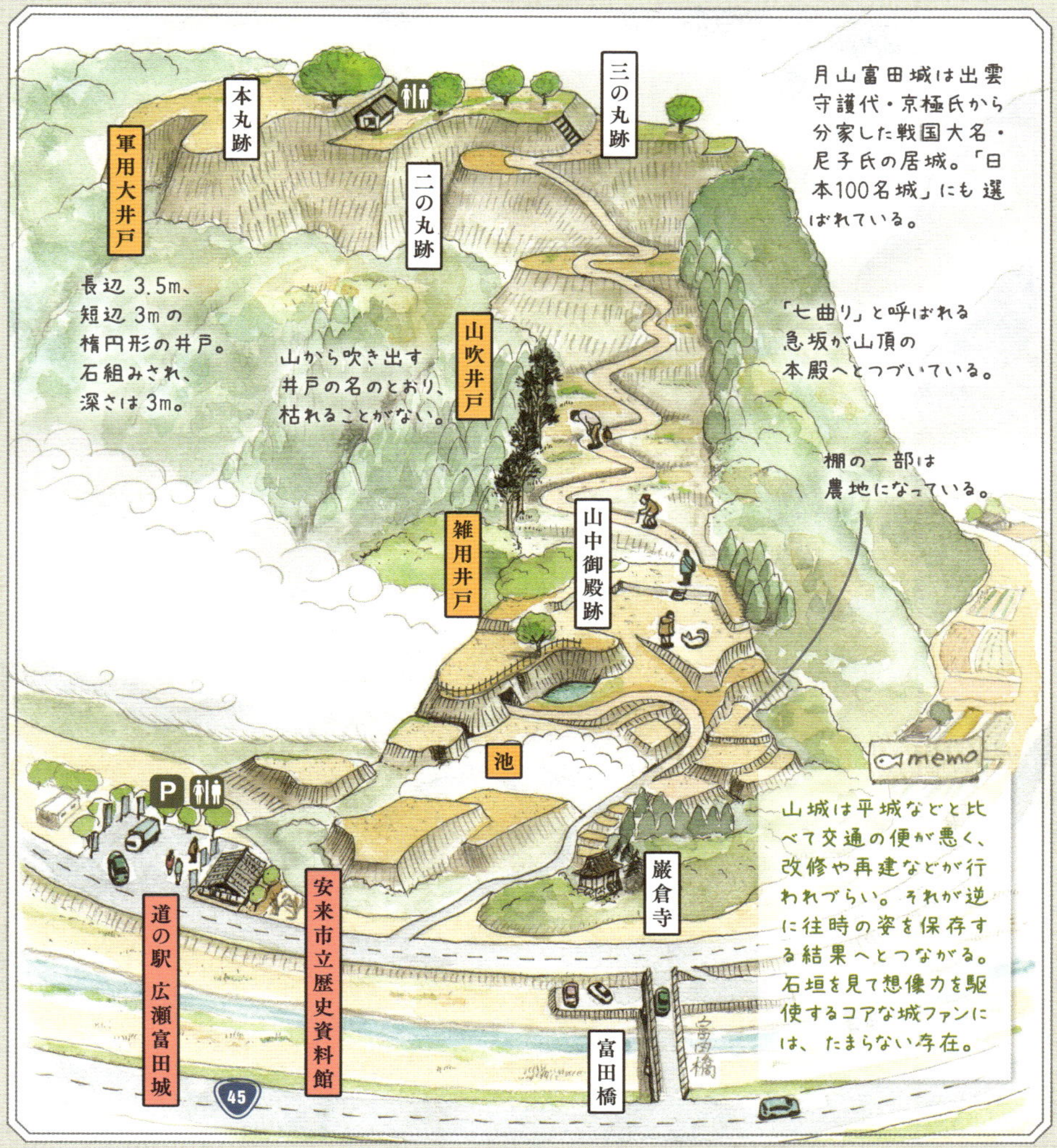

月山富田城の池

◆ **所在地**／島根県安来市広瀬町富田
◆ **電車**／JR西日本山陰本線 安来駅から約12km、荒島駅から約11km
◆ **クルマ**／山陰自動車道 安来ICから約12.5km

国土地理院の標準地図をもとに作成

ぶらぶら 城池

お堀が由来の池が多い城池。明治以降は放置された池も多く、荒廃した状態から手入れされ、公園の一要素として復活した池もしばしば見られる。満々と水を湛える水面から、堂々たる往時の姿を見て取ることができるだろう。

人工池（城堀）

牛《うし》沼《ぬま》

秋田県横手市城山町

明治維新後、戊辰戦争で炎上した横手城のお膝もとにある池で、横手市街地の中心に位置する。現在は横手公園の水辺要素として市民の憩いの場になっている。もとは城の内堀だったというが、石垣の威圧はなく、ふくよかな草地の岸がのびていて、やさしい表情をした池となっている。お堀でありながら釣り場としても開かれ、ヘラブナ釣りの名所でもある。春は桜、秋は紅葉の中で竿を出す釣り師たちの姿には詩情さえ感じる。

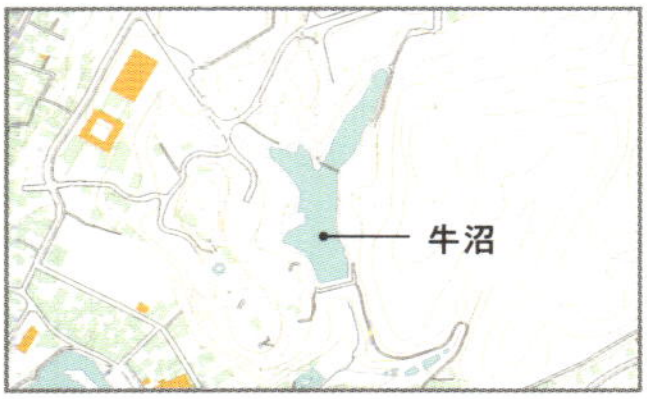

マップは国土地理院の標準地図をもとに作成

人工池（塩田跡）

柳《やな》川《がわ》城《じょう》の掘《ほり》割《わり》

福岡県柳川市

柳川は有明海に面した低地に「クリーク」と呼ばれる農業用水路が網の目のように張りめぐらされた独特の景観をもつ。それは市街地もしかりで、江戸時代までは柳川城のお堀として機能していた。連綿とした水路が路地に家に寄り添う姿は情緒深く、船頭さんが棹さす和舟で水上散策も楽しめる。柳川城はこれらの水路の恩恵もあって、凡将が籠城しても1年、名将なら3年は落ちないと謳われた。実際、戦下での落城は一度もない。

マップは国土地理院の標準地図をもとに作成

人工池（ため池）

城《しろ》池《いけ》

静岡県伊豆の国市韮山

戦国時代の関東の覇者・北条家の支城として、豊臣秀吉軍の猛攻を3カ月も耐えた韮山城。その城をいただく高台の膝元にあるのが、その名も城池。とはいっても、この池は小田原攻めの激戦を知らない。それもあってか、池を取り巻く空気は、お城の池でよく感じる重苦しいものではなく、うららかな雰囲気に包まれている。現在は親水公園化され、遊歩道で池を一周できる。ヘラブナの放流も行われる野釣り場でもある。

マップは国土地理院の標準地図をもとに作成

人工池（城堀）

南《なん》郷《ごう》池《いけ》

京都府亀岡市南郷町

明智光秀ゆかりの丹波亀岡。亀岡駅から２００ｍほどの市街地中心にある南郷公園の池は、もともと丹波亀山城のお堀だったもの。ヒシモが繁茂していて、水深はかなり浅そうだ。アユモドキ保全協議会主催で、外来魚駆除の釣り大会が継続的に行われている。岸辺には間伐材を利用したボードウォークがあり、散策をする人も多い。南郷池のシンボル、池畔にそびえるエノキの大木は、神木として地域に大切にされている。

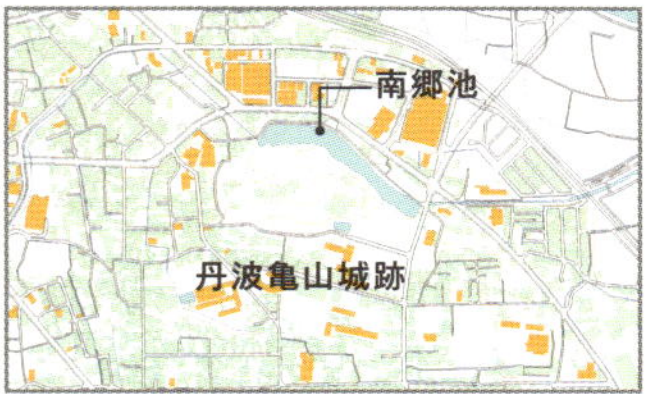

マップは国土地理院の標準地図をもとに作成

人工池

剛《こう》ノ《の》池《いけ》

兵庫県明石市明石公園

明石城趾を中心に球場やサッカースタジアム、博物館、図書館などを備えた明石公園は、明石駅の真正面という立地にありながら、歴史、文化、スポーツ、レジャーといった要素を兼ね備えており、「日本の都市公園１００選」にも選ばれている。城の堀を横目に主役顔の剛ノ池は、手こぎボート、足こぎボートで水面散歩ができるほか、池を周回する遊歩道もあり、ジョギングやウォーキングを行う人でにぎわう。

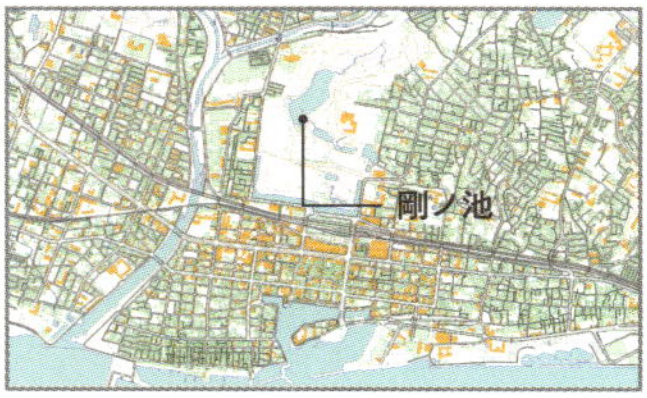

マップは国土地理院の標準地図をもとに作成

人工池（城堀）

白《しら》河《かわ》小《こ》峰《みね》城《じょう》のお堀《ほり》

福島県白河市郭内

東北の玄関口、福島県白河市。小峰城は、阿武隈川に沿うように東西に裾をひらいた独立丘陵の小峰ヶ岡に鎮座する。南北朝時代にその礎が築かれ、江戸期に本丸を含めた梯郭《ていかく》式城郭としてリニューアルされた。しかし、幕末に戦火で大破。お堀は石垣のない箇所も多いが、かえって味わいのある岸辺になっている。草地の護岸も多いことから釣り場としても愛されている。ことに桜の季節に釣りをするのは釣り好きには格別だろう。

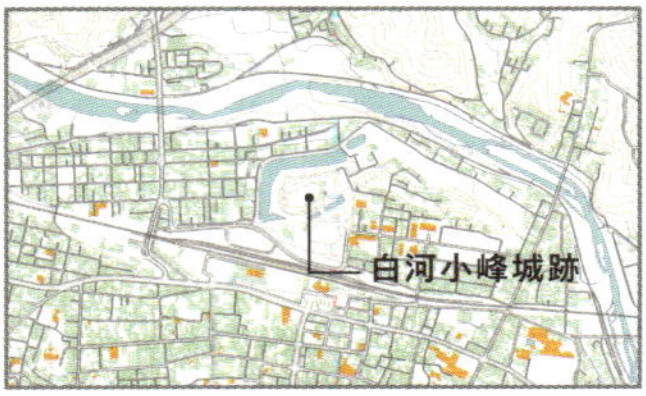

マップは国土地理院の標準地図をもとに作成

天然湖

須《す》川《がわ》湖《こ》

長野県上田市諏訪形

小牧山中の標高７２０ｍにある用水池。もとは天然の沼だったものを改修し「須川湖」となった。湖畔を見下ろす高台には木曾義仲の砦があったといわれる。昔は森に囲まれ、どの場所からも池を見ることができなかったそうだ。冬になると湖面が氷結するのでスケートリンクとしても利用され、半世紀以上前には全国スケート大会も開催されるなどした。夜になると湖底に沈んだ鐘が鳴くという不思議な伝説も残る。

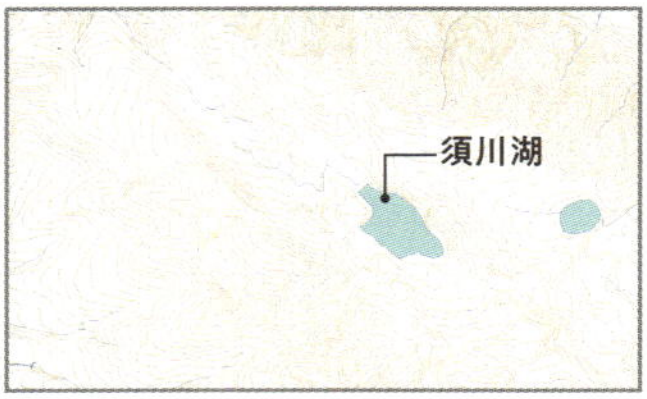

マップは国土地理院の標準地図をもとに作成

天然池

空《から》素《す》沼《ぬま》

秋田県秋田市寺内高野

秋田城趾と住宅に囲まれた雑木林のくぼ地にエアポケットのような不思議な空気を湛える池。蛇や雨乞いにまつわる伝承が残っている。一夜にしてできたとか、底なしなどともいわれており、「南総里見八犬伝」で知られる滝沢馬琴の随筆にもこの池の名が出てくる。昔から人を惹きつけるものがあったようだ。今もミステリースポットとして地元では知られている。隣にある古代沼と成因が同じなら砂丘湖の一種と考えられる。

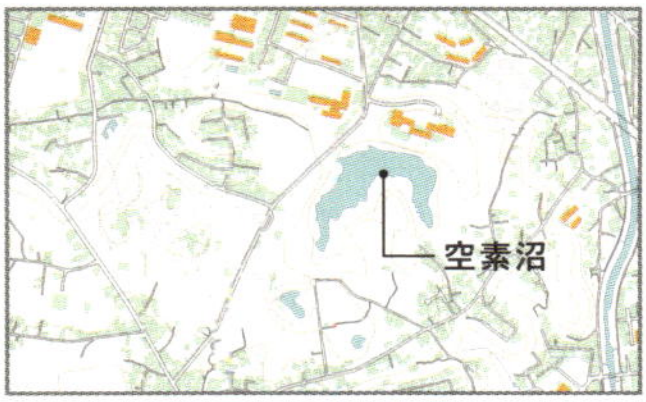

マップは国土地理院の標準地図をもとに作成

人工池（復元池）

備中《びっちゅう》高松《たかまつ》城の蓮池《はすいけ》

岡山県岡山市北区高松

備中高松城は沼が広がる低湿地を天然の防御壁としていた水辺の城。名軍師・黒田官兵衛は、水に守られたこの城を攻めるにあたり、天下の奇策「水攻め」を考案したとされる（→133ページ）。城の痕跡はほとんど残っていないが、1978（昭和53）年、城郭のあった敷地の周囲にこの沼を復元したところ、種を蒔いたわけでもないのに蓮がのびはじめた。戦国時代以来、地中でじっと眠っていた種から発芽したものだろうか。

マップは国土地理院の標準地図をもとに作成

人工池（ため池）

日月《じつげつ》の池《いけ》

兵庫県洲本市小路谷

淡路島の市街地を見下ろす三熊山に築かれた洲本城。山城では生活用水の確保が死活問題なので（→142ページ）、石垣から排水された雨水を集水する仕組みを造って日月の池にため、横に設けた日月の井戸と連動させていたようだ。池名の由来は、井戸の底に敷かれた石板に施された太陽と月の彫り物から。生活用水の確保としてだけでなく、非常時には石積みの擁壁を壊すことで人工の土石流を起こし、敵の侵入を阻む役割もあったという。

マップは国土地理院の標準地図をもとに作成

人工池（城堀）

今治《いまばり》城《じょう》のお堀《ほり》

愛媛県今治市通町

今治城は高松城（香川県）、中津城（大分県）と並び日本三大「水城」のひとつ。海に面して立地しているため、お堀に海水を引き込んでいる。今治城同様、海に面している城郭には、海水を引き込んで、平時には海上交通の運河として使われていたものもある。海とつながっているので潮の干満の影響を受けて水位が変わるだけでなく、クロダイやフグなど海水魚が泳いでいる。ときには高級魚ヒラメが入ってくることもあるという。

マップは国土地理院の標準地図をもとに作成

池の貴重な情報源
看板や案内板がたのしい!

池看板は語らぬ池のメッセージ

初めての池に行くとき、看板や案内板を見るのも池さんぽの楽しみのひとつ。というより真っ先に探してしまう。

看板や案内板は個人や企業所有の池でもない限り勝手に設置できない。おまけに設置には意外と費用もかかる。手間と費用をかけているだけに、池の看板には切実なメッセージが込められている。

池の看板を目にしたなら、設置者の名前にも注目してほしい。ため池なら農家の団体や自治体、警察署が多く、公園池なら自治体や管理受託者など。複数ある場合は複雑な池の管理構造を読み解く重要なヒントになる。

池の案内マップが出ているような看板は、湖周遊歩道の距離やビュースポットが表示されていることも多いので、池の規模や地形がつかみやすい。そこに池の歴史や伝説が記されていれば小躍りしたくなる。多くのため池が造られた江戸時代の石碑の碑文にはネットにも出ていない貴重な池の情報が眠っていることもある。

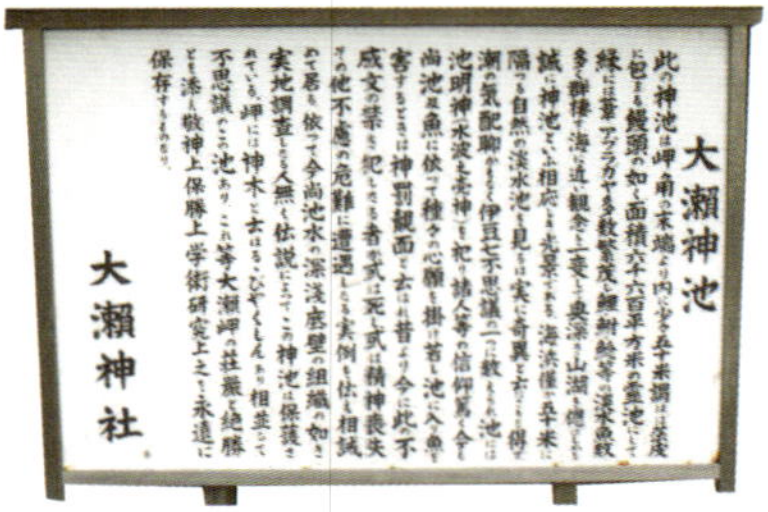

大瀬神池の看板。設置者は大瀬神社。海のかたわらにあるのにナマズ、フナ、コイなど淡水魚が多数生息するも、祟りを怖れて調査もなされていないことが記されている。

新潟県糸魚川市にある高浪の池の注意喚起の看板。浪太郎の説明がないので、事情を知らない人には「遊泳禁止」の理由は謎でしかない。そんな潔さも膝を打つ名看板だ。

ちょっと変わった池看板

「浪太郎が驚くので泳がないでください」と大真面目に記されている遊泳禁止の看板があるのは高浪の池。ご丁寧に英語で「Please don't swim in the pond because 'Namitaro' is surprise.」と表記されているのが微笑ましい。これを見た外国人は「What's Namitaro?」とならないだろうか。ちなみに浪太郎は池での目撃が相次いだ体長数mの巨大魚。

一方で近年、もっともよく見かける看板といえば、「釣り禁止」「立入禁止」の類《たぐ》い。なかには、罰金数十万円という高額なペナルティで威嚇する看板もある。

そんな高額の罰金以上に震え上がる日本最怖の看板が立つのは静岡県沼津市の大瀬神池(→174、186ページ)。この看板には、「魚に害を為すと死ぬ、あるいは精神に異常をきたすか不慮の危難に遭遇する」と記されている。文体や書体にも凄みが滲み出ている。

町中で驚きの歴史や伝説に出会える

町池さんぽ

七章

町中でぽっかり口を開ける町池。
ふだんはそばを通っていても
気にかけることが少ないだろう。
そんな池のルーツをたどると、
意外な背景をもつ池も多い。
町池は知られざる物語に
満ちあふれている。

町池

三二

浮島の森《うきしまのもり》

市街中心部に残されたミステリアスな池

和歌山県新宮市

国の天然記念物に指定されている浮島の森。池の真ん中には森をのせた島が浮いており、その森には北国と南国の植物が混生する。

新宮駅
紀勢本線
吐き出し側。
小さな洪水吐がある。
浮島
浮島川
住宅地の中を流れるちょっと大きめの側溝にしか見えない浮島川。水質浄化のために熊野川の水を引いている。
浮島の森導水路
浮島川導水路
42
熊野川からきた地下導水管で、きれいな水を引いている。

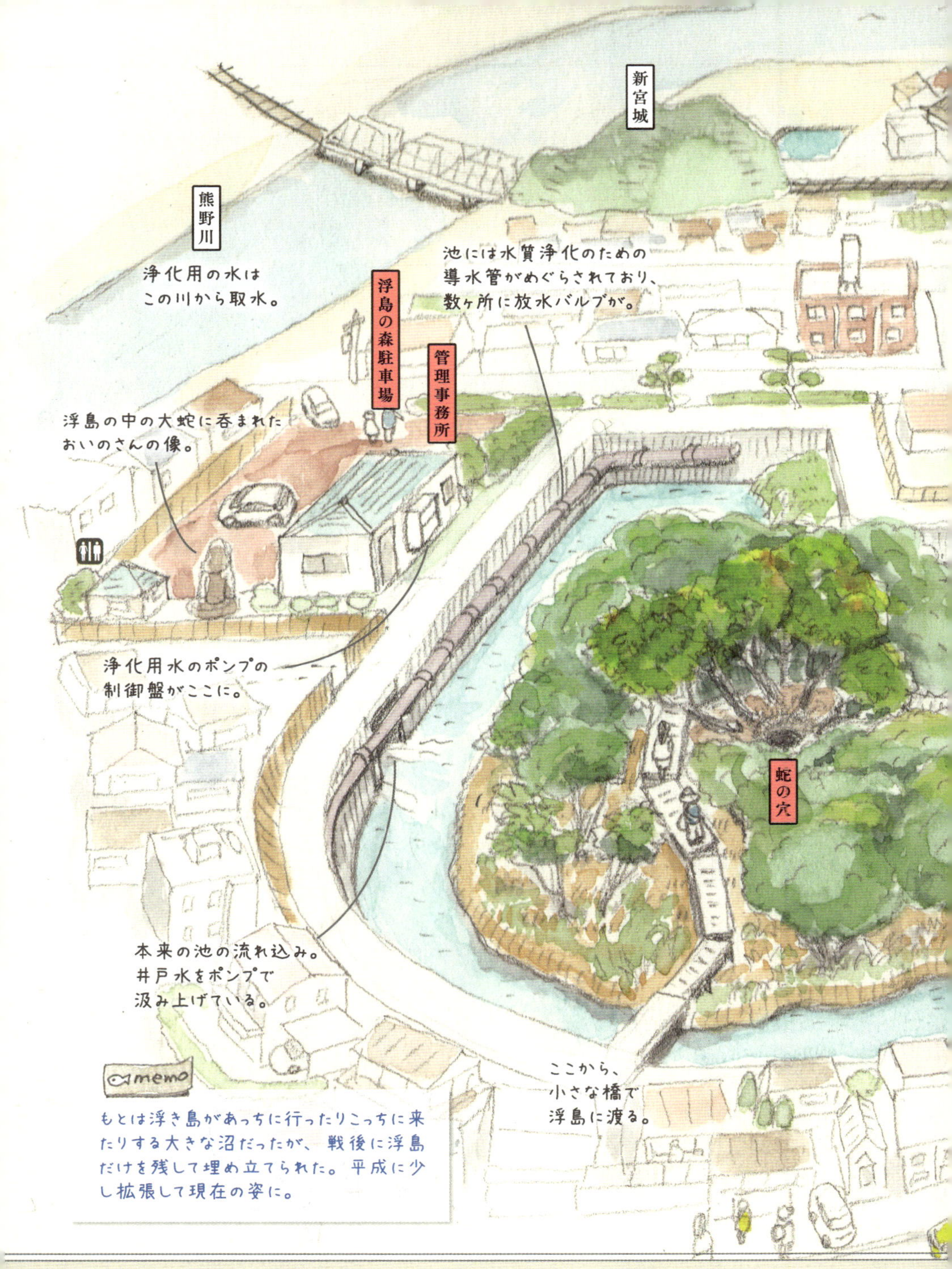
新宮城
熊野川
浄化用の水は
この川から取水。
浮島の森駐車場
管理事務所
池には水質浄化のための
導水管がめぐらされており、
数ヶ所に放水バルブが。
浮島の中の大蛇に呑まれた
おいのさんの像。
浄化用水のポンプの
制御盤がここに。
蛇の穴
本来の池の流れ込み。
井戸水をポンプで
汲み上げている。
ここから、
小さな橋で
浮島に渡る。
memo
もとは浮き島があっちに行ったりこっちに来たりする大きな沼だったが、戦後に浮島だけを残して埋め立てられた。平成に少し拡張して現在の姿に。

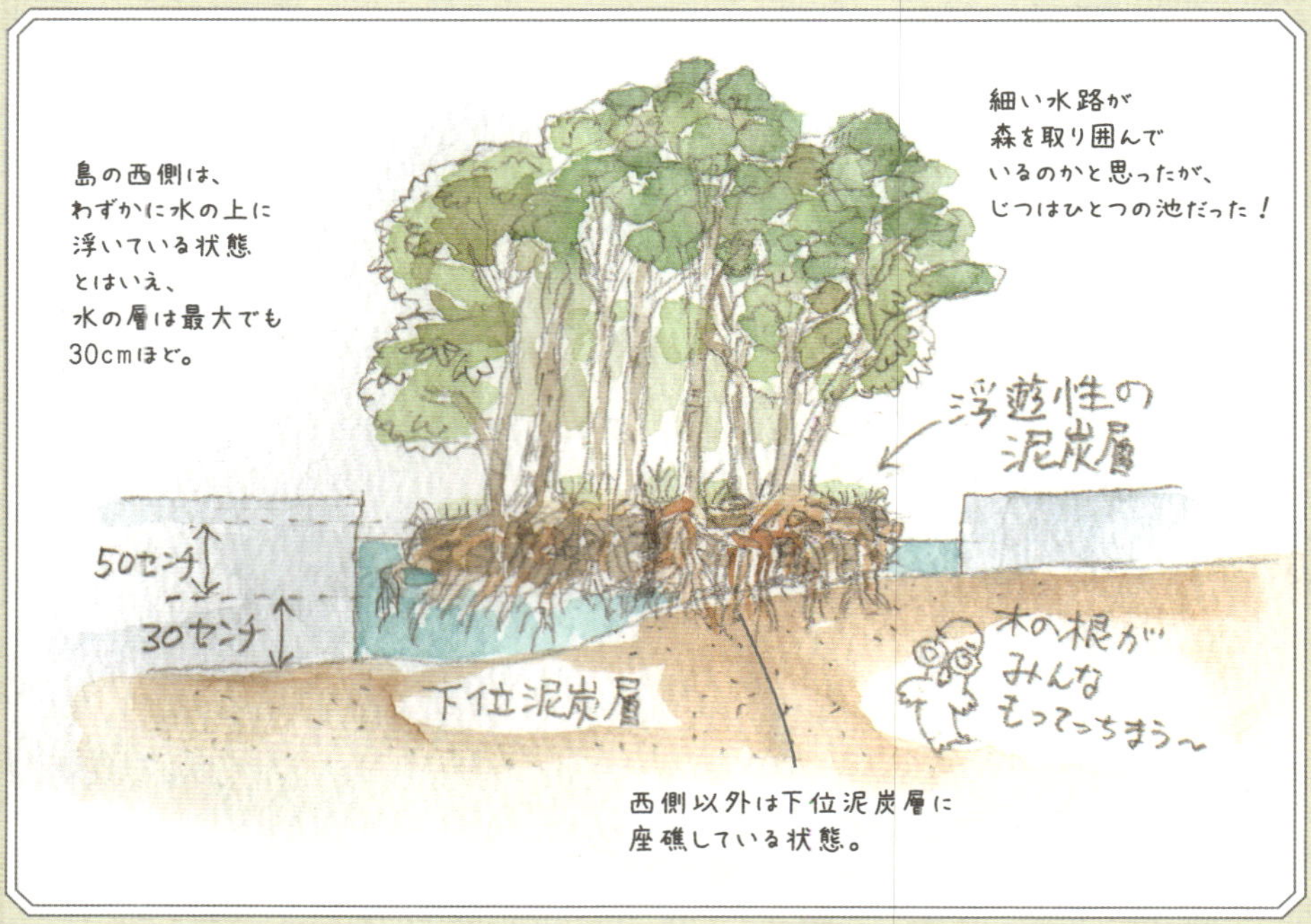
島の西側は、
わずかに水の上に
浮いている状態
とはいえ、
水の層は最大でも
30cmほど。
細い水路が
森を取り囲んで
いるのかと思ったが、
じつはひとつの池だった！
浮遊性の
泥炭層
50センチ
30センチ
下位泥炭層
木の根が
みんな
もってっちまう〜
西側以外は下位泥炭層に
座礁している状態。

市街地のど真ん中に天然記念物の浮き島が

和歌山県の新宮駅からわずか400m、市街地の中心部に太古の姿をとどめた不思議な森が残されている。

何も知らずに訪れると、こんもりした森が、堀割のような水路にぐるりと取り囲まれているように見える。

じつはこの水路のようなものはひとつの池の外周部で、この森は文字どおり「池に浮かんだ」島なのである。

杉や広葉樹の大木を含む130種類もの植物が形づくる森がまるごと池に浮いていると聞かされても、にわかには信じがたい。しかし、昔は島の端で跳んだり跳ねたりすると、ゆらゆらと揺れるのを体感できたそうである。

浮き島は一帯が沼沢地だった1700年ごろ（江戸時代の元禄期）に、泥炭層が水に浮いて形成されたというから比較的新しい。

厚さ50〜60センチの泥炭層（ピート層）の上に表土と樹木がのっている。巨木の森をもち上げる強い浮力については完全解明されたわけではなく、泥炭化した倒木がイカダのような役目をしているとか、泥炭層内のメタンガスが関与しているのではないかなどと考えられている。

森は不思議な植生をしていて、ひとつの森に暖地系と寒地系の植物が混在している。昭和のはじめに国の天然記念物にも指定された。

台風のときなど、
池岸まで島が流れてきて、
岸寄りの家を壊すことも
あったらしい。
湖周 2.5kmクラスの沼が
広がっていたという。
東京上野の不忍池より
ひとまわりかふたまわりほど大きい。
風であっちに動いたり、こっちに動いたり。
昭和初期ごろの想像図

指定名称は「新宮蘭沢浮島《しんぐういのそうきしま》植物群落《しょくぶつぐんらく》」だ。

島内の植物の案内板は、暖地系と寒地系を赤と青で色分けされているので、容易に見分けることができるだろう。

戦前までは沼の中を ふらふらと漂っていた

もともと浮き島のあった沼は最大幅1km、狭いところで300mというけっこうな大きさだった。この沼の中を浮き島があっちに行ったりこっちに行ったり趣き深い光景が戦前までは見られた。台風のときは接岸して、岸に立っていた家を壊したこともあったというから、かなり自由気ままな浮き島だったようである。

ところが戦後の食糧難で沼は埋め立てられ水田に。天然記念物になっている沼を埋めたことになるが、「あのころは、みんな生きるのに必死だった」という管理人さんの言葉が重い。

高度成長期に水田は次々と宅地として造成される。いつしか住宅に取り囲まれるような形になった池では、水質悪化も進んだ。

残念ながら現在の浮島の森は、西側以外は池底に座礁したようなかっこうになっているので、昔のようにふわふわと漂うことはない。

底なしの「蛇の穴」が 日本のホラーの元祖に

大蛇と若い美女が出てくるのは、日本国内の池伝説

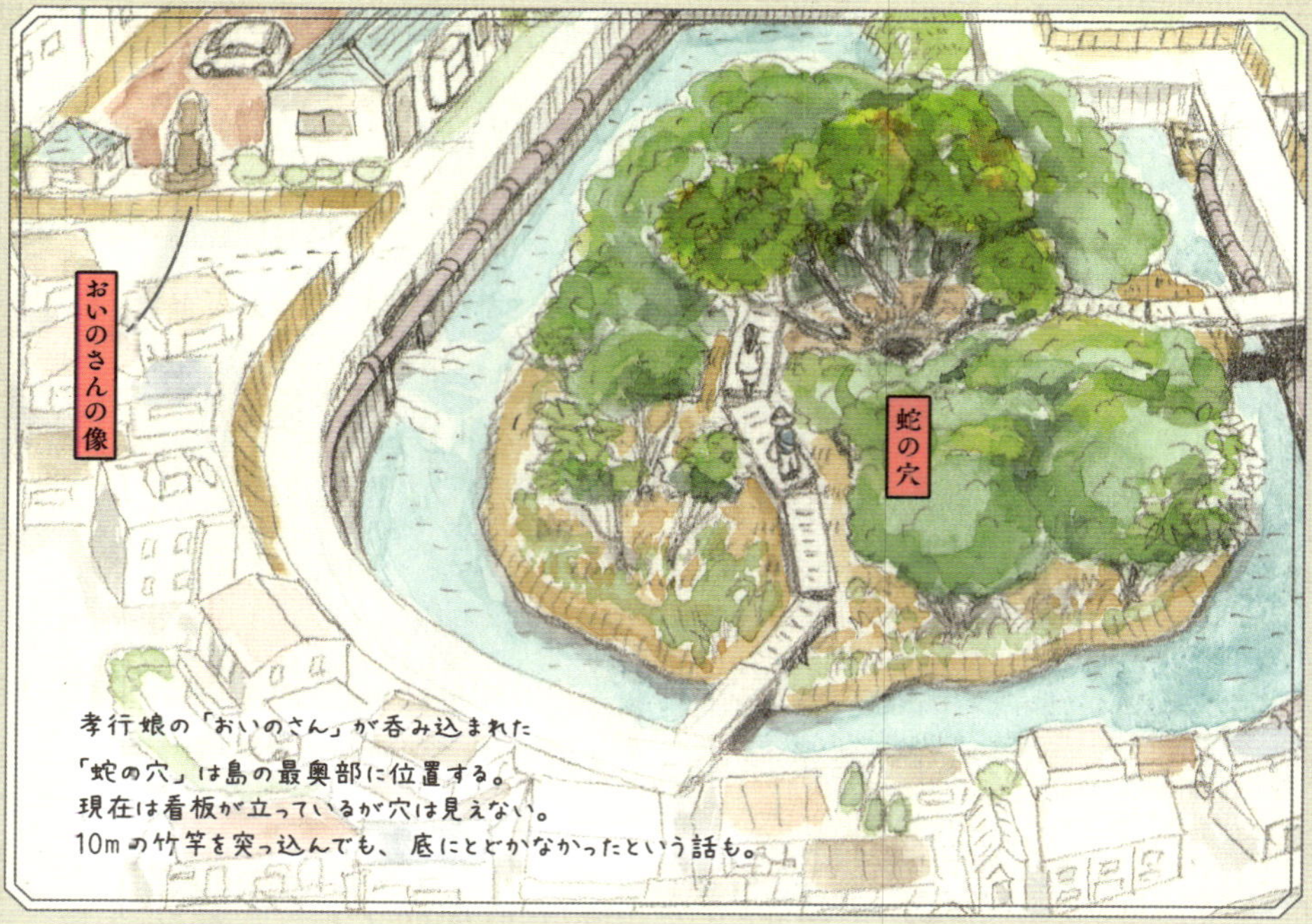

孝行娘の「おいのさん」が呑み込まれた
「蛇の穴」は島の最奥部に位置する。
現在は看板が立っているが穴は見えない。
10mの竹竿を突っ込んでも、底にとどかなかったという話も。

の定番（→84ページ）であるが、浮島の森にもやはり同様の伝説が残っている。父とともに薪取りに来た若い娘・おいのが大蛇に呑まれ、そのまま穴の底へ引きずりこまれたという。

小さな遊歩橋で浮き島に渡ると木道《もくどう》が森の奥へとつづいている。ところどころに水たまりのような穴がある。昔は足をとられるリスクもあっただろう。さらに進むと高木に囲まれたエアポケットのような空間が広がっている。おいのさんはここで大蛇に引きずり込まれたと伝わっている。

この伝説は、やがて俗謡となって村を越え世間に伝播し、ついには上田秋成にインスピレーションを与え、「雨月物語」の一篇「蛇性の婬《じゃせいのいん》」に結実する。

現在も浮島の森の最奥部には、おいのさんが呑み込まれた「蛇の穴《じゃのがま》」の跡を見ることができる。

浮島の森を守るための努力は今もつづく

現在、浮島の森が浮かんでいる池のまわりは、びっしりと家が立つ住宅地となっている。池は平成になって拡張された一部分をのぞいて、ほぼ全周がコンクリートの垂直護岸。板塀一枚隔てた向こうは住民の生活区となっている。そのため、生活排水の混入による水質悪化や外来魚、外来植物の繁殖などの影響があり、池の環境は厳しい。

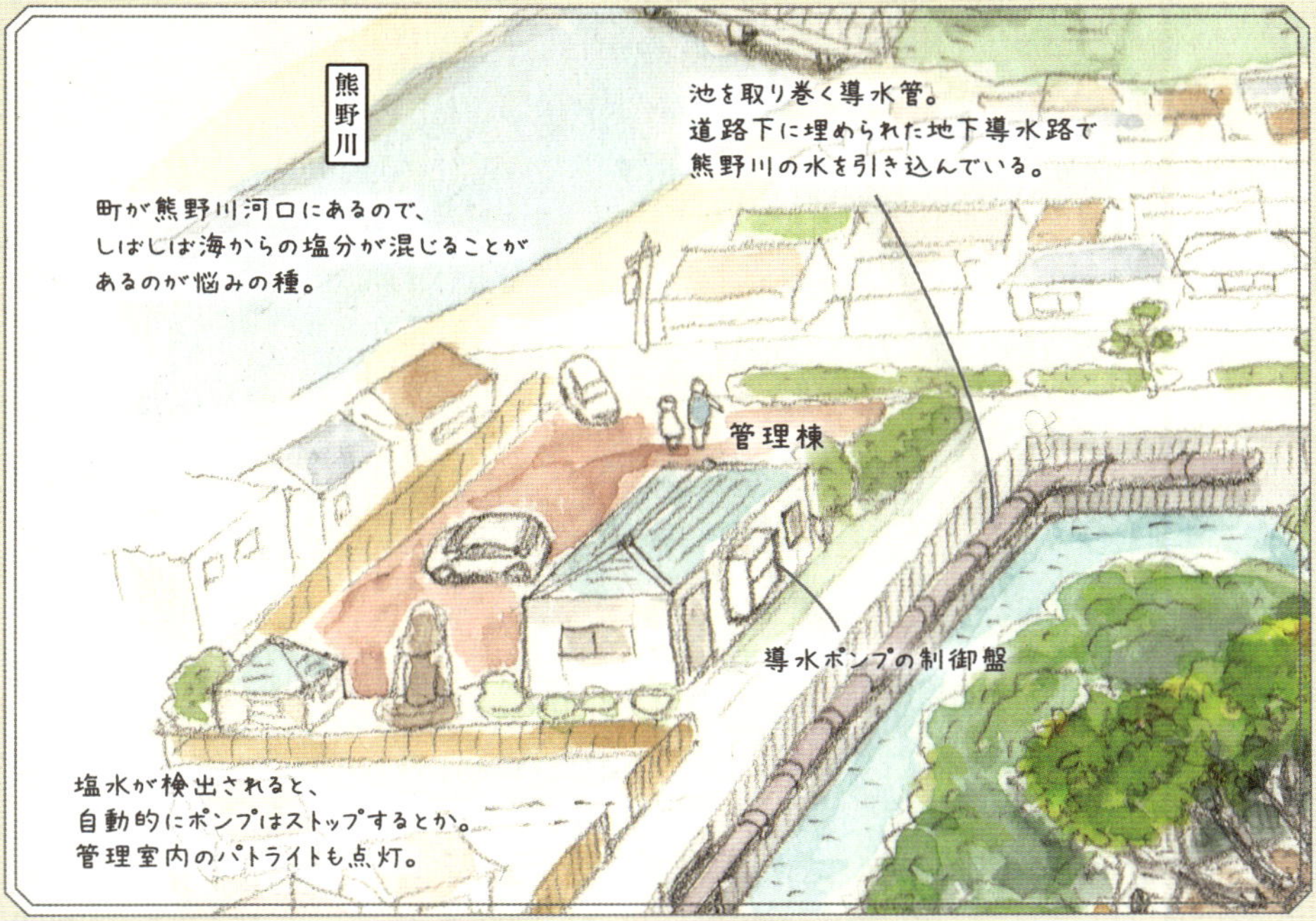
熊野川
池を取り巻く導水管。
道路下に埋められた地下導水路で
熊野川の水を引き込んでいる。
町が熊野川河口にあるので、
しばしば海からの塩分が混じることが
あるのが悩みの種。
管理棟
導水ポンプの制御盤
塩水が検出されると、
自動的にポンプはストップするとか。
管理室内のパトライトも点灯。

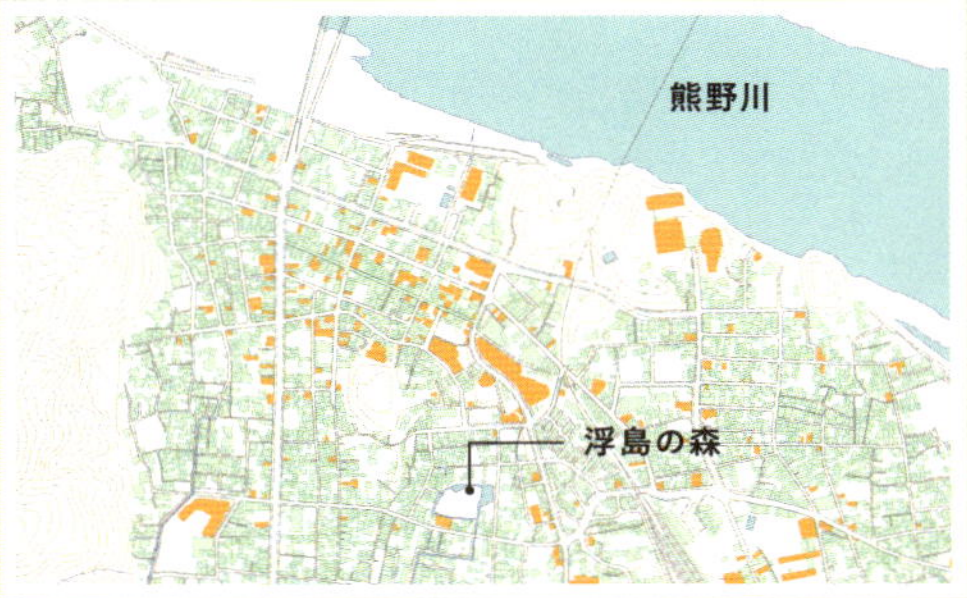
熊野川
浮島の森

国土地理院の標準地図をもとに作成

浮島の森

- ◆ **所在地**／和歌山県新宮市浮島
- ◆ **電車**／JR西紀勢本線 新宮駅から約500m
- ◆ **クルマ**／紀宝バイパス 成川インターから約1.8km

池への水の流入口は管理事務所近く（池の北側）にあり、水源は井戸水をポンプで引いたものだが水量は多くはない。

　もっと多くの清水を注入するために熊野川の水を地下トンネルで引っぱってくるという大技も。トンネルは国道42号の下を通って市道で分岐。浮島川導水路となって浮島川との合流点でさらに分岐。一方は浮島川にそのまま流し、一方は池の周囲にめぐらされた導水管に送られている。

　まるで張りめぐらされた輸血の管でかろうじて生かされている患者のような状態で、都市にある池のひとつの形として印象深かった。

町池

三三

砂沼《さぬま》

埋め立てられた天然沼がため池として復活

広大な沼を天然の防御としていた下妻城。現在、沼は影も形もなく、町が広がる。唯一、池として残った砂沼の流転の運命とは。

茨城県下妻市

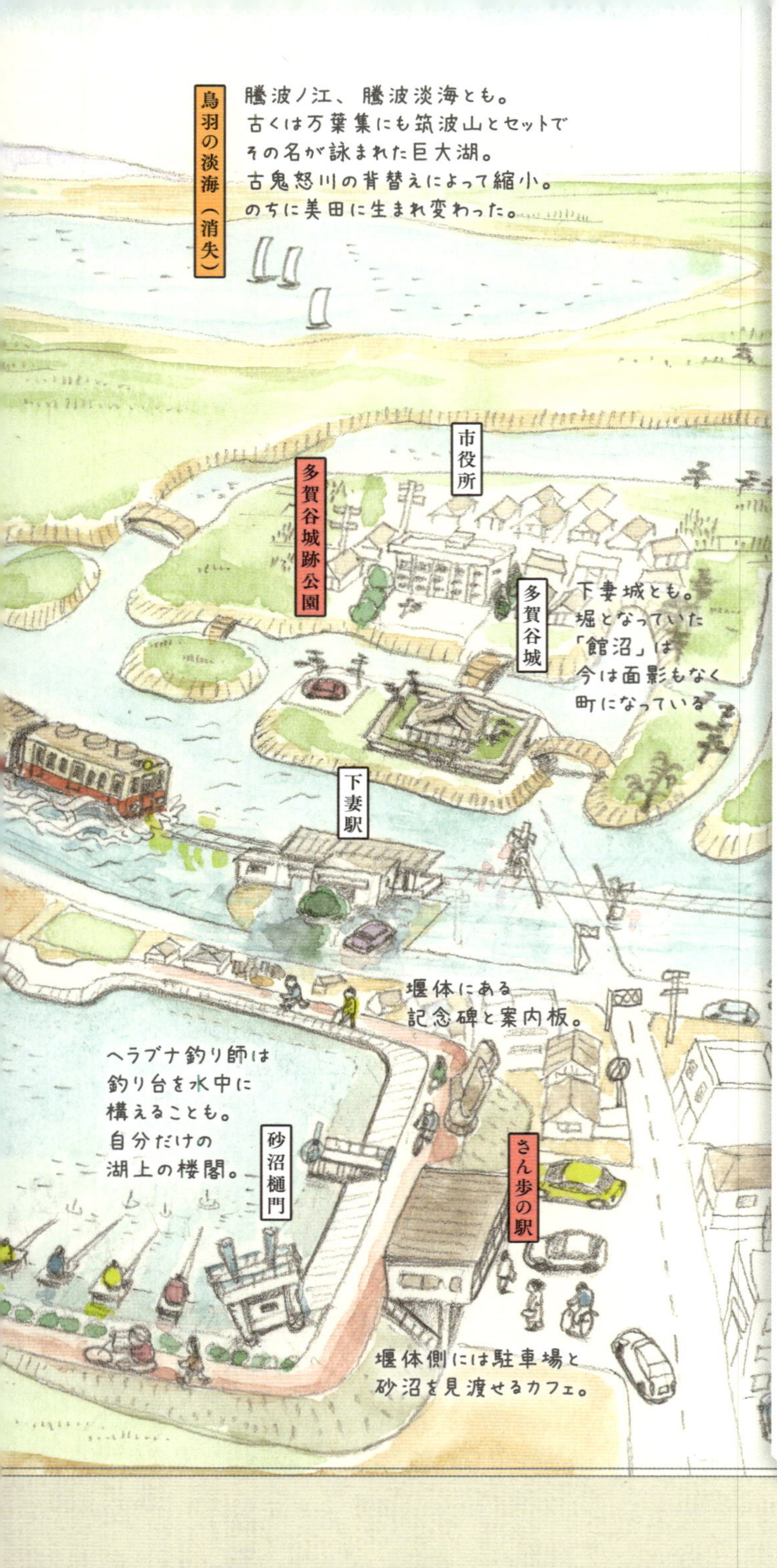
鳥羽の淡海（消失）
騰波ノ江、騰波淡海とも。
古くは万葉集にも筑波山とセットで
その名が詠まれた巨大湖。
古鬼怒川の背替えによって縮小。
のちに美田に生まれ変わった。
市役所
多賀谷城跡公園
多賀谷城
下妻城とも。堀となっていた「館沼」は今は面影もなく町になっている
下妻駅
堰体にある記念碑と案内板。
ヘラブナ釣り師は釣り台を水中に構えることも。自分だけの湖上の楼閣。
砂沼樋門
さん歩の駅
堰体側には駐車場と砂沼を見渡せるカフェ。

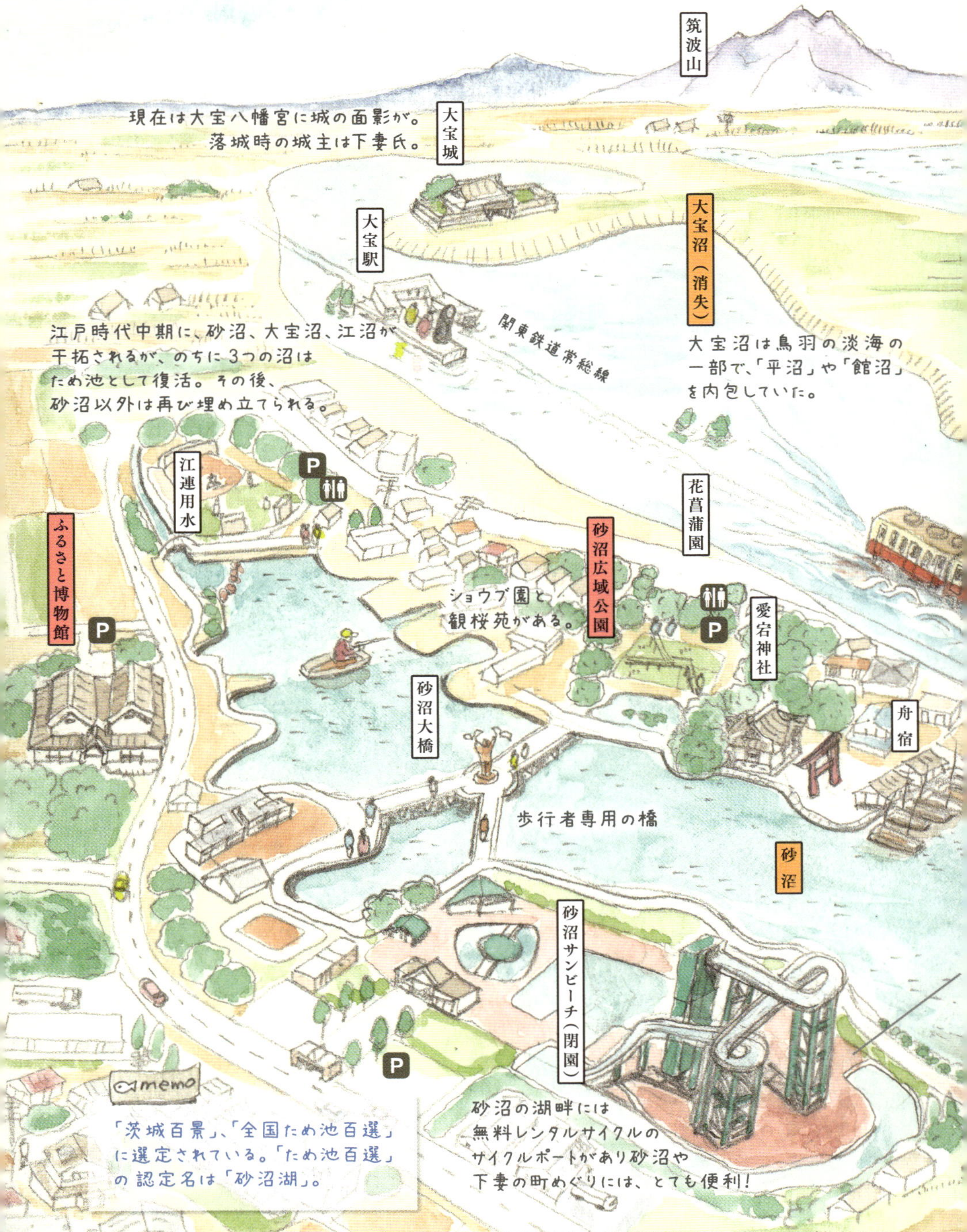
筑波山
現在は大宝八幡宮に城の面影が。
落城時の城主は下妻氏。
大宝城
大宝駅
大宝沼（消失）
大宝沼は鳥羽の淡海の一部で、「平沼」や「館沼」を内包していた。
関東鉄道常総線
江戸時代中期に、砂沼、大宝沼、江沼が干拓されるが、のちに3つの沼はため池として復活。その後、砂沼以外は再び埋め立てられる。
江連用水
P
花菖蒲園
砂沼広域公園
ふるさと博物館
P
ショウブ園と観桜苑がある。
P
愛宕神社
砂沼大橋
舟宿
歩行者専用の橋
砂沼
砂沼サンビーチ（閉園）
P
memo
「茨城百景」、「全国ため池百選」に選定されている。「ため池百選」の認定名は「砂沼湖」。
砂沼の湖畔には無料レンタルサイクルのサイクルポートがあり砂沼や下妻の町めぐりには、とても便利！

城を守る天然の堀が一度埋め立てられ復活

深田恭子、土屋アンナ主演の映画「下妻物語」で一躍全国に名が知られた下妻市は、水田とため池の多い常陸エリアでも有数の米どころ。もちもち感が人気のお米・ミルキークイーン発祥の地ともされている。

戦国時代、この地にあった下妻城は、広大な大宝沼と館沼を天然の堀として強固な防御力を誇る城だった。だが、現在は大宝沼も館沼も埋め立てられ、町と水田が広がっている。往時をしのばせる痕跡といえば「多賀谷城跡公園」があるくらい。城趾公園といっても碑と遊具があるだけで、市街中心の小さな児童公園といった感じだ。

下妻の東にある小田城、西の逆井城も同じように天然の沼を利用した城で、中世城郭が復元された立派な歴史公園になっているだけに、城好きにとって下妻城はひたすら想像力が試される存在といえよう。

壮大な沼城だったのに、城郭遺構も沼も残っていない……。しかし池のよすがを求めれば、幸いなことに町の顔ともいえる砂沼が豊かな水辺を広げている。

じつは江戸時代中期の新田開発で、大宝沼、江村沼とともに砂沼もいったんは干拓されて消えている。その後、鬼怒川から引いた江連用水だけでは供給不足なため、砂沼は立派な人工堤をもったため池の姿で復活。

天然沼沢としてのルーツをもちながら、人の都合でいったんは消え、次に人造湖として蘇ったという数奇な運命もさることながら、消えた沼たちのありし日の姿を伝える存在として貴重だ。市街地の微妙な起伏を見ながら町を歩くと、また違った風景が見えてくる。

湖周長6kmの湖畔には緑地の中に、県立砂沼広域公園（観桜苑）、球場、下妻ふるさと博物館があり、一大文化拠点になっている。350本の桜と2万9000本の花菖蒲が季節の彩りを楽しませてくれるほか、枯淡な舟宿も詩情を添える。

砂沼

◆ **所在地**／茨城県下妻市下妻丙
◆ **電車**／関東鉄道常総線 下妻駅から約1.8km
◆ **クルマ**／常磐自動車道 土浦ICから約27km、北関東自動車道 桜川筑西ICから約26km

国土地理院の標準地図をもとに作成

町池 三四

池ノ内湖と鏡池

いけのうちこ かがみいけ

遊べるため池と奇岩が見下ろす庭園池

佐賀県武雄市

１８００年の歴史をもつ武雄温泉。この町には地域の人々に愛されるため池と、町のシンボルである奇岩を引き立てる池がある。

「池干し」を行って池の水をぜんぶ抜く

温泉で有名な佐賀県武雄市は、詩情豊かなため池を多く抱えた地でもある。

そんな武雄市にある池ノ内湖は、多くの家族連れでにぎわう武雄温泉保養村という公園の構成要素にもなっている。名前に「湖」と付されているものの、「ため池百選」にも選ばれた現役の農業用ため池だ。ボート遊

「掻《か》い掘《ぼ》り」とは？

「掻い掘り」とは貯水機能の維持や水質改善のために池の水を抜いて底土を天日にさらすこと。おもに農閑期に行われ、毎年、実施する地域もある。水抜き、池干し、換え掘り（かえぼり）、換え乾し（かえぼし）、池干し、泥流し、ゴミ流し、ドビ流しなど、地域によって呼び方が違う。

掻い掘りの目的

- 底にたまった泥や土砂の排出
- 底土を空気にさらし微生物による有機物の分解を促す
- 堰体、取水設備の点検や補修
- 池の魚を獲ってタンパク源に
- 外来生物の駆除や投棄ゴミの撤去

掻い掘りのイベント

伝統行事の掻い掘りをイベントとして保存したのが滋賀県の八楽溜（→80ページ）での「オオギ漁」。掻い掘りをテーマにした映画としては淡路島の奈良町池がロケ地となった「種まく旅人 くにうみの郷」（2015年）がある。

水抜きが海産物を育てる？

富栄養化した水を海に流すことで、海産物の育成を促進させるとして、漁業者を巻き込んだ取り組みも試みられている（→31ページ）。

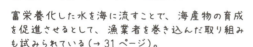

びや釣りなどレジャーでの湖面開放もされている（↓128ページ）。

この池では地元の高校生が中心になって5年ごとに掻い掘り（この地域では「池干し」と呼ぶ）が行われ、ため池の役割と維持管理を実践的に学ぶよい機会となっている。掻い掘りで捕獲されたオオクチバスを天ぷらにして参加者にふるまうなど、ユニークな取り組みが地域の新聞にも取りあげられた。

湖周遊歩道は一周2・1kmで、東岸側は車道との共用道。池ノ内湖へ流れ込む沢は550m先のほたる池までの区間がせせらぎプロムナードとして整備されクレソンも自生している。

江戸時代初期の1625（寛永2）年に築造された際は小さな池だったということだが、およそ200年後に新田開発に伴い堤のカサ上げが行われ、その後も規模を拡大し今の姿になった。

自然の剛と柔が表れた奇岩と池は相性抜群

池ノ内湖の近くには佐賀のみならず九州屈指の池泉回遊式庭園（↓113ページ）をもつ御船山楽園がある。

あたりを睥睨するように厳めしい岩稜を見せつける御船山を擁した壮大な日本庭園だ。幕末に佐賀藩主が別邸として造った萩の尾園がベースになっている。

この御船山楽園で、奇峰を彩る季節の花々や紅葉を引き立てる重要な役割を担っているのが鏡池だ。

水の流入口は、岩山から流れ下る沢をショウブ群落が迎え入れ、天然沼沢のような小宇宙が体現されている。ハイシーズンにはライトアップも行わるので夜の妖艶な表情も見ものだ。

奇岩と池の取り合わせという剛と柔の妙味を楽しめる池としては、石川県の那谷寺の蓮池（↓189ページ）や徳島県のひょうたん池（↓76ページ）がある。

ダム湖であっても、鬼が棲んだといわれる奇峰の大穴が見下ろす並石ダム湖（大分県国東半島）、岐阜県のひょうたん湖、松野湖では丸みを帯びた巨大な奇岩がなす独特の水景を目にすることができる。

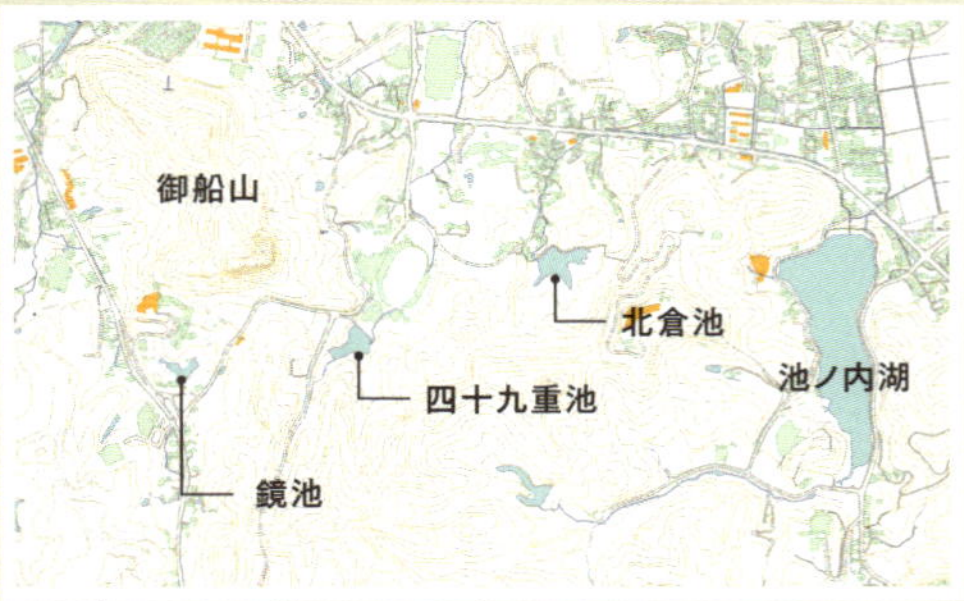

池ノ内湖と鏡池

◆ 所在地／佐賀県武雄市武雄町

◆ 電車／JR九州佐世保線 武雄温泉駅から、池ノ内湖は約3.5km、鏡池は約2.5km

◆ クルマ／長崎自動車道 武雄北方ICから、池ノ内湖は約6km、鏡池は約5.2km

国土地理院の標準地図をもとに作成

名水として有名な鎌倉水。
内ノ子池
武雄温泉
御船山
標高 210ｍ
武雄温泉駅
岩をくり抜いた五百羅漢。
国の登録記念物（名勝）。
山腹の茶屋
つつじ谷
2000本のツツジが
植えられている。
冠木門
池畔の茶屋
鏡池
池ノ内湖
四十九重池
北倉池
ボート遊びや釣りもできる
「ため池百選」の池。
武雄温泉保養村
ほたる池
せせらぎプロムナード
P
P
P
P

町池

三五

芥川龍之介や泉鏡花が執筆した伝奇小説の舞台にも

猿沢池《さるさわいけ》

奈良時代に築造された宗教行事用の池。
貯水以外の目的で造られた池としては最古級だ。
日本三沢（池）のひとつにも数えられている。

奈良県奈良市

五重塔を映し出す池に七不思議や大蛇伝説が

古都奈良を代表する水辺といえば、まず猿沢池を挙げないわけにはいかない。奈良時代に放生池（→175ページ）として築造された宗教行事のための池だ。五重塔を水面に映す美景は千余年変わらず、今も五月には鯉を放つ放生祭りが行われ、風物詩となっている。

猿沢池の七不思議は、「澄まず 濁らず 出ず 入らず 蛙《かわず》はわかず 藻は生えず 魚が七分に水三分」と俗謡にも唄われ、采女《うねめ》と大蛇の伝説（→84ページ）は文豪らに名作を生むインスピレーションを与えている。

采女祭では、中秋の名月のころ、午後7時から舳先に龍と鷁《げき》の首をあしらった二艘の舟を池に浮かべ十二単姿の女性やミス奈良が舟に乗りこみ、水面を漂う40もの灯籠のあいだを縫って池を2周する。幽玄な趣きは筆舌に尽くしがたい。

近くにある東大寺の鏡池、正倉院の大仏池などの古都風情あふれる池畔では鹿が草を食む。足をのばせば水上池、蛙股池など千年以上前の記録に出てくる日本最古級のため池や古墳池も健在だ。

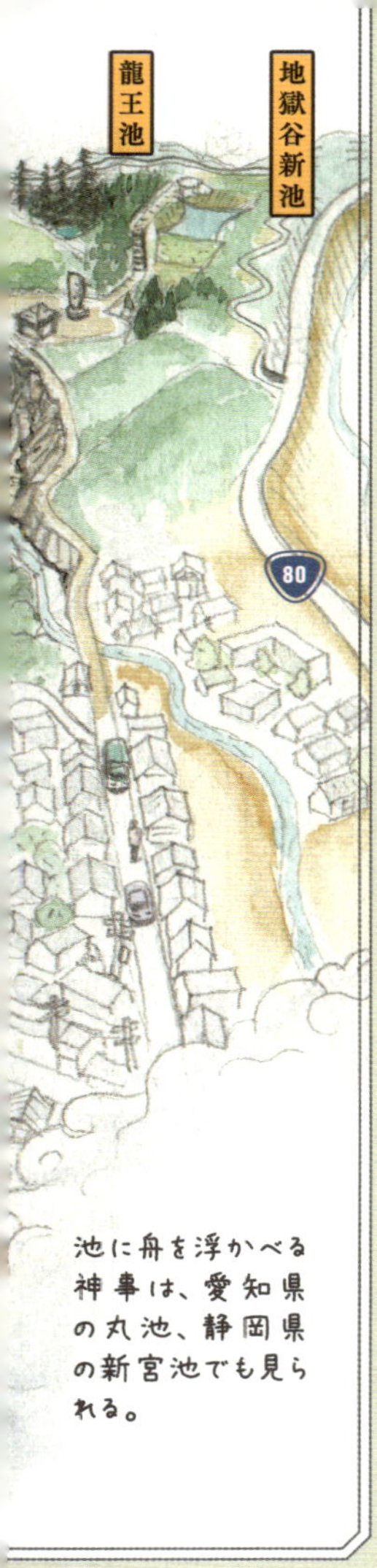

地獄谷新池
龍王池
80
池に舟を浮かべる神事は、愛知県の丸池、静岡県の新宮池でも見られる。

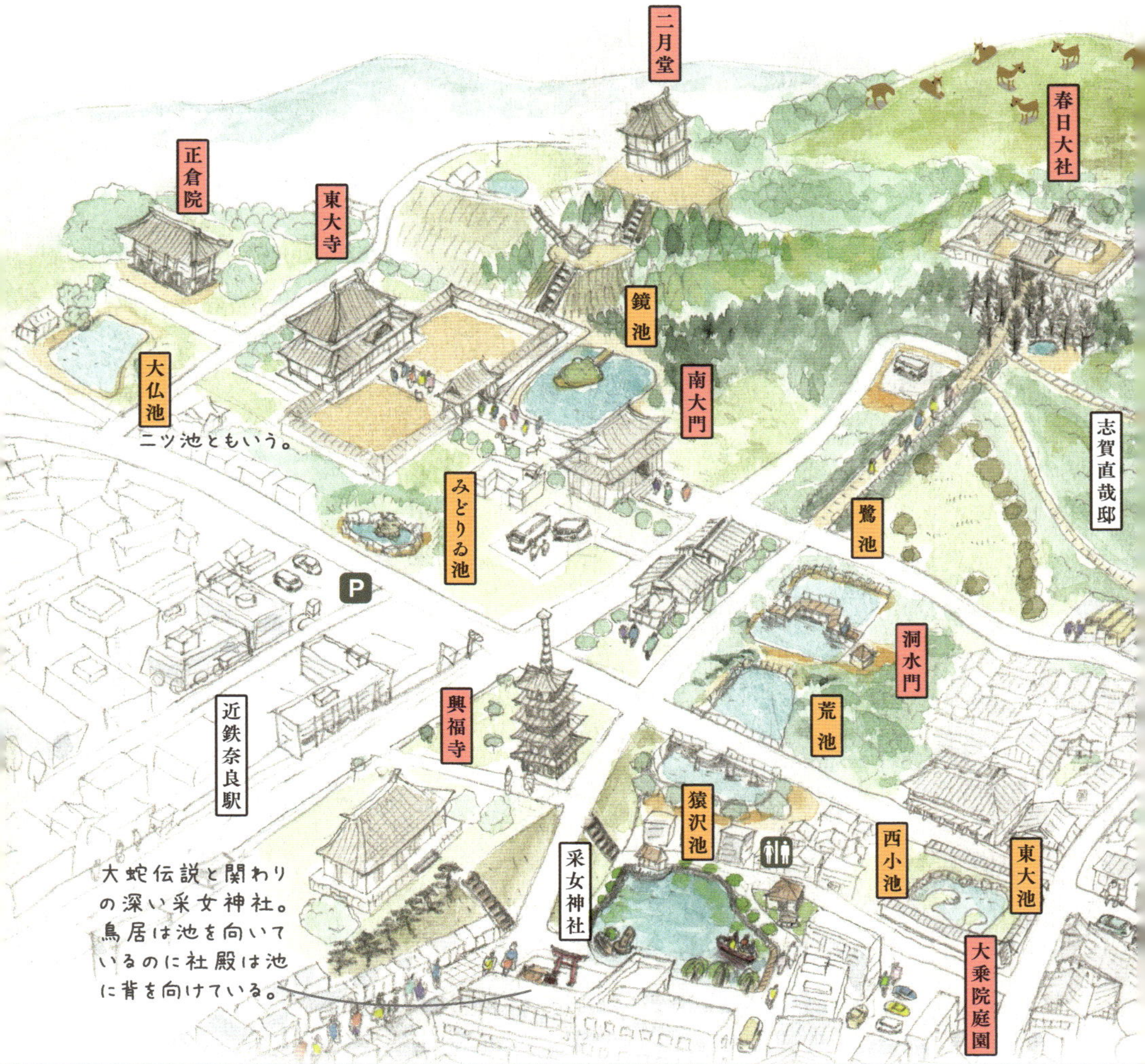

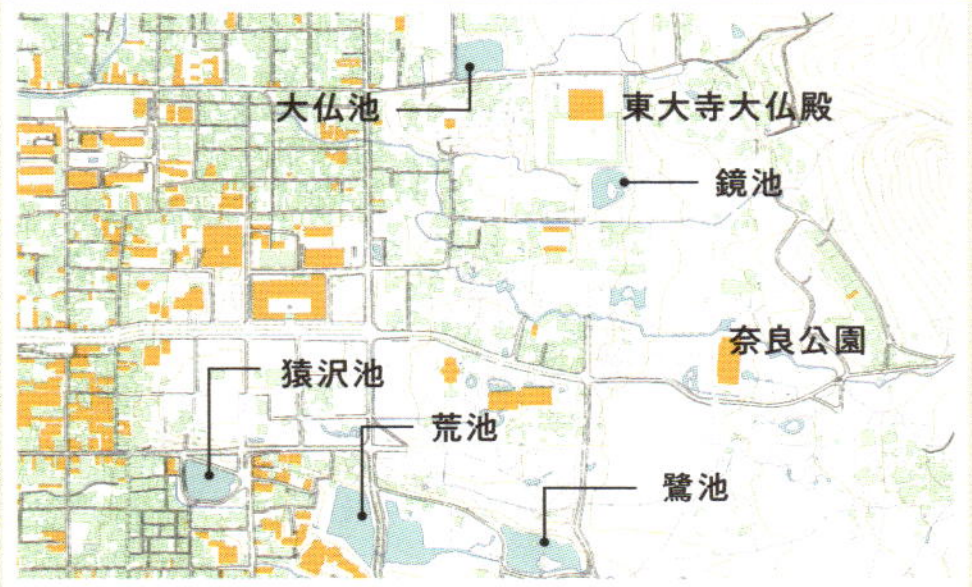

猿沢池

◆ **所在地**／奈良県奈良市樽井町
◆ **電車**／JR西日本大和路線・奈良線 奈良駅から約1.2km、近畿日本鉄道奈良線 近鉄奈良駅から約500m

国土地理院の標準地図をもとに作成

町池

三六

松虫姫の忠義の牛が身投げした都市型調節池

牛むぐりの池《うしむぐりのいけ》

千葉県印西市

奈良時代、都を出発し長い旅をともにした難病の皇女を守り抜いた一頭の牛は、現代においては都から遠く離れた池で都市にすむ人々を洪水から守っている。

池造りの天才・行基と難病の姫と一頭の牛

高層マンションが立ち並ぶ千葉ニュータウンの東端、松虫姫公園という魅惑的な名の公園内にあるのが、これまた不思議な名の牛むぐりの池。無機質な名が多い都市型の洪水調節池としてはかなり異色である。

松虫姫は奈良・東大寺の大仏で有名な聖武天皇の皇女。病に冒されていた松虫姫は夢枕に立った薬師如来から「下総の里にいる自分を探せ」という課題を与えられる。引率を引き受けたのは行基。薬師如来の導きで全国各地の有名温泉地を開発するだけでなく、奈良の大仏や日本初のダムもプロデュースした大物だ。

松虫姫は牛の背に乗り、行基とともに薬師如来を探す旅に出る。山賊に襲われた際には牛が奮闘し姫を守るなど、数々の困難を乗り越え下総の地でひっそり祀られていた薬師如来像を見つけた。病も快癒し、お礼としてこの地に養蚕をはじめとする京文化を伝え、姫は晴れて帰京する。残されたのは乳母と高齢の牛。忠義の牛は姫を慕って嘆き悲しみ、ついに池に身を投げてしまう。

奈良時代のことだけにもともとは天然沼沢だったと思われる。ニュータウン造成による埋め立てから免れて、町を洪水から守る調節池としての設備と機能を与えられ、周辺は住民憩いの場として公園化された。

池は住宅造成地に囲まれていて、すり鉢状の凹地の底にある。水位は低く抑えられ、洪水の際にはコンクリートの町からいっきに流れ込む大量の水を受け止めるキャパシティを確保している。

姫を守った牛が眠る池は、姫の名が付いた公園とともに現代の町を守っている。

牛むぐりの池

◆ **所在地**／千葉県印西市舞姫

◆ **電車**／北総線・京成電鉄成田空港線 印旛日本医大駅から約 1km

国土地理院の標準地図をもとに作成

ぶらぶら 町池

町池のほとんどはもともと町中にあったわけではない。池の周辺が宅地造成され、自然と町池となったものが多い。農業用のため池などとして活躍していた池が新たな役目を得て、人々の生活を見つめている。

天然池（沼沢）

お玉《たま》ヶ《が》池《いけ》

東京都千代田区岩本町

首都高速、地下鉄も入り交じる都心の交通要衝の空は小さい。大通りから一本、路地に入ったビルの谷間に束の間の静けさがあった。雑居ビル敷地の一角に小さな祠があり、ユニットバスほどの大きさの池に金魚が泳いでいる。ここがかつて不忍池クラスの大きな池だったと知る人はどのくらいいるのだろうか。江戸初期には桜の名所で茶屋もあった悲恋伝説の池だが、埋め立てで江戸後期の古地図からも池の姿は消えた。

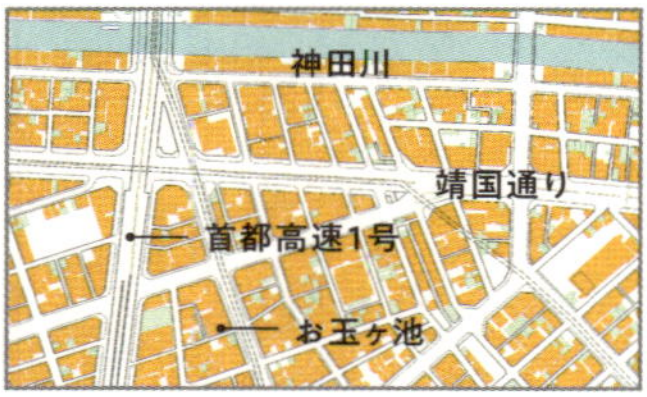

マップは国土地理院の標準地図をもとに作成

天然池（火口湖）

血《ち》の池《いけ》地《じ》獄《ごく》

大分県別府市野田

国内有数の温泉地・別府の目玉観光コースといえば「地獄めぐり」だ。温泉が湧出し、「〇〇地獄」と命名された7つの池を周遊する。このうち、海地獄、白池地獄、竜巻地獄、血の池地獄の4つは、国の名勝にも指定されている。もっとも人気のある血の池地獄は、酸化鉄などを含んだ熱泥により赤く染まって見える。赤い水面と生い茂る木々の緑によるクリスマスカラーが写真映えすることから、近年若い人の姿もよく見られる。

マップは国土地理院の標準地図をもとに作成

人工池（ため池）

猫《ねこ》ヶ《が》洞《ほら》池《いけ》

愛知県名古屋市千種区平和公園

名古屋市の平和公園にある猫ヶ洞池。池の流れ込み側は原生林の中にあるような野生感が漂う。しかし一歩、堤側へと遊歩道を進めば、のびやかな都市公園と親水護岸のある釣り場となっている。このような二面性が魅力の池だが、最大の目玉といえば増水時に水を逃がすための「ダム穴」だ（→97ページ）。都市部の公園化された池においてダム穴が見られるのは全国でも類例がない。大雨後は迫力のある顔を見せてくれるだろう。

マップは国土地理院の標準地図をもとに作成

人工池（沈殿池）

和《わ》佐《さ》保《ぼ》堆《たい》積《せき》場《じょう》

岐阜県飛騨市神岡町和佐保

「堆積場」という名の特殊な池があるのは、宇宙科学分野で有名なスーパーカミオカンデで知られる神岡町。もともとは歴史ある鉱山の町だった。「堆積場」という、およそ池らしからぬ名からも分かるように、見た目こそ谷池タイプの貯水池ではあるが、その目的は別にある。鉱山で排出される水から有害物質などを分離・沈殿させるために造られた。沈殿池や鉱滓ダム、テーリングダムの名で全国の鉱山にて見られる。

マップは国土地理院の標準地図をもとに作成

人工池（調節池）

瓦《かわら》谷《だに》池《いけ》

和歌山県岩出市桜台

もとはため池だったが時代の変遷とともにニュータウンに囲まれ、城壁のようなコンクリート壁とオリフィス塔（→165ページ）を備えた都市型調節池としての機能を与えられた。さらに老舗釣り池管理業者が池の内水面利用権を得たことにより、釣り桟橋が設けられ、有料の鯉釣り場として親水機能も加味された。東にある口ノ池、中ノ池、奥ノ池といった往年の三段池は宅地化とともに消えていくなど、池も生き残り競争が厳しい。

マップは国土地理院の標準地図をもとに作成

山《やま》田《だ》池《いけ》

人工池（ため池）

三重県鈴鹿市稲生町

F1グランプリも開催される鈴鹿サーキットの見どころであり、世界のトップレーサーも悩ませる難所「S字コーナー」は、三段の農業用ため池である山田池の岸をなぞっている。これは、故・本田宗一郎がサーキット建設にあたり、地域の農業を支える田やため池を犠牲にするべきではないといったことで生まれた奇跡の名コース。サーキット開業後も池は農業用の水を供給していたが、本田の没後、中池が埋め立てられた。

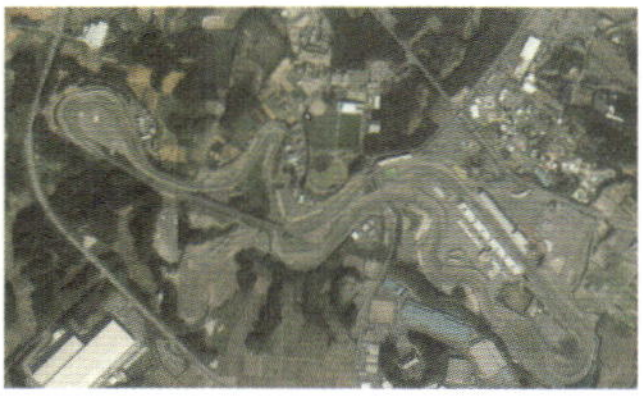

国土地理院の航空写真、標準地図をもとに作成

まこも池《いけ》

天然池（沼沢）

千葉県松戸市主水新田

江戸川堤防のすぐわきにあるまこも池。土手の上ではサイクリングをしている人や犬を散歩している人が行き交っている。東京のベッドタウンとして宅地化される以前は、広大な低湿地に無数の沼沢が点在していた。現在、それらの沼沢はおおかた埋め立てられてしまったが、往時をしのばせる池としてまこも池が残された。ヘラブナ釣り場として桟橋や駐車場が整備され、季節を問わず釣り人たちが糸を垂れている。

マップは国土地理院の標準地図をもとに作成

大《おお》田《た》切《きり》池《いけ》

人工池（調節池）

東京都町田市小山ヶ丘

池のある小山内裏《おやまだいり》公園は、町田市の西方、ほぼ八王子市と接する大田川源流に位置する都市公園。もともと湧水を源流とした川岸にあった杉の木が、昭和60年ごろ宅地化に伴う調節池の造成によって立ち枯れの姿に。町中の調節池とは思えない池風景を生みだした。池の名前は「大田川が切れるところにある谷戸」という意味。サンクチュアリとして多様な動植物を有しており錦鯉、野鯉が泳ぐ。機能性重視の池に偶然がスパイスを添えた。

マップは国土地理院の標準地図をもとに作成

天然池（潟湖）

須《す》津《ど》湖《こ》

静岡県富士市中里

かろうじてクルマ一台幅の路地を進んだ奥に、ガードレールに囲まれた袋小路を所狭しと埋める半円形の小さな池が現れた。じつは富士五湖を含めた富士八海という8つの巡礼地のひとつに江戸時代まで数えられていたのが、ここ須津湖。湖とはいえ、実態は底全面をコンクリートで固めた防火用水池。一帯はかつて浮島ヶ原と呼ばれた広大な湿地帯だった。排水事業で町として生まれ変わったが、信仰の聖地としてその名が残された。

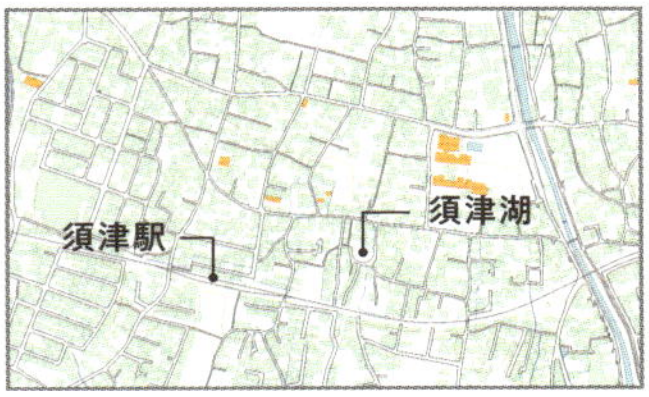

マップは国土地理院の標準地図をもとに作成

人工池（ため池）

在《ざい》家《け》堤《つつみ》

青森県八戸市田面木上田面木

江戸時代に整備された皿池タイプのため池であるが、現在は農業用としての役割を終えて、八戸市街地の幹線国道沿いにてにぎやかな余生を送っている。赤い太鼓橋が渡された中の島には竜像が据えられ、その口からは水がほとばしる。周辺の宅地化が進むなか埋め立て造成されることなく大切にされているが、水質悪化が課題。対処として培養した微生物を放流するなどの努力がなされている。地名から「田面木堤《たものきつつみ》」とも呼ばれる。

マップは国土地理院の標準地図をもとに作成

人工池（湯畑）

草《くさ》津《つ》温《おん》泉《せん》湯《ゆ》畑《ばた》

群馬県吾妻郡草津町草津

全国的に有名な草津温泉にあるこの池は、温泉街の中心で宿や土産物店に取り囲まれ、草津のランドマークとなっている。毎分4000ℓの温泉が湧出するこの池からもうもうと湯気を上げる湯の色は緑色で、岸の岩も温泉成分が付着していて苔蒸したかのよう。池に並ぶ木の樋など池の設備にも見所が多い。湯畑とは源泉の温度を調節したり、湯ノ花を収穫したりするための池を指す。まさに「畑」という言葉がふさわしい。

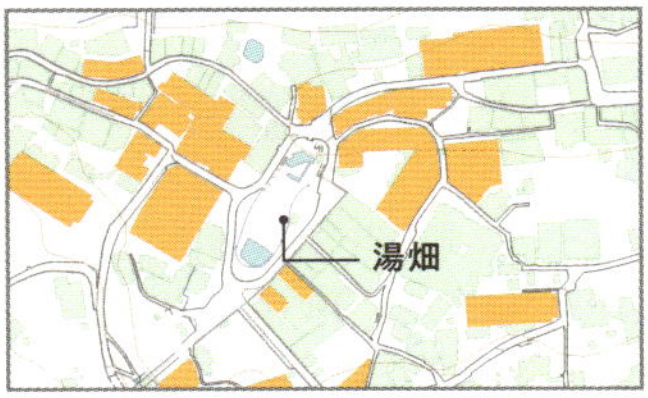

マップは国土地理院の標準地図をもとに作成

かつて浅草にあった池を想像で楽しむ!
ロストレイクを再現

私の家に「東京一目新図」という1枚の古地図がある。1897（明治30）年の東京都心部を鳥瞰図的に描いためずらしい地図だ。120年前と現在の東京の違いを見比べるのが楽しくて、眺めているだけで時間が経つのを忘れてしまう。

この地図で今も多くの人が訪れる上野・不忍池を見てみると、池の外周が競馬場になっている（→127ページ）。

視線を上野から右にスライドすると、浅草寺の西側に見慣れぬタワーがあった。関東大震災で崩落した浅草十二階だ。周囲に演劇場も立ち並ぶ浅草六区と呼ばれる場所にある。この場所は当時日本一の歓楽街だった。

浅草十二階の足下には瓢箪池が描かれている。この池のあった場所は、すっかり様変わりしており、現在は場外馬券場や雑居ビルが建ち並んでいる。ビルの谷間に今はなきロストレイクの痕跡を探し歩くのもたのしい。

かつて瓢箪池があった場所周辺。現在は場外馬券場や雑居ビルが建っている。

寺社の池はミステリーと伝説の宝庫

寺社池さんぽ

八章

信心に水はつきものなのか、
お寺や神社には池がある。
人智を超えた場所にあるだけに
池そのものも超自然的な逸話を
もっていることが多い。
現実離れした寺社池の魅力に
酔いしれてほしい。

寺社池 三七

龍王池《りゅうおういけ》

岡山県岡山市北区

池そのものが御神体。紀元前の神話にもその名が

龍王池は龍泉寺の御神体。八大龍王が宿るとされる。池を取り巻く山や湿地すべてが境内に取り込まれ、池の下には滝打ちの行場も存在する。夏祭りでは2基のお神輿がこの滝に突入する。

龍王山
神話では、この山の頂上から水が流れ出したとされる。
八大龍王大宝塔
上こい岩湿地
湿地には、サギソウも自生。
放生祭では、ここからコイを放流する。
こい岩湿地
もみじ谷湿地
千本以上のモミジ。
長池
memo

境内には御神体の龍王池をはじめ、池を取り巻く山、谷、湿地など彩り豊か。境内の遊歩道は2km に及ぶ。世界に衝撃を与えたノートルダム寺院の火事以降、国内の寺社でも防火対策が見直されるようになったが、龍泉寺では龍王池がなんとも心強い防火用水池の役割も果たしている。龍王池のほかには、トンボ池と長池の二段の池もある。両池のあいだにはトンボ池湿地があり、ほかにも上こい岩湿地、サギソウ湿地、もみじ谷湿地といった湿地が存在する。

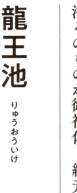

古代祭祀跡
古代の神事が行われた磐座《いわくら》。
つまり、この岩も
大昔は御神体だった。
ヘリコプターから吊した
大きなバケツで
龍王池の水を汲む
消火訓練も。
拝殿
龍王池
赤鳥居
鐘楼
龍泉寺
堤の上を神輿が
渡御する。
堤の下は水田。
龍王池の名の由来は
平安時代の
「鬼城縁起」に
記されている。
龍神の松
宿坊
修行の場として宿坊も！
ハッチョウトンボもいる。
お滝祭り
トンボ池
トンボ池湿地
夏の祭りでは、
2基のみこしが
滝打ちをして、
クライマックス。
蓮がびっしり

御神体あれこれ

池そのものが御神体

牛島の池神社（香川県丸亀市）→35ページ
池山池（高知県室戸市）→189ページ
丸池様（山形県飽海郡遊佐町）

池底の泥が御神体

上窪池（長野県上田市）
→186ページ

鯉の養殖池にもなっている。

池畔の木が御神体

大瀬神池（静岡県沼津市）
→148、186ページ

釣りをすると祟りが？

池のどこかに沈む「金色の石」が御神体

浮島神社の池
（熊本県上益城郡嘉島町）

池自体が御神体ではないためか、ここは釣りもできる。

かなりまれなケース？
人工のため池が御神体

日本では古来より自然のさまざまな事物に神を見出してきた。山はその最たるもので、奇岩や大岩を御神体と見立てた磐座《いわくら》といったものもある。

古い池には水神が祀られているのもよく見かける光景だが、これは池の守り神や弁財天を祠に招いて祀ったものがほとんどで、池そのものが御神体というのはレアケースであろう。

御神体として神が宿る神秘性をもち、太古から地域で崇められてきた池となれば、やはり天然のものが優勢。「池＝神」だけに魚を捕獲したり傷つけたりすることは当然禁忌である。

そんななかで人工のため池が御神体というめずらしい事例があった。岡山市街地に裾を落とす山中に伽藍を広げる龍泉寺と龍王池である。

紀元前の神話時代、恵みの水をもたらそうと楽々《ささ》森舎人《もりとねり》が神通力で山を穿ち、水を湧かせたという池の誕生エピソードと、土地の守護神として八大龍王の化身が棲んだという池の名のルーツが平安時代の書「鬼城縁起」に記されてる。伝説レベルを越えて神話レベルの池だ。

そんな龍王池だが、もともとは龍王山の中腹に点在した天然の沼沢群《しょうたくぐん》だったらしい。それが江戸時代に農業用のため池に改造するべ

八大龍王は水を司る神様。
雨乞いの神様でもある。
7月のお滝祭りでは、お神輿が赤鳥居をくぐる。
この際、鯉を一尾ずつ放つ放生の神事も。
4月の八大龍王祭では、御神体の龍王池に向かって
和太鼓演舞の奉納がある。池もうれしそう。

龍王池
龍泉寺

龍王池

◆ **所在地**／岡山市北区下足守
◆ **電車**／JR西日本吉備線 備中高松駅から約7km
◆ **クルマ**／岡山自動車道 岡山総社ICから約6km
◆ **飛行機**／岡山桃太郎空港から約8km

国土地理院の標準地図をもとに作成

く、堰体や取水樋が造られた。明治時代には寺の日護聖人の号令で、池の貯水量を増やす嵩上げ工事が行われ、現在の立派なため池となった。

神事を行うことにより神様の池を喜ばせる

堤の下側には水田もあるが、ここはあくまで龍泉寺の境内。そのかたわらには宿坊も。さらに下ると龍の口から水が流れ落ちる滝打ち場があって行者たちの水垢離《みずごり》の場となっている。

7月のお滝祭りでは、2基のお神輿が龍王池の堤の上を渡御し、クライマックスでは滝にお神輿ごと突入する「滝入り」が参拝者を沸かせる。

究極のパワースポット？　神の名をもつ池

明神池《みょうじんいけ》

山口県萩市

日本全国に点在する「明神池」という名の池。明神以外にも、八幡や弁天、稲荷など、神仏系の名前が冠された池は数多くある。

海水魚と淡水魚が混在 長門の国の七不思議

口径30mの噴火口をもつ笠山は、日本海に突き出した細い砂州の先にある。この火山の入口には、萩の明神池が鎮座。池岸の一部は石段となっていて、まっすぐ鳥居に面している。

国の天然記念物にも指定されている明神池は、大池、小池、奥ノ小池の3つの通水する池からなり、池全体が神域として厳島神社に取り込まれている。

池底の岩盤の隙間で外海と通じていて、潮の干満に応じて水位が変化。そのため、池の水は塩分を含んでおり、海水魚と淡水魚が混在する。マダイ、ヒラメといった高級魚から、コイ、メダカといった淡水魚まで多種が生息している。

私も、荒磯に棲むイシダイやメジナが悠然と泳いでいる姿を実際に目にして仰天した。魚たちにとって、ここはお伊勢参りのような場所なのかもしれない。夜になると魚たちがぞろぞろと石段をのぼってお参りに向かう様子が目に浮かんだ。

日本の各地に存在する 神仏系の名をもつ池

「明神池」という名の池は、全国各地に存在する。「大明神池」「神池」も含めると、私が把握している限りで15の池があった。

ちなみに、「明神湖」は岐阜県で防災ダム湖名として使われている一例のみ。もっとある印象だったので意外だった。

そのほか、神仏系の名をもつ池としては八幡、弁天、地蔵、観音、稲荷が有名どころ。寺社の境内で生きた魚を放ち、殺生戒に対する供養を行う「放生池」という池もある（→175ページ）。

興味深いことに、奈良大仏の東大寺、香川の金刀比

笠山にはクルマで登れる登山道が整備されていて、
頂上には無料駐車場と展望台がある。
展望台からは響灘と萩市街を一望できる。
窪地になっている。
エビ池
笠山
無料
トイレ
鳥居
虎ケ崎
標高 110m
明神池のほかに
エビ池、笠山四
十八池などがあ
り、遊歩道で池
めぐりもできる。
椿の群生林
トイレ
遊歩道
笠山の四十八池
正直、どこにあるのか
よく分からない。
ぼとっ！
明神池
ココにも
池
長門の七不思議
明神池
池なのに、タイやフグなど
高級海水魚が泳ぐ。
なんとイシダイまで！
有料
明神池は、
大池、小池、奥ノ小池
の３つの通水する
池からなり、
別名・御茶池。
有料
191
萩市街地
池が立地する笠山は、海に四方を囲ま
れながら砂州状に細く本土とつながって
おり、九州の桜島を小さくしたような感
じで、地形的にもとても魅力的。

羅宮といった大御所の寺社には、「鏡」の名をもつ池が共通している。

これらの池のなかで数として多いのは弁天系だろう。正式名ではなく、通称として呼ばれているものもあり、弁財天を祀った島をもっているものも少なくない。

現世利益を叶えてくる弁天様や寺社の名前シェア1位の八幡様の名を冠した池たちは、どことなく身近で親しみやすい印象がある。一方、「明神」は「神」そのものを表す言葉だけに、池がまとう空気もぴりっとしていて近づきがたいものがあるように感じてしまう。この名をもつ池は、全国的にどれも強烈な個性をもつ。

奈良県吉野郡下北山村の明神池
池自体に七不思議がある。
地形を見ても分かるように、
明確な流入河川はないのに、
干上がったことはないという。
昔話に終わらず、
昭和、平成の時代になっても
祟りと信じられている事故、
不思議な現象、
浮木様の目撃談が。
海と山にはさまれた
猫の額のような立地がすごい。
モツゴ、ギンブナ、ソウギョ、
ウナギ、ゴクラクハゼが生息。
池大明神
谷地坊主《やちぼうず》
春
夏
秋
岸に谷地坊主
が並ぶ。
冬の姿はちょっとコワい…
池から少し歩いた
水田のかたわらにある神社。
その名も「池大明神」。
早咲きの河津桜。
静岡県沼津市の明神池

奈良の山中にある明神池は、台地の端からこぼれ落ちそうな立地にある。この池の木を伐った豊臣家を没落させたという浮木様《うきさま》の伝説も強烈だ。

静岡県沼津の海岸横にある明神池も地形が際立つ。駿河湾にせり出す絶壁に囲まれた猫額の地に、海と防風林を隔てただけの淡水の池は神秘というしかない。

信州の上高地では、厳しい岩稜を連ね古来より霊峰として崇められた穂高の大伽藍を眼前に、まるで神々の踊り場のような明神池が配されている。上高地の名は「神河内《かみかわち》」から来たと知れば、観光の顔とは少し違った顔が見えてくる。

明神池

◆ **所在地**／山口県萩市椿東
◆ **電車**／JR西日本山陰本線 越ケ浜駅から約2km、萩駅から約9km
◆ **クルマ**／山陰自動車道 萩ICから約8.5km

国土地理院の標準地図をもとに作成

寺社池

三九

峰の小沼《みねのこぬま》

平安時代、極楽をこの世に映しだした霊池

秋田県大仙市

この不思議な山頂の池の存在を知ったきっかけは江戸時代の旅行家の鳥瞰図からだった。本殿の正面に池しかない奇妙なレイアウトの謎。

memo

江戸時代の紀行家・菅江真澄は小沼神社を参道入口、小沼山全体、小沼の3枚の鳥瞰図で表現した。

土地の信仰を集める奈良時代からの霊池

なんとも不思議な山頂の霊池の存在を知ったのは、東北や北海道を旅し、同時代のみならず後世の人々の旅心をくすぐる多くの鳥瞰図を残した、江戸時代の紀行家・菅江真澄の作品を見てのことだった。

描かれていたのは、茅葺きと見られる社殿の前でなみなみと水を湛えた丸い池。杉木立に囲まれ、本来なら境内があるべきところに、すっぽり池がはまりこんでいる。濃密な霊気を漂わせる不思議なこの地は、今も健在だった。

黒塀の武家屋敷と桜で有名な角館《かくのだて》の郊外に、小沼山という標高２６０ｍの小ぶりな山が眼前に迫る集落がある。民家のわきに鳥居と案内板がなければ、ここが小沼への入口とは分からないだろう。少し登ると山門があり、二体の立派な仁王像が睨みをきかせていた。

その先は右手に深い谷を見下ろしながら急傾斜の山道がつづく。ときどき道は草に埋もれそうになりながら３００ｍで山頂へ。円陣を組む衛兵のような杉に囲まれたくぼ地に木漏れ日を受けた水面の照り返しが踊っていた。

池は奈良時代には死者が登る場と信じられ、平安時代に池岸に本殿を設けて二本の反り橋と中の島をもつ浄土式庭園の様相に。

その後、鎌倉時代には真言宗系の仏教寺院になるも、数百年下って１８６８（明治元）年、新政府が全国に発令した神仏分離令によって仏像を近くの雲巌寺に避難させ、小沼神社となる。さらに合祀によって名を幾度か変えつつ、貴重な仏像も戻って小沼神社の名が復活。日本の宗教のうねりを何もかも経験した池である。

小沼山は頂上が馬蹄形にくぼんでいて、社殿が向く南側に開口部があり、西にカーブしながら谷を深め、砂防堰堤を経て集落へと下り落ちている。沼の水源は湧水ということだが、立地的に池を維持するだけの水量を千年以上も保ってきたことは奇跡というしかない。

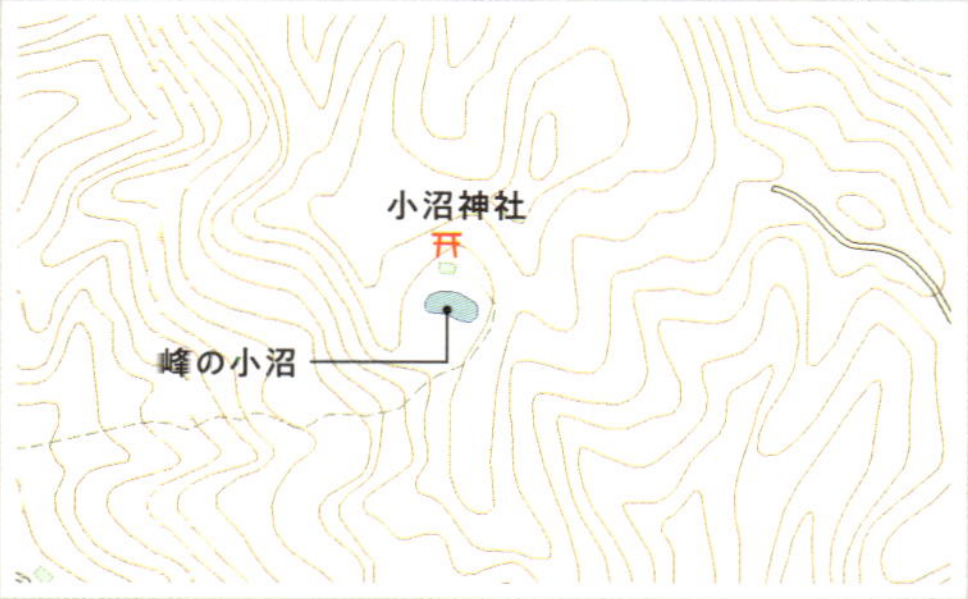

峰の小沼

◆ **所在地**／秋田県大仙市豊岡十二

◆ **電車**／JR東日本田沢湖線・秋田新幹線・秋田内陸縦貫鉄道秋田内陸線 角館駅から約8km、JR東日本田沢湖線 鶯野駅から約7km、生田駅から約7km

◆ **クルマ**／秋田自動車道 大曲ICから約30km

国土地理院の標準地図をもとに作成

寺社池 四〇

男池《おいけ》と女池《めいけ》

アカメヤナギと案山子が出迎える高知県の山奥にある集落

神道、仏教、陰陽道がミックスした独自の民間信仰が守られてきた神池集落。山深い村には大蛇の話が伝わる不思議な見た目の池が横たわっている。

高知県香美市

男池のアカメヤナギ
【アカメヤナギ（マルバヤナギ）】

「赤目」ではなく芽が赤いのが名の由来。

日本のヤナギではもっとも原始的な種。

池の半分を覆うようにアカメヤナギの枝が縦横にのびていて、ほとんど大蛇の群れにしか見えない。

水神の御幣

隔絶された集落にある来る者は拒まずの池

奥物部湖に渡された小さな吊り橋。クルマ一台がようやく通れる幅で、橋桁は鉄板を並べただけに見える簡素さ。ちょっとしたスリルとともに対岸に向かってクルマを走らせれば、異界に足を踏み入れている気がする。この先、急坂の山道を経ると大倉山の裏側には、陰陽道の流れを組む古来の信仰を独自に守ってきた神池集落が待っていた。

集落の入口となる丁字路を曲がると、最初に迎えてくれたのが女池だ。水生植物にびっしりと覆われ、林に囲まれた湿原の様相だが、どこか開放的でもある。木製の樋のようなものが水面から覗いているが古い取水設備だろうか。昔は水源として使われていたのかもしれないが、現在の状態からすると現役ではなさそうだ。

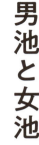

どことなく穏やかに余生を送っている姿にも見えるが、女蛇の伝説があるだけに油断は禁物。

池のほとりには手作りの木造休憩所があり、空き缶細工のカザグルマが風に揺れている。柱には「神池の番茶です。ご自由にどうぞ」と記され、なんとも親切。近くの大日寺には樹齢800年の老杉がそびえている。

女池の横を通りすぎると、次の丁字路で迎えてくれるのが人の行列……かと思いきや、じつはこれリアルな案山子だった。

祭事ごとに和紙と小刀だけで「御幣」という依り代を造ってきた集落ならではの細やかさだろうか。力強

「男池大柳 100m」の看板。
看板
男池
棚田のため池
集落自体が「神池地区」。
神池の大日寺
アカメヤナギ。大蛇みたい。
アカメヤナギは、樹齢500年、幹まわり2.82m、高さ14m。
案内板
リアルなかかしがお出迎え。
大日寺の大杉。
樹齢は800年。
女池
女池には休憩スポットがある。
memo
ダム湖の右岸側の山あい、標高400mにある集落。日本でも唯一、この集落だけに伝わる「いざなぎ流」という民間信仰や平家の落人伝説も。いざなぎ流では紙で造った御幣という依り代が神事に使われる。その種類は500を越える。

くも繊細な御幣の切り方は500種類に及ぶという。

池にかぶさる木の根がのたうつ蛇の姿のよう

男池、女池とあれば2つ並んでいそうなものだが、男池は、集落入口で迎えてくれる女池と反対側の山斜面に潜んでいる。それも民家の庭先かと思うよう場所にあるので最初は戸惑った。池にはアカメヤナギの大木が鎮座し、その根は大蛇が這いまわっているかのように、奇怪な根をよじらせていた。

男池にも大蛇にまつわる伝説が残る（↓84ページ）。豪胆な鍛冶屋が小刀をくわえて池を泳いで大蛇を探したが目的を果たせず、焼いた大きな金槌を池に放りこみ退治したという話だ。美女は出てこないが、有無をいわせぬ豪快さが土佐らしい。

案山子や手造り休憩所から見てとれると思うが、山奥で独自の民間信仰を守りつづけてきた閉塞的なイメージとは裏腹に、神池集落の池には、来る者拒まずの感がある。そんなギャップが池の魅力でもあるのだろう。

国土地理院の標準地図をもとに作成

男池と女池

- **所在地**／高知県香美市物部町神池
- **電車**／JR四国土讃線 土佐山田駅から約30km
- **クルマ**／高知自動車道 南国ICから約31km
- **飛行機**／高知龍馬空港から約40km

ぶらぶら 寺社池

神様や仏様が
舞い降りる場所に
位置しているだけあって、
不思議なエピソードや
人智を超えたパワーを
もっているものが多い寺社池。
なかには殺生を行うと祟られる池も。
池そのものが御神体とされる
池も少なくない。

天然池（――）

大《おお》瀬《せ》神《かみ》池《いけ》

静岡県沼津市西浦江梨

「死ぬ、あるいは精神に異常をきたす」と、池畔に立つ看板には、魚を害した者に対する神罰として記されている。駿河湾の波が打ち寄せる海岸にとり囲まれ海抜1mにもかかわらず、海水に侵されることなく長く淡水を保っており、コイ、ナマズをはじめ多くの淡水魚が棲むという。周囲が海だけに水源も謎で、伊豆の七不思議に数えられている。大瀬神社は海上安全の神様で、赤いふんどしを奉納する変わった風習もある。

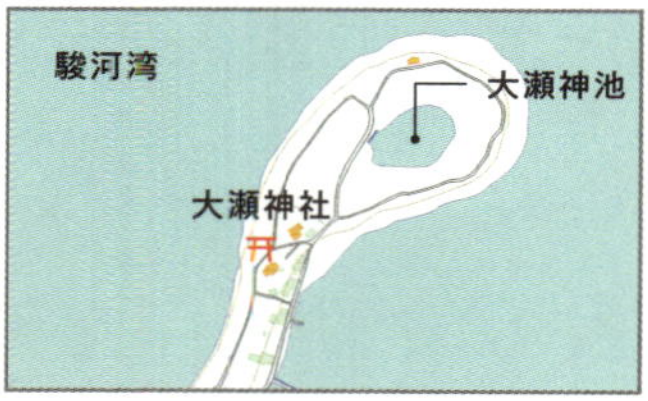

マップは国土地理院の標準地図をもとに作成

人工池（ため池）

上《かみ》窪《くぼ》池《いけ》

長野県上田市本郷

上窪池はかつて泥池とも呼ばれた。池端にある神社の御神体は、なんと池の「泥」。ふつうに考えると泥はため池の天敵だ。泥を御神体にしたのは、重労働の泥さらいをありがたく行うための知恵だったか。海のない長野県や山形県では、ため池で育てた鯉を農閑期に捕らえて食用にする文化が見られる。上窪池は「ため池百選」にも選ばれている塩田平ため池群のなかでも、最初に「塩田鯉」の養殖が行われた先駆的な池でもある。

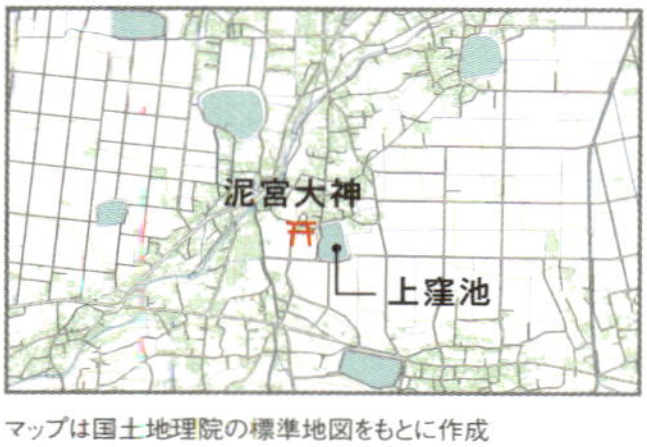

マップは国土地理院の標準地図をもとに作成

天然池（沼沢）

賢《かしこ》沼《ぬま》

福島県いわき市平沼ノ内新街

海岸近くの鬱蒼とした木々に囲まれた池。池畔に立つ賢沼寺《けんしょうじ》は池の名が付いている。大ウナギが棲息し、「賢沼ウナギ生息地」として国の天然記念物にも指定。ウナギはもちろん、魚、鳥の殺生はご法度だ。底なしで枯れないと伝えられているが、実際には最大水深5mほど。湖周長500mクラスの「沼」としては深いほうだろう。高度成長期以降は透明度が低下し、閉塞していた流出河川を復旧させるなどの取り組みが行われている。

マップは国土地理院の標準地図をもとに作成

人工池（ため池）

三《み》島《しま》池《いけ》

滋賀県米原市池下

伊吹山をバックに大灯籠をのせた島の景観が個性的な三島池。もとは農業用のため池で「ため池百選」にも選ばれている。池畔に三島神社があり、鳥居下からつづく石段が池の中へと消えていて、神域の池の緊張感が漂う。神様が使う階段なのだろうか。一方、このような神の池は野鳥や魚にとって安全この上ない場所のようで、冬鳥のマガモが自然繁殖する南限の池になっている。そのため、県の天然記念物にも指定されている。

マップは国土地理院の標準地図をもとに作成

天然池（砂丘堰き止め湖）

桜《さくら》ヶ《が》池《いけ》

静岡県御前崎市佐倉

浜岡原発を見下ろす丘陵に、原生林を背負う形で南に開けた池。その起源は古く、2万年前に砂丘が堰き止められてできた。池端には池宮神社があり、岸には龍神を祀った祠が建っている。池に棲む龍神は法然の師である皇円阿闍梨《こうえんあじゃり》が衆生救済を願い入定し化身したもの。法然は龍となった師のために、池の中におひつに入れた赤飯を沈めた。以来、毎年行われているおひつ納め神事は遠州七不思議の奇祭に数えられている。

マップは国土地理院の標準地図をもとに作成

人工池（湧水池）

大徳寺《だいとくじ》の「お池《いけ》」

宮城県登米市津山町横山本町

大徳寺境内には、たな池、心の池、お池という3つの池がある。「お池」は湧水を水源とした湖周長80m程度の清澄な池。ウグイが生息しており、地域では古くからこのウグイを不動尊の使いと信じている。池の水は河川へと通じており、5～6月の産卵期になるとウグイは一斉に川へと下る。この時期、雄のウグイは腹を赤く染めるので「アカハラ」と呼ばれる。池と周囲の河川は「横山のウグイ生息地」として国の天然記念物に指定。

マップは国土地理院の標準地図をもとに作成

人工池（寺社池）

イワシガ池《いけ》

石川県鹿島郡中能登町石動山

石動山は標高565mで、山岳信仰の道場となってきた霊山。山腹に寺院の大伽藍を抱く。この伽藍の一角、ブナ林に囲まれ静かにたたずむイワシガ池は、雨乞いの祭事も行われた神聖な場所。雨乞池やアカ池（閼伽池）の別名をもつ。山中の池なのに飢饉の際にイワシが湧きだして人々を飢えから救ったという不思議な言い伝えがある。池の水は万病にきくと地元の人に信じられており、7月7日の開山祭には多くの人が訪れる。

マップは国土地理院の標準地図をもとに作成

天然池（湧水池）

新《しん》宮《ぐう》池《いけ》

静岡県浜松市天竜区春野町和泉平

標高668m。高塚山の頂き近くにぽっかり浮かぶ湖周長500mの神秘的な池。山頂という立地にもかかわらず、満々と水を湛え枯れることがないため、諏訪湖と地底でつながっていると信じられてきた。実際には湧水が水源となっている。池にはいたずら好きの大蛇にまつわる伝説もあり、荘厳な新宮神社の社が池を守っている。7月最終の土曜日には、数多くの提灯を掲げて華やかに飾られた屋台舟が池を練り渡る祭りが行われる。

マップは国土地理院の標準地図をもとに作成

人工池（寺社池）

貝《かい》喰《ばみ》の池《いけ》

山形県鶴岡市下川関根

「元祖人面魚が出現する場所」との看板がある変わった寺社池。善法寺の奥の院にあり、池はいわばご神体のような存在だ。たまたま背中に人の顔のような模様のついた錦鯉が数尾いて、人面魚と呼ぶようになったようだ。地元の人は鯉のエサとして鶏卵を与える。池の端に池の中へとつづく階段が備わっており、卵をあげるために人が立つと、鯉たちはこの階段を這いのぼってくる。滝のぼりならぬ階段のぼりの鯉たちの姿も人気。

マップは国土地理院の標準地図をもとに作成

天然池（沼沢）

池《いけ》山《やま》池《いけ》

高知県室戸市元

雨後だけに現れ、山を尾根伝いに奥深くまで歩いていかねばならないことから、地元でも見た人は少ない幻の山上湖。麓にも池山神社が分祀されているが、その宮司さんでさえ池そのものは見たことがないといっていた。標高５３０ｍの山頂近くに位置し、湖周長はおよそ４００ｍにおよぶ。もとは室戸で鯨を捕っていた漁師たちの信仰を集めていたようだ。池そのものが御神体と信じる人がいるのもうなずける神秘の池だ。

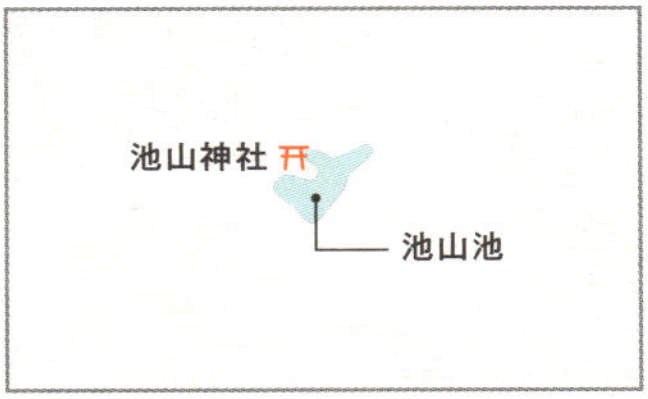

マップは国土地理院の標準地図をもとに作成

人工池（寺社池）

蓮《はす》池《いけ》

石川県小松市那谷町

国の名勝にもなっている那谷寺は擬似的な三十三箇所めぐりの巡礼コースが設定されている。その境内にある蓮池は、奇岩との組み合わせが仏教絵画的な魅力を放つ。池の横にそびえる岩壁には石仏を納めた岩窟が彫り込まれ、岩を穿っただけの細い階段や通路もあり、上から池を見下ろすとスリルがある。池で外来魚が繁殖し、駆除のために寺人が公務として釣りをしたという話も。殺生戒のある寺でも外来魚は悩みの種のようだ

マップは国土地理院の標準地図をもとに作成

巻末付録

池めぐりのオフィシャルガイド 農林水産省が選定した「ため池百選」

	池名	所在地
001	美幌温水溜池	北海道網走郡美幌町
002	廻堰大溜池	青森県北津軽郡鶴田町
003	堺野沢ため池	青森県五所川原市
004	藤枝ため池	青森県五所川原市
005	千貫石ため池	岩手県胆沢郡金ケ崎町
006	久保川流域ため池群	岩手県一関市
007	百間堤（有切ため池）	岩手県一関市
008	内圧ため池	岩手県奥州市
009	加瀬沼ため池	宮城県多賀城市、塩竃市、宮城郡利府町
010	一丈木ため池	秋田県仙北郡美郷町
011	小友沼	秋田県能代市
012	大山上池・下池	山形県鶴岡市
013	徳良池（徳良湖）	山形県尾花沢市
014	馬神ため池と大谷の郷	山形県西村山郡朝日町
015	三虫沼	山形県東村山郡山辺町
016	藤沼貯水池（藤沼湖）	福島県須賀川市
017	南湖	福島県白河市
018	宍塚大池	茨城県土浦市
019	砂沼湖	茨城県下妻市
020	神田池	茨城県阿見町
021	大沼	栃木県小山市
022	居樋溜	栃木県芳賀郡芳賀町
023	妙参寺沼	群馬県太田市
024	間瀬湖	埼玉県本庄市
025	小中池	千葉県山武郡大網白里町
026	月見が池	山梨県上野原市
027	御射鹿池	長野県茅野市
028	菅大平温水ため池（あやめ公園池）	長野県木曽郡木祖村
029	千人塚城ヶ池	長野県上伊那郡飯島町
030	塩田平のため池群	長野県上田市
031	荒神山ため池（たつの海）	長野県上伊那郡辰野町
032	中郷温水池	静岡県三島市
033	青野池	新潟県上越市
034	坊ヶ池	新潟県上越市
035	朝日池	新潟県上越市

「ため池百選」は、土地に根ざした歴史をもち、生活、環境に深く溶け込み、地域ぐるみで保全の活動が行われている100カ所のため池を農林水産省が選定したもの。本土から沖縄、離島まで日本全国からバランスよく選ばれている。

ため池がある地域には偏りもあるので、必ずしも日本のため池ベスト100とはいえないが、逆に先入観なく池めぐりができるおもしろさもある。手軽なガイドとしてもうってつけだ。100選制覇をめざせば、大きな達成感が得られることは間違いない。

	池名	所在地
036	じゅんさい池（下野）	新潟県阿賀野市
037	赤祖父溜池	富山県南砺市
038	桜ヶ池	富山県南砺市
039	漆沢の池	石川県七尾市
040	鴨池	石川県加賀市
041	赤尾大堤	福井県勝山市
042	八幡池	岐阜県坂祝町
043	入鹿池	愛知県犬山市
044	三好池	愛知県みよし市
045	芦ヶ池	愛知県田原市
046	初立池	愛知県田原市
047	片田・野田のため池群	三重県津市
048	楠根ため	三重県三重郡菰野町
049	八楽溜	滋賀県東近江市
050	西池	滋賀県長浜市
051	三島池	滋賀県米原市
052	淡海湖	滋賀県高島市
053	広沢池	京都府京都市
054	大正池	京都府綴喜郡井手町
055	佐織谷池	京都府舞鶴市
056	狭山池	大阪府大阪狭山市
057	久米田池	大阪府岸和田市
058	長池オアシス（長池、下池）	大阪府泉南郡熊取町
059	寺田池	兵庫県加古川市
060	天満大池	兵庫県加古郡稲美町
061	いなみ野ため池ミュージアム	兵庫県明石市、加古川市、高砂市、加古郡稲美町、加古郡播磨町
062	西光寺野台地のため池群	兵庫県姫路市、神崎郡福崎町
063	長倉池	兵庫県加西市
064	昆陽池	兵庫県伊丹市
065	斑鳩ため池	奈良県斑鳩町
066	箸中大池	奈良県桜井市
067	亀池	和歌山県海南市
068	狼谷溜池	鳥取県倉吉市
069	大成池	鳥取県伯耆町

	池名	所在地
070	うしおの沢池	島根県雲南市
071	やぶさめのため池	島根県江津市
072	神之渕池	岡山県久米郡久米南町
073	鯉ヶ窪池	岡山県新見市
074	服部大池	広島県福山市
075	長沢ため池	山口県阿武郡阿武町
076	深坂溜池	山口県下関市
077	深田ため池	山口県長門市
078	金清1号池・金清2号池	徳島県阿波市
079	豊稔池	香川県観音寺市
080	満濃池	香川県仲多度郡まんのう町
081	蛙子池	香川県小豆郡土庄町
082	国市池	香川県三豊市
083	山大寺池	香川県木田郡三木町
084	通谷池	愛媛県伊予郡砥部町
085	赤蔵ヶ池	愛媛県上浮穴郡久万高原町
086	大谷池	愛媛県伊予市
087	堀江新池	愛媛県松山市
088	弁天池	高知県安芸市
089	蒲池山ため池	福岡県みやま市
090	池ノ内湖	佐賀県武雄市
091	山谷大堤	佐賀県西松浦郡有田町
092	野岳ため池	長崎県大村市
093	諏訪池	長崎県雲仙市
094	大切畑ため池	熊本県阿蘇郡西原村
095	浮島	熊本県上益城郡嘉島町
096	野依新池	大分県中津市
097	巨田の大池	宮崎県宮崎市
098	松の前池	鹿児島県大島郡和泊町
099	北大東村ため池群	沖縄県島尻郡北大東村
100	カンジン貯水池	沖縄県島尻郡久米島町

2019年8月20日 第1刷発行

著者　市原千尋
発行者　塩見正孝
発行所　株式会社三才ブックス
〒101-0041
東京都千代田区神田須田町2-6-5 OS'85ビル3F
TEL 03-3255-7995（代表）
FAX 03-5298-3520
印刷・製本所　図書印刷株式会社

日本全国 池さんぽ